마흔부터는
연금 공부

★★★ 평생을 설계하는 액티브 ETF 운용의 기술 ★★★

마흔부터는

연금 공부

김호균, 도현수 지음

한스미디어

마흔, 액티브 ETF로
당신의 잠자는 연금을 깨운다

40대, 가장 왕성하게 경제활동을 하는 시기입니다. 직장에서는 치열한 경쟁 속에서 생존을 위해 자신의 모든 에너지를 쏟아부어야 하고, 집에 돌아와서는 하루가 다르게 커가는 자녀들 뒷바라지에 여념이 없습니다. 커리어 차원에서 가장 바쁜 시기이다 보니 자칫 노후에 대한 준비를 소홀히 하기 쉽습니다. 자녀 교육과 주택 마련에 대부분의 자산이 사용되고 노후를 위한 재원 확보에는 여력이 부족하기만 합니다.

그러나 현실은 녹록지 않습니다. 연금은 제도적으로 55세부터 개시할 수 있지만, 나라에서 권장하고 직장인 스스로 생각하는 기대 은퇴연령은 60세 이상입니다. 파이어족이 아니라면 60~65세 사이에 자신의 은퇴를 생각하고 있는 경우가 많습니다. 따라서 40대 직장인들은 은퇴를 준비하기보다는 먼 미래의 일로 생각하고 현실의 상황에만 집중하는 경우가 많습니다.

하지만 실제로는 50세 중반에 은퇴라는 이벤트가 찾아오게 됩니다. 많은 직장인이 60세 중반까지는 일하고 싶어 하지만 현실은 50세 전후에 은퇴하는 경우도 많이 있기 때문에 약 10~15년이 넘는 간극이 발생합니다. 즉, 여러분이 40대라면 은퇴가 대체적으로 10년이 남은 시점이 된 것이고 이 10년이 여러분의 '골든타임'입니다.

물론 20~30대부터 노후를 준비하면 좋겠지만 현실적으로 너무 오랜 시간이 남아 있기 때문에 제대로 된 은퇴 준비, 노후 설계를 하기 어렵습니다. 오히려 본인의 커리어를 키울 노력을 하고 투자 측면에서 체계적이면서도 다소 공격적인 전략을 세울 수 있는 시기입니다.

그러나 40대는 다릅니다. 10년이라는 결코 길지 않은 시간이 주어져 있고, 따라서 노후 준비에 집중도가 남다를 것입니다. 그럼에도 40대의 65% 정도만이 은퇴자산을 마련하기 위해 저축을 하고 있고 그마저도 적정한 은퇴자산 규모에 미치지 못하는 적은 금액만 저축하고 있습니다.

은퇴를 준비하기 위해서는 더 많은 자산을 비축해야 할뿐더러 '저축'만 가지고는 한계가 있는 것이 현실입니다. 최근에는 은퇴 이후의 삶의 질이 더욱 중요해지고 있습니다. 은퇴 이후의 여유로운 삶을 지키기 위해서는 적절한 노후자금이 필요하며 그렇지 못하면 노후의 질에 큰 악영향을 미칠 것입니다.

100세 시대라고 합니다. 은퇴 직전의 10여 년 시간을 어떻게 기획하고 실천하는지에 따라 은퇴 이후의 인생 절반의 삶의 질이 결정될 수도 있는 문제입니다.

자, 이제 연금 공부를 시작하시겠습니까?

연금은 안정적이어야 한다는 공식을 깨라

흔히 연금은 안정적이어야 한다는 선입견(?)이 있습니다. 절대 손실을 봐서는 안 되는 안전자산이기 때문에 원금보장성 상품으로만 투자해야 한다고 생각하는 분도 계실 겁니다. 그러나 금융에서 제1의 명제는 '하이 리스크, 하이 리턴'으로, 절대적 안전자산에는 기대할 수 있는 추가 수익이 거의 없습니다. 대표적 안전자산인 은행 적금의 수익률을 생각해보시면 됩니다.

엄밀히 보면 연금도 투자 상품입니다. 당연히 안정된 노후를 위해 보수적으로 접근하는 것이 타당하지만, 시기와 시장 상황에 따라 유연하게 운용할 필요도 있습니다.

우리의 노후를 위해 '연금=안정적'이란 편견을 깨야 하는 이유를 다음과 같이 설명드리겠습니다.

첫째, 보수적으로 투자하기에는 인생 후반부가 너무 깁니다. 앞에서도 말씀드렸지만 노후 준비를 집중적으로 할 수 있는 시기가 그리 길지 않습니다. 하지만 10년 남짓한 준비 기간에 비해 은퇴 이후 인생 후반부의 기간은 생각보다 길 것입니다. 투자 성과는 당연히 투자금 대비 투자 수익률의 함수입니다. 보수적으로 투자해 투자 수익률이 지나치게 낮아진다면 인생 후반부에 필요한 은퇴자금이 부족할 가능성이 높습니다.

투자 성과 = 투자금 × 투자 수익률

둘째, 연간 2%대 수익률로는 투자자 본인들이 만족하지 못합니다. 최근 조사자료에 따르면 퇴직연금의 연평균 수익률은 대체적으로 2% 남짓 된다고 합니다. 회사가 운용 책임을 지는 DB형 연금계좌의 경우 대부분 원금보장형 상품에 투자되고 있기 때문입니다. 미국 증시는 장기 우상향 추세를 보이고 있고 국내 증시도 주가 상승 기대감이 큰 상황에서 연평균 2% 남짓한 수익률은 연금 투자자에게 매우 실망스러운 결과일 것입니다.

셋째, 연금 투자자산이 예적금, 채권, 펀드에서 ETF로 확대되었습니다. 정부에서는 은퇴자산인 연금저축과 퇴직연금의 투자 상품을 2022년 11월, 2023년 4월 각각 ETF로 확대했습니다. 즉, 연금계좌에서 ETF를 투자하게 된 것은 그리 오래되지 않았습니다. 그렇다면 왜 ETF 직접투자를 허용했을까요? 이는 투자 목적에 있어서 안정성보다는 ETF 투자의 효율성과 수익성을 중시했기 때문일 것입니다. 직접투자의 리스크를 감수하고서라도 국민들이 ETF를 통해 적극적으로 연금을 관리해 든든한 노후를 설계할 수 있도록 장려하기 위함입니다.

넷째, 글로벌 자산배분을 통해 기대수익률을 높일 수 있습니다. 필자는 이전에 미국 주식에 관한 책을 집필한 바 있습니다. 책에서도 설명했지만 미국 주식은 국내 주식에 비해 장기 우상향하며 AI라는 메가트렌드의 직접 수혜를 받고 있는 시장입니다. 중국도 딥시크 등장 이후에 AI 인프라 투자에 박차를 가하며 자율주행 전기차나 휴머노이드 같은 피지컬 AI 영역에서 놀라운 강점을 가지고 있습니다. 우리는 투자수익을 높이기 위해 장기 성장성이 높은 시장에 투자할 수 있는 기회를 놓쳐서는 안 됩니다. 국내 상장 글로벌 ETF를 활용한다면 연금계좌 내에서 얼마든지 글로벌 자산배분을 통해 연금계좌의 기대수익률을 높일 수 있습니다.

다섯째, 이제는 인덱스 투자에서 액티브 투자의 시대로 변화했습니다. 과거 뮤추얼펀드와 ETF 투자가 인덱스 투자의 시대였다면, 지금은 액티브 투자의 시대로 변화하고 있습니다. 세계 최대 ETF 운용사 뱅가드의 창립자인 존 보글은 전체 시장을 사서 오래 보유하라는 조언을 했으며, 세계 최고의 투자자 워런 버핏도 사후에 아내의 자산은 신탁을 통해 S&P500 ETF에 투자하라고 지시했습니다. 하지만 시대가 변하고 있습니다. 이미 ETF의 본고장인 미국에서도 액티브 ETF의 수가 인덱스 ETF를 넘어섰고 국내 ETF 운용 시장에서도 신규 상장된 ETF의 대부분이 액티브 ETF입니다.

여섯째, 커버드콜, 버퍼형 등 연금 투자자의 ETF 선택지가 더욱 다양해지고 강력해졌습니다. 연금 투자는 일반적인 투자와는 다른 투자 목적을 지니고 있습니다. 장기적으로 투자해야 하며 적당한 수익률이 필요하고 시장 변동성에 원금이 크게 훼손되어서는 안 됩니다. 이러한 투자 목적에 맞춰 ETF의 선택지가 점점 다양해지고 있습니다. 적립보다는 인출에 포인트를 맞춘 커버드콜 ETF의 유행은 미국에서 시작되어 국내에서도 큰 인기를 얻고 있습니다. 시장 변동성에 대응하기 위해 옵션 전략을 활용한 버퍼형 ETF와 헤지형 ETF들도 새롭게 등장하고 있습니다.

안정적이기만 한 투자로는 풍요로운 노후를 준비하기 어렵습니다. 전략적인 연금 투자가 필요한 시대입니다.

액티브 ETF는 어떻게 연금 투자에 접목될 수 있을까?

ETF는 Exchange Traded Fund의 약자로 상장지수펀드라고 부릅니다. 쉽게 말해 거래소에 상장되어 주식처럼 거래할 수 있는 펀드입니다. ETF는 다양한 개별 종목을 담은 하나의 펀드이기 때문에 당연히 개별 종목에 투자하는 것보다는 변동성이 낮습니다. 그리고 운용보수가 일반 펀드에 비해 저렴하므로 장기투자를 할 때 효율성이 높고 거래소에 상장되어 있어 쉽게 거래할 수 있다는 장점을 가지고 있습니다. 이러한 거래 편의성과 더불어 펀드보다는 비용이 저렴하고 개별 주식보다는 변동성이 낮다는 특징 때문에 ETF는 연금 투자에 매우 적합한 자산이라고 할 수 있습니다.

ETF는 크게 인덱스 ETF와 액티브 ETF로 나눌 수 있습니다.

먼저 인덱스 ETF는 특정 지수를 그대로 추종하는데, 대표적으로 S&P500 지수와 코스피200 지수를 그대로 추종하는 ETF가 있습니다. 인덱스 그대로 투자하기 때문에 운용보수는 낮은 편이며 시장 수익률을 그대로 따라가는 목적을 가지고 있습니다. 반면 액티브 ETF는 펀드매니저 혹은 알고리즘이 시장을 이기기 위해 적극적으로 운용하는 상품이기 때문에 운용보수가 인덱스 ETF에 비해 상대적으로 높습니다. 시장 대비 초과 수익을 목표로 하기 때문에 운용 역량에 따라 변동성이 높다는 특성이 있습니다.

일반적으로 액티브 ETF는 명확하게 정의하기 어려운 측면이 있습니다. 대부분의 ETF는 특정 지수를 개발해서 그 지수를 기준으로 투자하기 때문에 협의의 개념으로는 ETF 이름에 '액티브'란 단어가 붙어야만 액티브 ETF로 분류하기도 합니다. 하지만 일반 투자자 입장에서 볼 때 인덱스 ETF는 대표 시장지수를 추종하는 ETF를 의미하고, 액티브 ETF는 시장지수 추종 외의 초과 수익(알파, α)을 추구하는 섹터, 테마 혹은 다양한 파생 ETF로 이해하기도 합니다. 이 책에서도 협의의 액티브 ETF 개념보다는 시장지수 추종형 ETF를 제외한 광의의 액티브 ETF 정의를 따르고 있습니다.

지금 당장 액티브 ETF에 주목하라

연금 투자에서 액티브 ETF를 활용해야 하는 이유는 무엇일까요?

첫째, 액티브 ETF는 장기 목표를 달성하는 데 필요한 알파를 보완할 수 있습니다. 연금은 일반적으로 20~30년간 운용하는 초장기 자산입니다. 단순히 인덱스를 추종하는 것만으로 물가 상승과 세금, 생활비 증가분을 모두 커버하는 데에는 한계가 있습니다. 일부 자산을 액티브 ETF에 배치하여 초과 수익 가능성을 확보할 필요가 있습니다.

둘째, 시장 국면별 차별화 전략을 펼칠 수 있습니다. 시장의 국면은 다양합니다. 상승장도 있지만 약세장도 있고, 횡보장과 변동성장도 있습니다. 따라서 시장을 추종하는 인덱스 ETF에 투자하면 시장의 장기 성장성에만 투자할 수 있습니다. 장기간 운용하면서 맞닥뜨릴 다양한 시장 국면에 대응하기 위해서는 다양한 전략과 섹터와 테마로 특화된 액티브 ETF를 활용할 필요성이 있습니다.

셋째, 새로운 ETF 혁신 상품을 활용할 수 있습니다. 최근엔 섹터별·테마별 액티브 ETF뿐만 아니라 두 가지 이상의 시장을 혼합한 하이브리드 ETF와 옵션 시장을 활용해 커버드콜, 버퍼형, 헤지형 ETF가 등장했습니다. 하이브리드 ETF는 이질적인 두 개의 시장을 동시에 투자하면서 투자자의 선택의 고민을 줄여주고, 파생 전략을 담은 ETF는 일반 투자자도 복잡한 위험관리를 할 수 있게 만들어줍니다. 연금계좌의 특성상 과도한 리스크를 방어하거나 세제 혜택을 극대화하는 전략이 중요한데, 해당 액티브 ETF는 이러한 니즈를 충족시켜 주고 있습니다(하이브리드 ETF의 예: KIWOOM한국고배당&미국AI테크(0097L0), KIWOOM미국고배당&미국AI테크(0107F0)).

넷째, 분산투자 효과를 확대할 수 있습니다. 인덱스 ETF는 시장 전체를 투자하게 되지만 산업별 성장 스토리를 담으려면 액티브 ETF의 활용이 필수입니다. 예를 들어 AI, 친환경, 헬스케어 등의 특정 테마와 섹터에 특화하기 위해서는 해당 섹터, 테마 ETF를 선택해야 합니다. 일반적으로 기본은 인덱스, 기회는 액티브라는 조합을 활용한다면 장기 수익과 리스크 관리에 모두 효과적일 것입니다.

하지만 액티브 ETF 투자에도 다음과 같은 주의가 필요합니다.

먼저, 액티브 ETF 투자 시에는 지속적인 성과 확인이 필수적입니다. 시장 국면에 따라 적극적으로 ETF에 대한 투자 결정(매수와 매도)을 해주지 않으면 무지성으로 액티브 ETF를 모아가는 전략보다 부족한 결과를 얻을 수 있습니다. 따라서 주기를 정해 투자한 액티브 ETF의 성과를 확인하고 시장의 주도 업황과 업종에 대한 스터디를 통해 적절하게 종목을 교체해주어야 합니다.

다음으로, 여러분이 투자하고 있는 ETF에 대한 정확한 이해가 필요합니다. 단순히 ETF 이름만 보고 투자해서는 안 되고 시가총액(AUM)이 어느 정도인지, 언제 상장이 되었는지, 구성종목은 어떻게 되는지, 분배금률과 보수는 어떻게 되는지와 같은 기본정보들을 확인할 필요가 있습니다. 대부분의 액티브 ETF는 인덱스 ETF에 비해 운용의 역사가 길지 않기 때문에 검증 시간이 부족하여 ETF 투자 시 좀 더 신중한 접근이 필요합니다.

무엇보다 지수 대비 추가 수익을 추종하는 액티브 ETF는 일반적으로 지수 추종만 하는 인덱스 ETF에 비해 보수가 높습니다. 최근 대표지수 인덱스 ETF의 경우는 보수 경쟁이 붙으면서 거의 노마진 수준의 운용보수만을 받고 있는 반면, 액티브 ETF는 상대적으로 0.5% 이상 높은 운용보수가 책정되어 있습니다. 당연히 성과가 좋으면 이러한 보수는 적절한 비용이 되겠지만, 액티브 ETF의 운용 성과가 부진하게 되면 높은 운용보수는 상당한 부담으로 작용할 수 있습니다.

종합적으로 보면, 액티브 ETF는 인덱스 ETF에 대해 투자 난도가 높은 편입니다. 더 높은 수익을 기대할 수 있지만 보장되는 것은 아니고, 오히려 경우에 따라 인덱스 ETF만 못한 결과를 얻을 수 있습니다. 따라서 액티브 ETF에 대한 공부와 지속적인 관심을 통해 투자 성공률을 높여야만 연금자산의 초과 수익을 끌어올릴 수 있을 것입니다.

너무 낮은 연금 투자 수익률은 안정적인 노후 준비를 달성하기 어렵지만 너무 높은 수익률을 기대한다면 무리한 투자를 하게 되고 결과적으로는 실망감만 얻을 수도 있습니다. 그렇다면 적정한 투자 수익률의 기준은 무엇일까요?

일반적으로 시중 금리를 기준으로 판단할 수 있습니다. 현재 은행 금리가 2~3% 수준이기 때문에 10%만 넘는다고 해도 높은 수익률로 봐야 할 것입니다. 연금자산과 퇴직연금자산의 경우 당장 인출할 수 없는 목돈인 만큼 10년 이상을 두고 연 복리로 10% 이상의 수익률을 올린다면 상당 수준으로 불어나 있을 것입니다.

일반적으로 시장의 역사적인 상승률을 고려할 때 인덱스 ETF의 경우 7% 내의 연평균 상승률을 기대할 수 있으며, 액티브 ETF를 활용한다면 이보다 높은 연평균 10~15% 정도의 상승률을 목표로 운용할 수 있을 것입니다. 필자들도 이러한 목표를 기준으로 연금자산을 액티브 ETF로 운용하고 있습니다.

필드에서 직접 경험한 연금 투자의 실패와 성공 이야기

우리 주변에는 여전히 연금 투자의 중요성을 간과하거나 어떻게 시작해야 할지 몰라 막막해하는 분들이 많습니다. 이 책은 바로 그 '어떻게'에 대한 명쾌하고 현실적인 해답을 제시합니다. 필자들이 현장에서 직접 목격한 수많은 성공과 실패의 사례들을 통해 단순한 이론을 넘어 여러분에게 '살아 있는 지식'을 전달해드리려고 합니다.

이 책은 증권사 현역 PB로서 현장에서 체득한 연금 투자에 대한 노하우를 집대성한 책입니다. 특히 빠르게 변화하는 금융시장과 제도 변화, 투자자들의 니즈 확대, 혁신적인 신상품의 등장을 고려해 이전과는 다른 새로운 연금 투자 전략을 제시하려고 노력했습니다.

연금 투자는 내 노후를 지킬 최적의 수단입니다. 절세계좌를 통해 소득공제를 받으면서 장기적으로 모아가고, 퇴직연금을 DC로 불려가며, 당장에 쓸 수는 없지만 크게 늘어난 목돈을 연 복리 10%

이상으로 잘 관리해나간다면 우리의 은퇴 이후의 삶은 크게 개선될 것이 분명합니다.

이제 연금 투자는 선택이 아닌 필수인 시대입니다. 막연한 불안감에 사로잡혀 있거나 복잡한 금융상품 앞에서 망설이고 있다면, 이 책이 여러분을 위한 가장 친절하고 확실한 길잡이가 되어줄 것입니다. 현장에서 건져 올린 진심 어린 조언과 실용적인 전략을 통해 잠자고 있는 여러분의 퇴직연금 계좌를 깨워 미래를 위한 든든한 자산으로 만들어보시기 바랍니다.

★★★ 차례 ★★★

✳ 프롤로그   마흔, 액티브 ETF로 당신의 잠자는 연금을 깨운다   4

Part 1
—
당신이 몰랐던
연금 투자의 세계

Chapter 1   마흔, 연금 투자를 시작해야 할 골든타임

✳ 은퇴 10년 전이 진짜 시작점이자 승부처   26

✳ 국민연금과 퇴직금만 믿어서는 낭패를 봅니다   29

✳ 절세계좌로 시작하는 연금 투자   31

✳ IRP에서 연금저축·ISA로 확장하세요   34

✳ 연금 ETF로 만드는 글로벌 자산배분 포트폴리오   37

✳ 인생에서 가장 중요한 골든타임 10년   40

✳ 연금, 투자의 '멘탈 방화벽'   42

✳ 당신의 퇴직금은 지금 어디에 투자되고 있나요?   44

Chapter 2 　가입부터 개시까지, 연금 완전 정복

✳ 국민연금·퇴직연금·개인연금, 연금제도의 세 가지 축　　50

✳ IRP와 연금저축 가입 전 꼭 알아야 할 사실　　56

✳ 연금계좌, 연간 1,800만 원 납입 구조 완전 해부　　63

✳ 수수료만 줄여도 노후자금이 달라집니다　　67

✳ 연금의 과세 구조와 절세 포인트　　71

✳ 세금·건강보험료 부담을 덜어주는 연금 수령 황금 공식　　80

✳ 계좌 이동만 잘해도 수익률이 달라집니다　　88

✳ IRP·연금저축 중도인출 조건과 페널티　　94

✳ 연금 개시 전 마지막 체크리스트 세 가지　　102

✳ 평생을 지켜주는 연금의 세 가지 위력　　107

Chapter 3 　안정성과 성장성, 모두 잡는 연금 포트폴리오

✳ 수익률보다 중요한 건 자산배분입니다　　116

✳ 위험자산·안전자산, 나이·목표·성향별 '황금 비중' 공식　　119

✳ 개인 맞춤형 연금 포트폴리오 설계 3단계　　123

✳ 퇴직연금·IRP·연금저축펀드, 서로 다른 투자 전략　　127

✳ 장기 수익을 실현하는 리밸런싱　　130

✳ 경기 사이클별 필승 자산배분 전략　　134

✳ 물가·금리 변화에도 끄떡없는 연금 포트폴리오 만드는 법　　138

✳ 하락장에서 내 자산을 지키는 리스크 관리법　　141

✳ 복리 효과를 끝까지 극대화하는 포트폴리오 유지 요령　　144

✳ 연금자산 배분, 이렇게 하면 망합니다　　147

Part 2
—

당신의 연금에
엔진을 달아라

Chapter 4   연금, 묻어두지 말고 액티브 ETF로 굴리자

* 효율적인 연금 투자를 위한 액티브 ETF   154
* 액티브 ETF는 어떻게 만들어지나요?   158
* 당신의 연금에 액티브 ETF가 필요한 이유   160
* 액티브 ETF 투자 시 주의할 점   162
* 연금계좌에서 액티브 ETF 매수하는 법   165

Chapter 5   액티브 ETF 200% 활용 전략

* 성장형 투자 vs 배당형 투자   178
* 커버드콜 ETF로 '금융 건물주' 되기   182
* 연금으로 글로벌 주식 투자하기   187
* ETF 포트폴리오의 코어−위성 전략   195
* 변동성 장세에서 계좌를 지키는 방어 전략   200
* 연금 ETF 계좌의 운용 루틴: 주별, 월별, 분기별   207

Part 3

초보 연금 투자자를 위한
실전 가이드

Chapter 6　미래가 기대되는 연금 투자 로드맵

＊ 20년 완성형: 40세부터 연금 10억 만들기 프로젝트　216

＊ 10년 집중형: 50세부터 연금 5억 만들기 프로젝트　222

＊ 월 납입액별 결과 비교: 50만·100만·200만 플랜　226

＊ 투자 성향별 맞춤 포트폴리오 모델　229

＊ ISA와 연금의 황금 루프, 3년마다 복리로 굴리는 전략　234

＊ 세금·건보료 충격적으로 줄이는 설계 비밀　238

＊ 불필요한 비용을 줄이는 리스크 컨트롤　242

＊ 실패 없는 투자를 위해 10년간 지켜야 할 세 가지 원칙　246

Chapter 7 연금 투자자들이 실전에 가장 많이 하는 질문 10

✳ 연금계좌, 지금 시작해도 늦지 않을까요?   252

✳ 개인연금 없이 국민연금만으로 충분하지 않을까요?   254

✳ 연간 한도 1,800만 원, 꼭 채워야 하나요?   256

✳ 수령 한도 연 1,500만 원 넘으면 세금 폭탄을 맞나요?   259

✳ ISA 만기 자금, 연금으로 옮기는 게 진짜 유리한가요?   262

✳ 국내 상장 해외 ETF에 투자할 때 세금은 두 번 내야 하나요?   266

✳ 연금 개시 후에도 계속 투자할 수 있나요?   268

✳ 중도인출은 어떤 경우에 가능하고 세금은 어떻게 되나요?   272

✳ 연금, 언제 개시하는 게 가장 좋을까요?   275

✳ 연금계좌 내 자동으로 이자가 붙나요?   279

Special Part

지금 주목해야 할
액티브 ETF 12선

＊ 액티브 ETF, 연금 투자의 새로운 패러다임   284

＊ 초보자도 쉽게 따라 하는 알짜배기 ETF 고르는 요령   286

＊ 최적의 절세계좌 포트폴리오를 구성하기 위한 ETF TOP 12   292

Part 1

당신이 몰랐던
연금 투자의 세계

Chapter 1

마흔,
연금 투자를
시작해야 할
골든타임

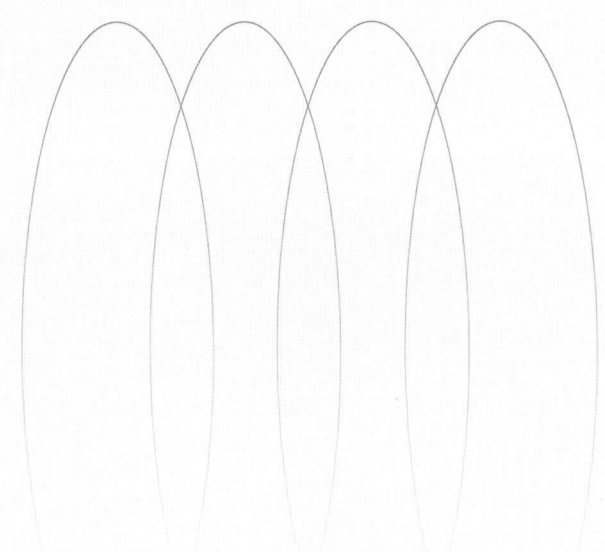

✳ 은퇴 10년 전이
진짜 시작점이자 승부처

마흔은 인생에서 가장 안정적인 동시에 가장 불안한 시기입니다. 소득은 정점에 달했지만 은퇴 시계는 '째깍'거리며 마지막 카운트다운을 시작합니다.

'이제 겨우 돈 좀 모으기 시작했는데 벌써 은퇴를 준비하라고?'

너무 걱정하지 마세요. 연금 투자라는 관점에서 볼 때 40대는 늦은 게 아니라 가장 효율적인 시기, 바로 놓쳐선 안 될 골든타임입니다. 왜 그럴까요? 바로 '시간'과 '자금력'이라는 두 마리 토끼를 잡을 수 있기 때문입니다. 연금 투자의 마법은 시간에서 나옵니다. 복리의 마법은 시간이 길어질수록 커지지만, 그렇다고 무조건 일찍 시작한 사람이 반드시 이익을 보는 것은 아닙니다. 20~30대는 소득이 작고 불안정해 충분한 저축이 어려운 시기입니다. 자신에게 적극적으로 투자해 향후 미래 소득을 늘려야 하는데 무리한 저축이 이를 저해할 수도 있습니다.

반대로 40대는 소득이 안정적으로 늘고 절세계좌를 최대한 활용할 수 있는 여력이 생기는 시기입니다. 이 시기를 놓치지 않고 10년

만 집중한다면 은퇴 이후의 삶을 지탱할 연금의 뼈대를 단단히 세울 수 있을 것입니다.

● <u>연금을 준비한 사람 vs 그렇지 못한 사람</u>

한 사람은 40대 대기업 차장입니다. 매달 150만 원씩 연금저축과 퇴직연금에 꼬박꼬박 납입합니다. 연간 1,800만 원, 소득공제를 최대로 받으며, 보너스는 ISA를 활용해 투자합니다. 3년마다 ISA에서 3,000만 원을 연금계좌로 이전해 추가 300만 원의 소득공제를 챙깁니다. 또한 DC형 퇴직연금을 증권사 계좌로 옮겨 직접 ETF 포트폴리오를 짜고 시장 상황에 맞게 액티브 ETF와 글로벌 ETF를 섞어 운영합니다. 여유자금으로는 AI 관련 기업에 투자해 두 자릿수 수익률도 올렸습니다.

이렇게 15년간 꾸준히 실천하면 55세가 되는 시점에 퇴직연금을 포함해 약 5억 원의 연금자산이 모입니다. 이를 월배당형 포트폴리오로 전환하면 매달 약 450만 원의 현금흐름이 발생합니다. 국민연금과 합치면 '퇴직 후 월급'이 유지되는 셈입니다.

반면 또 다른 40대 직장인은 국민연금과 회사 퇴직금만 믿고 살아갑니다. 하지만 정년이 가까워질수록 국민연금 개시 시점은 늦춰지고, 퇴직금 제도는 DB형에서 DC형으로 전환되어 스스로 운용해야 합니다. 어느 날 통장을 열어보니 '그래도 억 단위는 되겠지' 했던 퇴직금이 초라하게 방치되어 있었습니다. 그 돈은 은행 예금처럼 잠자

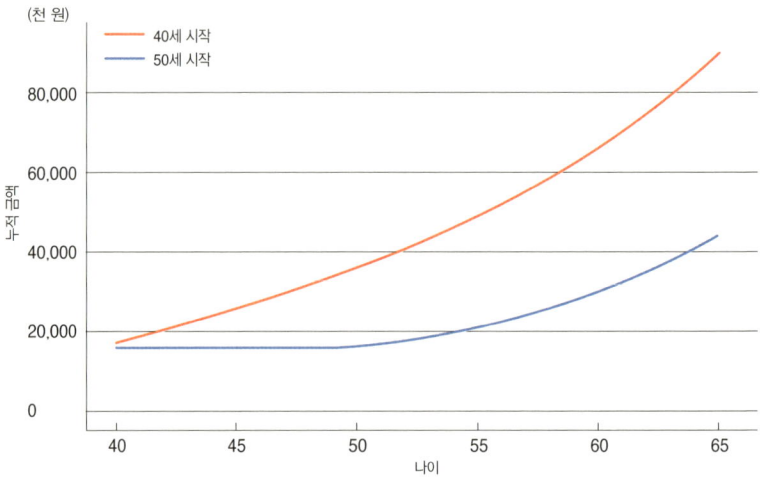

연금 투자 시작 연령에 따른 자산 차이

(천 원)

40세 시작
50세 시작

고 있었고 10년 동안의 물가 상승이라는 무서운 적에게 노출되어 실
질가치는 이미 절반 가까이 줄어든 상태였습니다. 퇴직을 5년 앞둔
시점, 그제야 불안감은 공포로 변했습니다.

두 사람의 차이는 간단합니다. "마흔 무렵, 연금 투자에 얼마나 진
심이었는가?" 그 차이가 노후의 삶을 갈라놓은 것입니다.

차트를 보시면, 40세에 시작한 연금 투자자와 50세에 시작한 투자
자의 자산 차이가 얼마나 크게 벌어지는지 한눈에 확인할 수 있습니
다. 동일하게 매년 1,800만 원을 투자하고 연 5% 수익률을 가정했을
때, 65세 은퇴 시점에 40세 시작자는 50세 시작자보다 두 배 이상 많
은 연금자산을 보유하게 됩니다.

✱ 국민연금과 퇴직금만 믿어서는 낭패를 봅니다

'국민연금이 있잖아?'

많은 사람이 이렇게 생각합니다. 하지만 국민연금만으로는 충분하지 않습니다.

우선, 고령화로 인해 연금 개시 연령이 늦춰지고 있습니다. 대한민국은 이미 보험료를 내는 세대보다 연금을 받는 세대가 더 많아지고 있습니다. 국민연금의 재정 고갈 예상 시점은 앞당겨지고 정치적 논쟁 속에서 보험료 인상, 수령액 축소, 개시 연령 연장이 반복적으로 논의되고 있습니다. 지금 40대가 은퇴할 즈음에는 개시 연령이 67~70세로 늦춰질 가능성이 큽니다.

또한, 국민연금의 급여 수준에도 한계가 있습니다. 국민연금은 소득대체율이 낮아져 장기적으로 은퇴 전 소득의 절반도 보장하지 못합니다. 결국 국민연금은 '기본 생활비' 수준의 안전망일 뿐 풍요로운 노후를 충분히 책임져주지 못합니다.

'회사에서 주는 퇴직금이 있잖아?'라고 생각할 수 있지만, 퇴직금 역시 기대만큼 든든하지 않습니다.

첫째, 직장인들이 퇴직금 운용에 대해 무관심합니다. 여전히 많은 직장인이 퇴직연금 계좌를 은행 예금처럼 방치합니다. 하지만 금리는 물가를 따라가지 못해 실질가치가 줄어듭니다. 과거에는 회사가 책임지고 굴려주던 DB형이 많았지만 최근엔 근로자가 스스로 운용해야 하는 DC형이 대세입니다. 회사는 책임을 줄였고 개인은 선택과 결과를 떠안게 되었습니다.

둘째, 퇴직금을 손에 쥐었을 때는 이미 늦습니다. 55세, 60세에 처음 투자에 눈을 뜨면 복리의 시간을 잃은 셈이 됩니다. 가만히 앉아서 받는 국민연금과 퇴직금만으로는 안정적인 은퇴를 보장할 수 없습니다. 따라서 투자자 개인이 직접 ISA(개인종합자산관리계좌), 연금저축, IRP(개인형 퇴직연금) 같은 절세계좌를 활용해 능동적으로 ETF 포트폴리오를 운용해야 하며, 이러한 경험을 토대로 DC 자산과 이직이나 퇴직 후에 IRP 계좌로 들어오는 목돈을 운용할 힘을 길러야 합니다.

실제로 대기업에 근무하는 44세 박 차장은 이렇게 말합니다.

"저도 처음엔 국민연금만 있으면 되겠지 했습니다. 그런데 회사 동료가 연금저축과 IRP를 활용하면 세금 혜택을 크게 볼 수 있다고 알려주더군요. 그래서 40세가 되던 해부터 매달 150만 원씩 꾸준히 넣고 있습니다. 처음엔 체감이 안 됐는데 매년 연말정산 때 돌려받는 세금 환급액과 쌓여 있는 연금계좌를 보고 확신이 생겼습니다. 지금은 ETF로 직접 굴리면서 수익률도 꽤 나와요. 만약 50세 이후에 시작했다면 이런 복리 효과를 누릴 수 없었을 겁니다."

절세계좌로 시작하는 연금 투자

연금 투자를 논할 때 가장 먼저 생각해야 할 것은 '나라가 세금 혜택까지 주면서 강력하게 밀어주는 제도적 장치를 얼마나 효율적으로 활용할 것인가'입니다. 국가 차원에서 장기투자와 노후 준비를 독려하기 위해 마련한 것이 바로 ISA, 연금저축, IRP 같은 절세계좌입니다. 이 계좌들은 단순한 투자 통장이 아니라 국가가 보장하는 '노후 전용 슈퍼 계좌'로 인식해야 합니다.

● 노후 준비를 도와줄 절세계좌 3대장

연금저축은 가장 대중적이고 기본적인 연금 절세계좌입니다. 나라가 주는 세금 혜택에는 여러 가지 종류가 있는데 세액공제, 비과세, 저율과세 그리고 분리과세가 있습니다. 이 중 가장 큰 혜택은 연말정산 시 현금으로 돌려받을 수 있는 세액공제입니다. 연금저축과 IRP는 바로 세액공제를 주는 투자자산입니다. 연금저축 계좌에서 세액공제를 받을 수 있는 납입한도는 연간 600만 원이고 납입액의 13.2~16.5%

구분	ISA (Indivisual Saving Account)	연금저축	IRP (Individual Retirement Pension)
상품 성격	종합자산관리계좌, 다양한 금융자산 투자	개인연금 가입 계좌	개인형 퇴직연금, 퇴직금·자유납입 연금
납입한도	연간 2,000만 원(5년 기준 1억 원 최대)	공제한도 연간 600만 원(최대 1,800만 원)	공제한도 연간 600만 원(최대 1,800만 원)
세제 혜택	이자·배당·매매차익 200만 원까지 비과세, 200만 원 초과분은 9.9% 분리과세	최대 연 600만 원 16.5% / 13.2% 공제	연금저축과 합산 900만 원 한도 내 16.5% / 13.2% 공제
투자 가능 자산	예금, 적금, ETF, 펀드, 주식 등	펀드, 보험, 예금, ETF	펀드, ETF, 예금, 보험, 채권 등
인출 조건	자유롭게 인출 가능, 비과세 혜택 조건: 3년 이상 유지 필요	55세 이후 연금 수령 시 인출 가능	55세 이후 연금 수령 시 인출 가능
세금 부과 시점	비과세 범위 초과 시 9.9% 분리과세	연금 수령 시 3.3~5.5% 연금소득세	연금 수령 시 3.3~5.5% 연금소득세
중도인출	가능(단, 비과세 혜택 제한)	가능(단, 공제받은 원금·수익 인출 시 16.5% 기타소득세 부과)	원칙적으로 불가(예외적 해지 가능, 세제 혜택 상실)
추천목적	단기~중기 투자, 세제 혜택 활용한 자산 증식	장기 은퇴 대비 연금, 소득공제 혜택	장기 은퇴 대비 연금, 퇴직금 운용 및 세제 혜택

를 세액공제 받을 수 있습니다. 예를 들어 1년 동안 600만 원을 넣으면 최소 79만 원에서 99만 원을 연말정산 때 돌려받게 됩니다.

IRP는 흔히 퇴직금 계좌로 알고 있지만 사실상 추가 납입을 활용한 세액공제의 확장팩입니다. 납입한도는 연금저축과 합산해서 연간 1,800만 원까지이지만 세액공제 한도는 연금저축을 600만 원 최대로 공제받았을 경우 300만 원의 추가 공제가 가능합니다. 다만 연금저축 계좌에 비해 IRP 계좌는 출금의 제한이 훨씬 크기 때문에 세액공제 관점에서는 연금저축을 먼저 채우고 부족한 만큼 IRP로 채우는 경우가 많습니다.

ISA는 일반 국민의 목돈 마련을 위한 만능통장으로 알려져 있는데, 세제 혜택이 포함되어 있고 국내 상장 ETF 투자가 가능하여 연금저축이나 퇴직연금과 병행하여 투자할 때 효과가 매우 강력해집니다. ISA의 연간 한도는 현재 2,000만 원이고 5년 만기 최대 1억 원까지 납입이 가능합니다. 투자소득에 대해 일정 부분은 비과세이고 이를 초과한 부분에 대해서는 저율과세를 부과하기 때문에 절세 효과가 뚜렷합니다. 특히 3년 이상 보유한 ISA 계좌를 연금계좌로 이전하면 추가로 300만 원의 세액공제를 받을 수 있습니다.

● 절세계좌에서 ETF 투자를 시작해야 하는 이유

왜 절세계좌 3대장에서 투자를 시작해야 할까요? 사실 절세 효과는 연 단위로 보면 크게 느껴지지 않습니다. 연간 수익률에 비해 절세 효과로 절감되는 비용은 크게 두드러지지 않습니다. 장기적인 관점에서 절세 효과를 누적해야지만 비로소 그 효과가 눈에 띄게 됩니다.

나라에서 절세계좌에 ETF 투자를 열어준 이유는 ETF 투자가 저비용과 분산투자 효과로 효율성이 높고 다양한 투자 선택지를 제공함으로써 국민들 스스로 관심을 가지고 자신의 연금을 관리하도록 하기 위함입니다. 그 외에도 ETF 투자를 통해 발생하는 배당과 매매차익에 대해 세제 혜택을 제공함으로써 '장기투자 수익률'을 극대화할 수 있습니다.

당연히 정부 입장에서는 이러한 세제 혜택이 조세 수익을 줄이겠지만, 장기적으로는 국민의 노후 안정성이 올라가는 것이 효과가 더 크다고 보고 있습니다. 따라서 우리는 다른 투자계좌보다 절세계좌에 주는 혜택을 더욱 적극적으로 활용해야 합니다.

✳ IRP에서
연금저축·ISA로 확장하세요

절세계좌가 주는 혜택은 너무 좋지만 ISA, 연금저축, IRP 계좌의 성격과 세제 혜택 조건이 다소 상이하기 때문에 어떤 계좌에 어떤 종목으로 투자할지가 또 하나의 큰 과제가 됩니다. 연금 투자 관점에서 절세계좌를 효율적으로 활용하는 방법은 다음과 같습니다.

● ISA보단 연금저축, IRP부터 먼저

ISA 계좌는 정확히는 연금계좌는 아니고 목돈을 모으는 계좌이기 때문에 먼저 연금저축과 IRP에 세액공제 한도를 채우고 나머지 여윳돈을 투자하는 것이 좋습니다. 또한 투자 대상에 있어 개별 종목도 투자할 수 있기 때문에 일반 주식 계좌에서 거래하던 부분을 ISA에 가져와도 절세 혜택을 얻을 수 있습니다. 특히 배당주 투자의 경우 배당소득세를 절세할 수 있는 ISA 계좌가 일반 계좌에 비해 큰 강점을 가지고 있습니다.

● 연금저축과 IRP는 ETF 거래 가능 계좌로 전환하라

연금저축과 IRP 계좌는 효율적인 연금 투자를 위해 ETF 거래 가능 계좌로 전환하시는 것이 좋습니다. 각 증권사에 ETF 거래 가능 계좌 신청 기능을 활용하시기 바랍니다. 그런데 여기서 주의할 점이 있습니다. 연금계좌에서 ETF 투자할 때 연금저축 계좌는 별다른 제약이 없지만 IRP 계좌에서는 위험자산을 70% 이상 초과하지 못하게 하고 있습니다. 즉, 주식에 투자하는 ETF는 70% 한도내에서만 투자할 수 있고 나머지 30%는 채권형 혹은 채권혼합형 ETF를 가지고 포트폴리오를 구성해야 합니다.

● 하나의 포트폴리오로 관리하라

제약 조건이 있는 IRP에서 연금 ETF 포트폴리오를 구성한 뒤 이를 연금저축과 ISA 계좌에 확대해서 투자하면 서로 다른 세 가지 절세계좌에서 하나의 매매 포트폴리오로 연금 투자를 효율적으로 운용할 수 있습니다. 물론 각 계좌에 다른 포트폴리오로 투자할 수도 있지만 관리 차원에서 동일한 포트폴리오가 주는 장점도 크다고 볼 수 있습니다.

| IRP 계좌에서 연금저축·ISA로 확장한 포트폴리오의 예 |

IRP 포트폴리오	
채권형 30%	
ACE 미국30년국채액티브	453850
국내 주식 40%	
TIGER 코리아배당다우존스	0052D0
KODEX 철강	117680
KODEX 자동차	091180
미국 주식 20%	
ACE 테슬라밸류체인액티브	457480
RISE 글로벌원자력	442320
중국 주식 10%	
TIGER 차이나반도체	396520

연금저축·ISA 포트폴리오	
국내 주식 40%	
TIGER 코리아배당다우존스	0052D0
KODEX 철강	117680
KODEX 자동차	091180
미국 주식 30%	
ACE 테슬라밸류체인액티브	457480
RISE 글로벌원자력	442320
중국 주식 30%	
TIGER 차이나반도체	396520

* 연금 ETF로 만드는
글로벌 자산배분 포트폴리오

연금계좌에 ETF로 포트폴리오를 구성할 때 우리가 얻는 또 다른 큰 이득이 있습니다. 바로 ETF 투자를 통해 글로벌 자산배분이 가능하다는 점입니다. 과거 통계를 기준으로 볼 때 코스피200 지수는 미국의 S&P500과 나스닥100 지수와 비교했을 때 장기 우상향하기보다는 박스권에서 움직이는 경향을 보여주고 있습니다.

특히 지금과 같은 AI 혁명이 진행되고 있는 상황에서 AI 메가트렌드의 수혜가 미국에 집중되고 있기 때문에 이러한 투자 기회를 놓치는 것은 매우 아쉬운 일입니다. 가능하다면 당연히 국내 주식뿐만 아니라 미국 주식에도 투자하고 싶을 것이고, ETF라면 미국 주식을 포트폴리오로 구성한 미국 ETF에도 투자하고 싶을 것입니다. 하지만 절세 혜택이 주어지는 ETF는 모든 ETF가 아니라 국내 상장된 ETF에 국한되기 때문에 개별 미국 주식이나 미국에 상장된 ETF를 연금 계좌에서 투자할 수는 없습니다.

다행히 국내 ETF 운용 시장이 크게 확대되면서, 그리고 투자자들의 요청이 함께 증대됨에 따라 미국 ETF를 벤치마크한 국내 상장 글

▍코스피200과 S&P500의 장기 차트 비교 ▍

로벌 ETF가 하루가 멀다 하고 만들어지고 있습니다. 최근에는 미국 ETF를 벤치마크한 것을 넘어 ETF 운용사만의 다양한 글로벌 액티브 ETF가 상장되고 있습니다. 연금 투자자 입장에서는 절세계좌에서 국내 상장된 글로벌 ETF를 활용해 미국 주식에 투자할 수 있고, 미국 주식 외에도 중국 주식을 비롯한 다른 주요국의 핵심 기업에 투자할 수 있게 되었습니다.

투자자는 글로벌 자산배분 비율을 정하고 적절한 국내 상장 글로벌 ETF를 통해 포트폴리오를 구성할 수 있습니다. 자신만의 연금 글로벌 ETF 포트폴리오를 만들어 주기적으로 종목 교체 및 비중 조절을 통해 관리해나간다면 여러분의 연금계좌는 국내 주식에 국한해 투자하는 것보다 훨씬 수월하게 목표 수익률을 달성할 수 있을 것입니다.

✳ 인생에서 가장 중요한 골든타임 10년

이제 다시 골든타임에 대한 이야기를 해보려고 합니다. 40대가 된다는 것은 단순히 나이만의 문제가 아닙니다. 인생에서 가장 중요한 돈의 골든타임에 진입했다는 뜻입니다. 이 시기에는 소득이 가장 안정적으로 늘어나고 동시에 앞으로 다가올 은퇴와 노후에 대한 불안이 현실로 다가옵니다. 이러한 불안을 해소하기 위해 40대부터 50대 중반까지의 약 10~15년간은 단순히 저축만 할 게 아니라 연금자산을 집중적으로 불려야 하는 결정적인 시기입니다.

● 40대 초반~50대 초반: 자산 불리기의 시기

40대 연금 투자의 핵심은 성장성에 베팅하면서도 리스크를 관리하는 것입니다. 매달 일정 금액을 꾸준히 불입하면서 세제 혜택을 챙기고 여유자금의 상당수를 연금 및 절세계좌에 투자함으로써 미래 노후재원을 확보해야 합니다. 인덱스 ETF, 액티브 ETF로 자산을 적절히 배분하고 연평균 수익률을 관리하면서 10년 이상의 장기 복리 효과를 만들어내야 합니다.

● 50대 후반~은퇴 이후: 현금흐름이 필요한 시기

55세 전후부터는 자산의 성장보다 현금흐름 관리가 중요합니다. 인출 없이 최대한 자산을 확보하고 불려나가는 것이 40대 투자의 목적이라면, 은퇴 이후부터는 인출과 동시에 자산을 지켜가는 것이 투자의 목적입니다. 이때는 월배당 ETF, 커버드콜 ETF, 버퍼형 ETF 등을 통해 시장 변동에 맞서 자산을 보존하고 적절한 인컴을 확보해야 합니다.

*연금, 투자의 '멘탈 방화벽'

투자의 가장 큰 적은 외부 환경이 아니라 우리 안의 '공포'와 '탐욕'입니다. 주식시장이 폭락할 때는 패닉에 팔고 싶고, 급등할 때는 남의 수익을 따라 무리하게 추격 매수를 하고 싶어집니다. 연금 투자는 바로 이 심리를 관리해주는 강력한 '강제 안전망' 역할을 합니다. 연금계좌가 당신의 멘탈을 지켜주는 원리는 다음과 같습니다.

● '강제적 장기투자'가 공포를 차단한다

연금저축과 IRP는 원칙적으로 55세 이후에만 인출이 가능하도록 법으로 설계된 계좌입니다. 이 강력한 잠금장치 덕분에 당장의 시장 상황이나 급격한 경제 이슈에 휘둘리지 않을 수 있습니다.

일반 주식 계좌는 돈을 쉽게 뺄 수 있어 공포가 덮칠 때 손실을 확정 짓기 쉽습니다. 하지만 연금계좌의 돈은 '원래 20년 후에 쓸 돈'이라고 생각하게 만들며 단기적인 변동성에 대응하지 못하게 합니다. 이는 결과적으로 복리 효과를 놓치지 않게 해줍니다. 연금계좌의 문을 잠그는 순간 여러분은 이미 절반의 성공을 거둔 것입니다.

● '심리적 마지노선'이 생활에 집중할 수 있게 한다

노후에 대한 막연한 불안감은 현재의 소비와 투자 결정을 흐리게 만드는 주범입니다. '은퇴 후에도 지금과 같은 수입이 나올까?' 하는 걱정은 지금의 행복까지 갉아먹습니다. 하지만 연금자산이 차곡차곡 쌓이고 꾸준한 ETF 포트폴리오 운용으로 적절한 수익률을 내고 있다면 이야기는 달라집니다. 잘 관리된 연금계좌는 여러분에게 '노후의 최저 생활은 이미 확보했다'는 강력한 심리적 마지노선을 제공합니다. 이 안정감 덕분에 여러분은 일상의 사소한 걱정을 덜고 현재의 일과 가족, 취미 등 지금의 생활에 더욱 여유롭게 집중할 수 있습니다.

● 가족과의 약속이 투자의 나침반이 된다

연금 투자는 단순히 돈을 불리는 행위를 넘어섭니다. 이 돈은 '나의 노후, 배우자의 편안한 삶, 그리고 아이에게 짐을 물려주지 않겠다'는 가족과의 장기적인 약속이 담겨 있습니다. 투자가 흔들리고 유혹에 빠질 때 일반 계좌의 돈은 용돈이나 새 차를 위한 자금 등 쉽게 포기할 수 있는 대상으로 느껴지기 쉽습니다. 그러나 연금계좌는 건드릴 수 없는 성역처럼 느껴집니다. 이 약속은 시장이 격하게 요동칠 때도 여러분이 원칙을 지키고 장기적인 투자 계획을 굳건히 이행하게 만드는 심리적 울타리가 될 것입니다.

✳ 당신의 퇴직금은 지금 어디에 투자되고 있나요?

우리가 흔히 퇴직금이라고 부르는 퇴직연금은 노후자산의 든든한 한 축입니다. 하지만 대부분의 직장인은 이 중요한 돈이 회사에서 알아서 굴러가고 있다고 착각하며 가장 무관심한 자산으로 방치합니다. 마흔에 연금 투자를 시작하려면 일단 내 퇴직금이 어디에 있는지, 무슨 일을 하고 있는지부터 확인해야 합니다.

● 퇴직연금의 종류

연금저축과 IRP는 개인연금으로 분류되어 국민연금과 퇴직연금과는 별도로 국민이 스스로 운용하는 연금자산입니다. 직장을 통해 관리되고 있는 퇴직연금은 운용 주체에 따라 DB형과 DC형으로 구분됩니다.

DB형(확정급여형)은 회사가 퇴직금 운용을 책임지고 근속연수와 평균임금을 기준으로 퇴직급여가 확정됩니다. 안정적이지만 회사 재무 상태에 따라 불안 요소가 있습니다. DC형(확정기여형)은 회사가 매년 일정 금액을 근로자 계좌에 넣어주고 근로자가 직접 운용합니다. 수익과 손실은 본인의 책임입니다. 만약 여러분의 퇴직연금이 DC형이라면 운용 책임은 전적으로 여러분에게 있는 것입니다.

일단 내 연금이 DB로 운용되는지, DC로 운용되는지 확인하는 것이 퇴직연금 관리의 시작이라고 할 수 있습니다. 그리고 여러분의 퇴직금을 어느 기관에서 운용하고 있고, 어디에서 운용 상태를 확인할 수 있으며, 어떤 방식으로 운영되는지 확인해야 합니다.

많은 직장인은 퇴직금이 회사에서 자동으로 운용된다고 생각하며 큰 관심을 갖지 않고 있습니다. 통계청 자료 등에 따르면 여전히 DC형 가입자의 80% 이상이 퇴직연금 계좌를 은행 예금이나 저수익 상품에 방치하고 있습니다. 이 숫자는 곧 여러분이 놓치고 있는 기회를 의미합니다.

최근에는 DB형에서 DC형으로 전환하는 추세입니다만 아직 DB

┃ 우리나라 퇴직연금 적립금 현황과 비중 추이 ┃

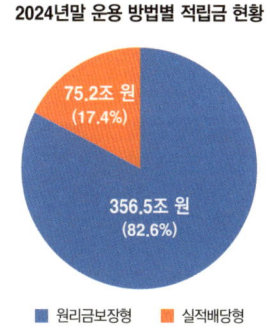

2024년말 운용 방법별 적립금 현황

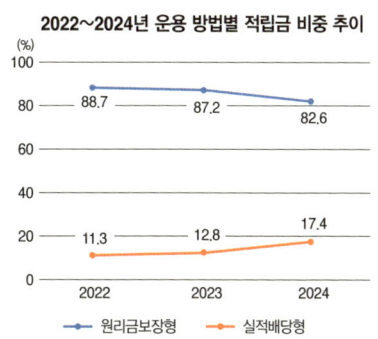

2022~2024년 운용 방법별 적립금 비중 추이

자료: 고용노동부·금융감독원, 〈2024년 우리나라 퇴직연금 투자 백서〉

형으로 유지하고 있는 회사도 많이 있습니다. DC형의 경우 지속적으로 운용 성과를 확인하면서 운용 전략을 변경할 수 있기 때문에 내 퇴직연금이 DB형인지, DC형인지 반드시 확인해야 합니다.

흔한 일은 아니지만 이직을 하거나 회사가 인수·합병되면 퇴직금을 정산받는 경우가 발생합니다. 이때 IRP 계좌를 통해 퇴직금을 정산받게 되는데 그때부터 연금계좌 운용의 중요성이 더욱 증가하게 됩니다.

이직은 어찌 보면 행운일 수도 있습니다. 연금과 이후 DC 계좌 투자에 대해 관심을 가지게 되는 큰 동기일 수 있습니다. 필자도 13년을 근무한 회사에서 지금의 회사로 이직하면서 퇴직금을 IRP 계좌로 받게 되었는데, 이때부터 연금 운용에 대한 부담감과 고민이 급증했습니다. 그 결과, 좀 더 신중하게 연금계좌를 관리·운용하게 되었고 연금 수익률을 더 높일 수 있는 계기가 되었습니다.

● 원금을 지키려면 안전하게 예금처럼 둘까?

DC형 계좌를 확인한 마흔의 직장인들이 가장 많이 하는 고민입니다. 결론부터 말하자면 '가만히 두는 것'은 가장 위험한 선택입니다. 가만히 두는 것은 사실상 물가 상승이라는 보이지 않는 적이 매년 자산 가치를 갉아먹도록 방치하는 것과 같습니다. 퇴직금을 은행의 예금 금리 수준으로 묶어두는 순간 복리의 마법은 시작조차 할 수 없습니다.

투자를 처음 시작하더라도 걱정할 필요가 없습니다. ETF라는 저비용의 분산투자 도구가 있기 때문입니다. 전문 투자 지식이 없어도 ETF를 활용한 간단한 인덱스 또는 배당형 포트폴리오만으로도 예금보다 훨씬 나은 결과를 얻을 수 있습니다.

마흔의 목표는 명확합니다. 퇴직금은 '가만히 두는 것'이 아니라 지금 당장 '연금 ETF를 통해 일하게 만드는 것'입니다. 그게 바로 평생 월급을 만드는 유일한 정답입니다.

Chapter 2

가입부터
개시까지,
연금 완전 정복

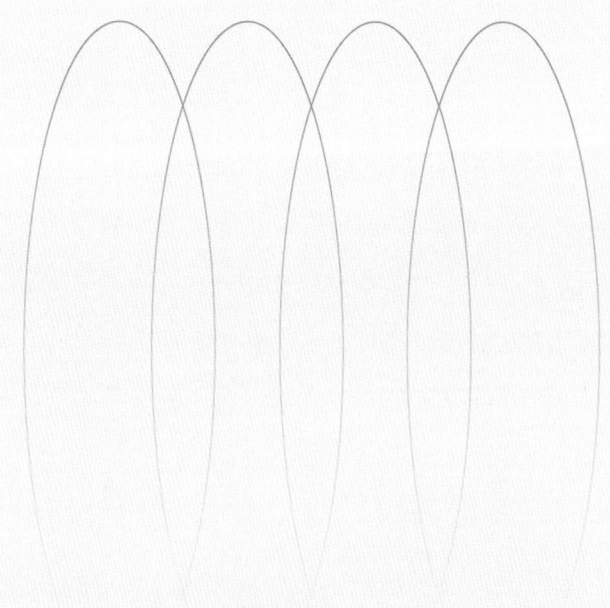

✳ 국민연금·퇴직연금·개인연금, 연금제도의 세 가지 축

우리나라의 연금제도는 흔히 3층 연금이라고 해서 세 가지 축으로 이루어져 있습니다. 1층 공적연금은 국가가 운영하는 연금, 대표적으로 국민연금·공무원연금·군인연금·사학연금이 여기에 해당합니다. 2층 퇴직연금은 직장에서 퇴직 시 받는 퇴직금을 연금 형태로 적립·운용하는 제도이고, 3층 개인연금은 개인이 스스로 준비하는 연금입니다. 세 연금은 각각 역할과 성격이 달라요.

● 3층 연금의 종류

먼저, 공적연금(국민연금)은 모든 국민이 가입하도록 되어 있는 의무가입 연금입니다. 직장인이든 자영업자든 소득이 있다면 일정액을 국민연금 보험료로 내고, 나중에 출생연도별로 다르지만 평균 월 50만~100만 원 사이를 60대 초중반부터 평생 동안 연금으로 받게 됩니다. 국가가 운영하고 법으로 보장되기 때문에 안정성이 가장 높고 평생 지급되는 것이 특징입니다. 공적연금의 목적은 최소한의 노후 생활비를 보장하는 데 있어요. 소득이 많든 적든 기본 생활을 유지할 수 있도록 해주는 안전망인 셈이지요. 다만 국민연금만으로는 노후 생활수준을 충분히 유지하기 어려울 수 있습니다. 평균 소득자의 경우 국민연금 수령액이 현직 때 받던 소득의 40%대 정도밖에 안 되는 경우가 많기 때문에, 이를 보충해줄 다른 연금이 필요합니다. 30년 동안 국민연금을 납입했다고 가정해도 월 100만 원 정도인데, 이는 평균 노후 생활비 월 200만~300만 원 수준에 비하면 모자란 수치죠. 이를 위해 국민연금 보험료율을 9%에서 13%로 상향시키고 소득대체율도 40%에서 43%로 올린다고는 하지만 여전히 생활에는 부족한 게 사실입니다.

다음으로, 퇴직연금입니다. 원래 대부분의 직장인은 퇴직할 때 퇴직금을 사내에 유보했다가 일시금으로 받았는데, 이로 인해 회사가 파산하거나 근로자의 퇴직금을 체불하는 경우가 많았습니다. 그래서 이제는 많은 회사들이 '퇴직연금 제도'(2005년 12월 1일 도입)를 통해 퇴직금 재원을 외부 금융기관에 적립하고 있습니다. 퇴직연금에는 DB형, DC형 등이 있고, 근로자가 퇴직할 때까지 회사가 적립해두었다가 연금이나 일시금으로 지급하는 방식이죠. 그리고 직장을 옮기거나 퇴직할 때 그 퇴직금을 개인형 퇴직연금(IRP) 계좌로 이전해 계속 굴릴 수도 있습니다. 퇴직연금의 주된 목적은 국민연금 위에 얹어 생활 안정성을 높이는 2층 역할을 하는 것입니다. 국민연금이 기본적인 생활비를 준다면, 퇴직연금은 회사에서 받은 퇴직금으로 노후에 추가 생활비를 마련하는 구조입니다. 특히 퇴직연금을 연금으로 받으면 세금 혜택도 있어요. 한꺼번에 받을 때보다 세금을 적게 내고, 연금 형태로 꾸준히 받을 수 있어 은퇴 후 소득 공백을 메워주는 다리 역할을 합니다. 예를 들어 정년퇴직을 60세에 했는데 국민연금은 65세부터 받는다면, 그 공백 기간(5년) 동안 퇴직연금을 활용해 생활비로 쓸 수 있는 것이죠. 이렇게 공적연금과 퇴직연금을 연계하면 국민연금 개시 전의 소득 공백기를 메꾸고, 국민연금 수령 이후에는 두 연금을 합쳐 보다 안정적인 현금 흐름을 만들 수 있습니다.

마지막으로, 개인연금입니다. 말 그대로 개인이 자발적으로 가입하는 연금 상품들을 말합니다. 은행, 증권사, 보험사 등에서 판매하는 연금저축이나 연금보험 또는 IRP에 추가로 납입하는 방식 등이 모두 개인연금에 속합니다. 개인연금의 목적은 국민연금과 퇴직연금으로도 부족할 수 있는 노후자금을 추가로 마련하여 보다 여유로운 노후 생활을 준비하는 데 있습니다. 개인연금은 가입 여부와 금액을 본인이 결정할 수 있기 때문에 유연성이 높지만, 그만큼 스스로 챙겨야 한다는 특징이 있어요. 정부는 개인연금을 장려하기 위해 세액공제 등의 엄청난 세제 혜택을 주고 있습니다. 즉, 개인이 지금 일정 금액을 연금계좌에 납입하면 연말정산 때 세금을 깎아주어 노후 대비를 돕는 것이죠. 개인연금 상품에는 여러 가지가 있는데, 연금저축펀드와 IRP가 대표적입니다.

세 가지 연금의 차이점을 간략히 정리하면 이렇습니다. 국민연금(공적연금)은 강제적이고 평생 지급되며 국가가 운영하여 매우 안

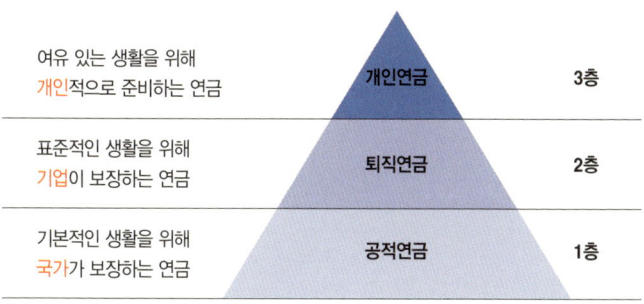

연금의 3층 구조

여유 있는 생활을 위해 개인적으로 준비하는 연금	개인연금	3층
표준적인 생활을 위해 기업이 보장하는 연금	퇴직연금	2층
기본적인 생활을 위해 국가가 보장하는 연금	공적연금	1층

정적입니다. 대신 현재 납입한 보험료 대비 수령액은 개인연금보다 낮을 수 있지만 인플레이션에 맞춰 연금액이 인상되는 등 안전장 치가 있죠. 퇴직연금은 회사 재직 시 형성된 퇴직금을 기반으로 하기에 근로자 신분일 때만 형성되고, 중도에 인출은 어렵지만 퇴직 시 목돈으로 나오므로 잘 굴리면 노후에 도움이 됩니다. 회사가 제도를 운영하지만 실질적인 운용은 금융기관이 하며, 투자 성과에 따라 수익이 달라질 수도 있습니다. 다만 DC형의 경우 근로자가 직접 운용합니다. 개인연금은 자기 돈으로 하는 것이므로 자율성이 크고, 얼마나 불릴지도 본인의 투자 역량에 따라 달라집니다. 대신 세제 혜택을 통해 기업을 장려하고 있고, 운용 상품의 선택지도 매우 다양합니다.

● 3층 연금으로 빈틈없이 노후자금 설계하는 법

이 세 가지 연금은 상호 보완적입니다. 국민연금으로 기본 생활비를 확보하고, 퇴직연금(퇴직금)으로 부족한 부분을 채우며, 개인연금으로 여유자금이나 추가 생활비를 마련하는 식이 바람직합니다. 이상적인 노후 준비는 3층 연금을 모두 활용하는 것인데, 예를 들어 국민연금으로 고정 수입을 받고, 퇴직연금을 통해 일정 기간 동안 추가 수입을 얻거나 연금 형태로 받으며, 개인연금은 필요할 때 인출하거나 노후 후반부를 대비해 끝까지 남겨둘 수 있습니다. 이렇게 하면 오래 살거나 예기치 않은 지출이 생겨도 대비가 쉬워집니다. 결국 공적연금은 바닥, 퇴직연금은 기둥, 개인연금은 지붕이라고 비유하기도 하는데요. 세 가지 층을 모두 쌓아두면 노후 생활이라는 집이 견고해진다는 뜻입니다.

연계 활용법도 예를 들어볼게요. 어떤 분이 60세에 퇴직해서 국민연금을 5년 후 받을 예정이라면, 그 5년 동안은 퇴직연금(IRP)에 모아둔 퇴직금이나 개인연금 적립금을 조금씩 인출하면서 국민연금 개시 전 소득 공백을 메울 수 있습니다. 그리고 65세부터 국민연금을 받기 시작하면, 부족한 생활비를 계속 IRP나 개인연금에서 월급처럼 일정액을 받아 충당하는 것입니다. 반대로 국민연금을 나중에 더 많이 받으려고 수령 시기를 일부러 늦추는 경우에도, 그 연기 기간 동안 개인연금이나 퇴직연금을 활용해 소득을 이어나갈 수 있지요. 이처럼 세 가지 연금은 각각의 특징을 잘 이해하고 조합하면 노후자금을 빈틈없이 설계하는 데 큰 도움이 됩니다.

　정리하면, 공적연금은 '의무적으로 가입하는 기본 연금'이고, 퇴직연금은 '직장에서 마련해주는 든든한 노후자금'이며, 개인연금은 '내가 추가로 쌓는 노후자금'입니다. 국민연금이 1층 역할을 해주고는 있지만 저출산·고령화, 국민연금의 고갈 이슈 등을 고려한다면 직장 다닐 때 퇴직연금 운용에도 관심을 가지고 별도로 개인연금 저축과 운용도 병행해두는 것이 좋습니다. 이렇게 3층 연금을 구축해두면 연금들이 서로 연계되어 노후에 발생할 수 있는 경제적 위험을 크게 낮출 수 있습니다.

✱ IRP와 연금저축 가입 전 꼭 알아야 할 사실

노후 대비를 위해 많이들 가입하는 연금계좌로는 크게 두 가지가 있습니다. 바로 IRP 계좌와 연금저축 계좌입니다. 겉보기엔 둘 다 개인이 운용하는 노후자금 통장처럼 보이는데, 정확히 무엇이 다르고 어떻게 활용해야 할까요? 가입 전에 꼭 알아야 할 공통점과 차이점을 정리해보겠습니다.

● IRP와 연금저축의 공통점: 세액공제 혜택

IRP(Individual Retirement Pension)란 이름 그대로 개인형 퇴직연금 계좌입니다. 원래 IRP는 회사에서 받는 퇴직금을 개인 명의로 보관할 수 있게 만든 계좌예요. 예전에는 이직하거나 퇴직하면 퇴직금을 현금으로 받아 쓰는 경우가 많았지만, 지금은 퇴직금을 곧바로 써버리지 않고 IRP에 넣어두고 노후자금으로 굴리도록 권장하고 있죠. 게다가 IRP에는 퇴직금만 넣는 게 아니라 개인이 추가로 돈을 입금할 수도 있습니다. 즉, '회사 돈(퇴직금) + 내 돈'을 함께 넣어 굴리는 개인연금계좌로 활용하는 것입니다.

반면 연금저축은 말 그대로 연금을 목적으로 한 개인용 연금계좌인데, 순수하게 내 돈으로 노후 대비를 하는 상품입니다. 연금저축에는 여러 형태가 있는데, 은행의 신탁 형태, 보험사의 연금저축보험, 증권사의 연금저축펀드 식으로 판매됩니다. 다만 운용하는 상품 구조나 수수료 면에서는 증권사의 연금저축펀드 계좌를 열어 ETF나 펀드에 투자하는 게 가장 합리적인 방식입니다.

두 계좌의 공통점부터 보면, 둘 다 연말정산 때 세액공제 혜택을 주는 대표적인 절세형 계좌입니다. 현재 소득이 있는 사람이 연금저축이나 IRP에 돈을 넣으면 그해에 납입한 금액의 일정 비율만큼 세금을 깎아줍니다. 또한 두 계좌 모두 가입한 지 5년 이상 유지하고, 수령은 10년 분할수령 원칙에 따라 만 55세 이후에 연금 형태로 인출해야 세금상 불이익 없이 모든 세제 혜택을 고스란히 받을 수 있습니다. 노후자금 목적이므로 55세 이전에 깨면 그동안 혜택받은 세금을 도로 반환해야 합니다. 그리고 두 계좌 모두 연간 합산 1,800만 원까지 납입할 수 있습니다. 즉, 연금저축과 IRP를 합쳐 한 사람당 1년에 최대 1,800만 원까지 넣을 수 있다는 뜻입니다. 이 한도는 모든 금융기관 합산이므로, 여러 군데 계좌를 만들어도 총액 1,800만 원을 넘길 수는 없습니다.

● IRP와 연금저축의 다섯 가지 차이점

자, 그러면 차이점을 하나씩 살펴보겠습니다.

첫째, 가입 자격과 대상에서 차이가 있습니다. 연금저축은 대한민국 국민이면 누구나 가입 가능합니다. 소득이 있든 없든 상관없어요. 예를 들어 전업주부나 소득이 없는 학생도 본인 명의로 연금저축 계좌를 만들 수 있습니다. 다만 소득이 있어야 세액공제를 받을 수 있기 때문에 소득이 없는 사람이 가입하면 세금 혜택은 못 받습니다. 대신 납입금액에 대한 비과세, 운용에 대한 과세이연 효과, 연금소득 저율과세 혜택을 기대하고 가입할 수는 있죠. 한편 IRP는 소득이 있는 만 19세 이상 성인만 가입할 수 있습니다. 대표적으로 직장인들이 근로소득세에 대한 세액공제 혜택을 볼 수 있습니다.

둘째, 세액공제 한도에서 차이가 있습니다. 위에서 연금계좌 합산으로 연 1,800만 원까지 넣을 수 있다고 했지만, 그중 세액공제를 받는 한도는 정해져 있어요. 연금저축 계좌는 1년 납입액 중 최대 600만 원까지 세액공제 대상입니다. IRP는 최대 300만 원까지 세액공제 추가 혜택이 있습니다. 그래서 둘을 합치면 기본적으로 연 900만 원까지 세액공제를 받을 수 있어요. 공제율은 근로소득금액 연 5,500만 원 이하이거나 종합소득금액 4,500만 원 이하이면 16.5%, 기준금액을 초과하는 경우에는 13.2% 세액공제가 가능합니다. 물론 IRP를 선호하시는 분들은 IRP에 900만 원을 모두 입금해도 전액 세액공제를 받을 수 있습니다.

셋째, 투자 가능 상품과 운용 규제의 차이가 있습니다. 연금저축 계좌의 경우 증권사를 통해 가입하는 연금저축펀드 계좌라면 투자 상품 위주로 굴리게 됩니다. 펀드, ETF, 리츠(REITs) 같은 실적배당형 상품에 투자할 수 있지만, 예금이나 보험 같은 원리금 보장 상품에는 투자할 수 없습니다. 다만 최근에는 채권형 ETF가 많이 상장되어 거의 동일한 효과를 누릴 수 있는 안전자산에 투자는 가능해요.

반면 IRP는 투자 선택의 폭이 더 넓습니다. 원리금보장형 상품에도 넣을 수 있어요. 은행의 예금, 저축은행 적금, 보험회사의 금리보장형 상품, 증권사의 ELB(원금보장형 금융상품) 등 안정적인 상품부터 펀드나 ETF 같은 투자 상품까지 고루 담을 수 있습니다. 대신 투자 비중 제한이 하나 있는데, IRP에서는 위험자산은 전체 자산의 70%까지만 담을 수 있도록 되어 있습니다. 위험자산이란 주식형 펀드나 주식 ETF처럼 원금 변동성이 큰 상품들을 말하는데요, 연금자산의 안정성을 위해 IRP 계좌에는 최대 70%까지만 그런 상품을 편입하고, 나머지 30%는 예금이나 채권형 펀드, 국공채같이 안전자산으로 채워야 합니다. 연금저축 계좌는 이런 비율 제한이 없습니다. 100%를 주식형 펀드로 채우는 것도 본인 자유예요. 따라서 연금저축은 공격적인 투자가 자유롭게 가능하고, IRP는 약간의 안전자산을 섞어야 하니 보수적인 운용이 강제되는 차이가 있습니다. 이 점도 고려해야 합니다.

넷째, 중도인출(해지) 조건 및 담보대출 유무의 차이입니다. 우선 연금저축은 언제든 해지가 가능합니다. 계약을 해지하거나 계좌에서 돈을 빼는 건 자유인데, 단지 세금상 불이익(페널티)이 있을 뿐입니다. 세액공제를 받은 원금과 그 운용수익에 대해 16.5%의 기타소득세를 떼거든요. 만약 부득이한 사유(천재지변, 사망, 해외 이주 등)에 해당하는 경우에는 연금소득세(3.3~5.5%)가 적용되어 출금도 가능하고요. 쉽게 말해 지금까지 받은 세금 혜택을 일부 토해내는 벌금 같은 개념입니다. 하지만 제도상 막을 수는 없기 때문에 정말 급하면 연금저축은 깨서 쓸 수는 있습니다.

반면 IRP는 제도적으로 함부로 중도인출이 안 됩니다. 법이 정한 특정 사유(천재지변, 가입자 사망이나 심각한 장애, 장기 입원치료, 무주택자의 주택 구매나 전세자금 등)가 발생한 경우에만 예외적으로 인출을 허용합니다. 그 외에는 55세 이전에 아예 인출이 불가능하도록 묶여 있어요. 물론 이 경우에도 세금 혜택을 받은 부분에는 16.5% 세금을 부과하는 것은 마찬가지입니다. 그러니 IRP는 정말 연금 목적 외에는 쓸 수 없다고 생각해야 합니다.

한편 담보대출 가능 여부도 다른데, 연금저축펀드 같은 경우 해지하지 않고 연금저축담보대출을 받을 수 있습니다. 급하면 그걸 활용하면 되지만, IRP는 담보대출이 아예 불가능합니다. 이런 유동성 측면의 차이도 기억해두세요.

다섯째, 계좌 개설 수와 관리에 관한 차이입니다. 많은 분들이 "IRP는 한 사람이 하나만 가질 수 있다"라고 알고 있는데, 정확히 말하면 IRP는 한 금융회사에서 1인 1계좌만 만들 수 있지만, 금융회사가 다르면 추가 개설도 가능합니다. 예를 들어 A은행에서 IRP를 하나 만

들고, B증권사에서 하나 더 만드는 식으로 여러 개를 보유할 수 있어요. 다만 납입한도는 모든 계좌를 합쳐 연 1,800만 원이라는 것은 변함이 없고, 여러 계좌를 운용하면 관리가 번거롭기 때문에 일반적으로는 하나만 운영하는 경우가 많습니다.

그래도 간혹 IRP를 2개 이상 운용하는 분들도 있습니다. 예컨대 회사 다닐 때 받은 퇴직금이 들어 있는 IRP와 개인 추가 납입용 IRP를 분리해 관리하면, 나중에 퇴직금을 연금으로 받는 부분과 개인 불입분을 인출하는 부분을 따로 운용할 수 있다는 장점이 있습니다. 반면 연금저축펀드는 한 금융사에서도 여러 개를 개설할 수 있고 금융사별로도 여러 개를 개설할 수 있습니다. 다만 세액공제나 납입한도는 연금저축펀드와 IRP 모든 계좌를 통틀어 적용되므로, 여러 개라고 혜택이 늘어나는 건 없습니다. 다만 추후 연금 개시나 관리의 편의성을 위해서는 연금저축펀드 1개, 퇴직금 전용 IRP 1개, 개인 납입

구분	연금저축	IRP
가입 대상	누구나 가입 가능	소득이 있는 직장인, 자영업자 등
세액공제 한도	600만 원	900만 원(연금저축 600만 원 포함)
세액공제율 (지방세 포함)	5,500만 원 이하: 16.5%	5,500만 원 이하: 16.5%
	5,500만 원 초과: 13.2%	5,500만 원 초과: 13.2%
투자 대상과 한도	투자 대상과 비율에 제한 없음	위험자산: 최대 70%
		안전자산: 최소 30%
중도인출	비교적 자유로움	법에 정해진 사유만 가능
금융기관	은행, 증권, 보험	은행, 증권

연금저축과 IRP 차이점

자료: 시사저널e

전용 IRP 1개 정도로 3개면 충분하지 않을까 생각합니다.

정리해보면, IRP와 연금저축은 공통으로 세테크와 노후 준비에 유용하지만, 가입 대상(소득 유무), 세액공제 한도, 투자 가능 상품과 운용 규정, 중도인출 제한, 계좌 활용 방식 등에 차이가 있습니다. IRP는 퇴직금을 맡길 수 있고 소득이 있는 사람만 가입 가능하며, 예금 등 안전자산 투자도 되는 대신 중도인출이 매우 엄격히 제한되는 계좌입니다. 연금저축은 누구나 가입 가능하고 투자 자유도는 높지만 오롯이 내 돈으로 채워야 하고, 중도인출은 가능하나 세금 페널티가 따른다는 차이가 있죠. 두 계좌의 장단점을 잘 이해하고, 자신의 상황에 맞게 선택하거나 둘을 병행 활용하는 것이 좋습니다.

✳ 연금계좌,
연간 1,800만 원 납입 구조 완전 해부

세액공제를 받을 수 있는 연금계좌를 제대로 활용하려면, 연간 납입한도 1,800만 원을 어떻게 채우는지가 핵심입니다. 세액공제 한도만 듣고 "아, 그럼 나도 900만 원만 넣어야지" 하실 수 있지만, 사실은 900만 원 + 추가 900만 원까지 넣는 전략이 좋을 때도 있습니다. 왜 그런지 하나씩 풀어볼게요.

● 세액공제 한도와 혜택 먼저 계산하자

예를 들어봅시다. 40세 직장인 A씨의 경우 세액공제 한도가 900만 원입니다. 연금저축에 600만 원, IRP에 300만 원을 넣으면 딱 900만 원이 되죠. A씨의 총급여가 5,500만 원 이하라면 세액공제율 16.5%를 적용받습니다. 즉, 900만 원의 16.5%인 약 148.5만 원을 연말정산 때 돌려받게 됩니다. 1년에 148.5만 원이면 월평균 거의 12만 원을 환급받는 셈이라 꽤 크지요. 만약 A씨의 소득이 높아 총급여가 5,500만 원을 넘는다면 세액공제율이 13.2%로 좀 낮습니다. 그 경우 900만 원에 대해 최대 118.8만 원을 돌려받습니다. 어쨌든 세액공제 한도만큼 넣으면 100만 원 안팎의 세금을 줄일 수 있는 것입니다. 이런 즉시 혜택 외에도 다른 혜택이 있습니다.

연금계좌의 운용수익에 대해선 나중에 연금을 받기 전까지 과세이연이 됩니다. 즉, 펀드나 예금에서 이자가 불어나도 당장 세금을 떼지 않고 계속 불릴 수 있어요. 예를 들어 900만 원을 넣어 그해 5% 수익이 났다면 45만 원의 이익이 생기는데, 연금계좌가 아니었다면 배당소득세 등으로 15.4%의 세금을 냈을 겁니다. 하지만 연금계좌 안에서는 세금 납부 시점을 미루고 통째로 재투자하니, 다음 해엔 그만큼 더 많은 원금이 굴러가죠. 이런 복리 효과가 장기간 쌓이면 엄청납니다. 그래서 많은 분들이 일단 세액공제 최대 한도까지는 꼭 채우자고들 합니다.

● 추가 납입으로 세금 혜택 챙기기

그럼 900만 원까지만 넣으면 될까요? 꼭 그렇진 않습니다. 세액공제 한도를 넘어 최대 1,800만 원까지 추가로 넣는 것도 고려할 만합니다. 비록 초과분 900만 원에 대해선 당장 세금을 환급받진 못하지만, 아까 말한 운용수익 비과세(과세이연) 혜택은 계속 받을 수 있고요. 결정적으로 나중에 인출할 때 세금 측면의 이점이 있습니다. 연금계좌에 넣었다가 연금 형태로 받으면 세액공제를 받은 원금과 그 수익은 연금소득세(3.3~5.5%)가 부과되지만, 세액공제를 받지 않은 원금 부분은 인출 시 세금이 면제거든요. 즉, 안 받은 만큼은 나중에 비과세로 돌려받을 수 있다는 것입니다. 또한 세액공제를 받지 않은 금액으로 적립된 부분은 혹시 급하게 돈이 필요해 중도에 인출하더라도 기타소득세 16.5% 패널티 없이 찾을 수 있습니다. 왜냐하면 세금 혜택을 받은 게 없으니 토해낼 세금도 없는 거죠. 정부도 이런 장점을 열어두어 사람들이 최대 1,800만 원까지 연금계좌에 납입할 유인을 준 것입니다.

● 납입 시점 고려하기

세액공제 혜택을 받으려면 납입 시점도 고려해야 합니다. 연말정산 세액공제를 받으려면 해당 연도 1월 1일부터 12월 31일까지 납입된 금액만 인정됩니다. 간혹 12월 말에 급하게 넣으시는 분들도 있는데, 금융사별로 연말 마감일이 있으니 세액공제 받으실 분들은 적어도 12월 셋째 주 전까지는 모두 납입한다고 생각하시는 게 가장 마음 편합니다. 추가 납입분은 굳이 한 해에 다 넣지 않아도 되지만, 어차피 한도 내에서 빨리 넣어 운용할수록 복리 효과가 크니 여력이 된다면 일찍 채워두는 게 좋겠죠.

또 한 가지, 이렇게 많이 넣어두고 나중에 연금으로 받을 때 한 해에 너무 큰 금액을 빼면 오히려 세금이 높아질 수 있습니다. 현재 연금소득은 연 1,500만 원까지는 분리과세 저율(3.3~5.5%)이 적용되지만, 그걸 넘으면 종합과세 또는 분리과세 16.5%의 기타소득세 세율이 적용되거든요. 그러니 나중에 찾을 때 한꺼번에 확 빼기보다는 연간 1,500만 원 이하로 나눠 받도록 설계하는 것이 좋아요(이 부분도 뒤에서 다룹니다). 아무튼 지금 납입 측면에서 기억할 것은 "연금계좌는 세액공제 한도까지 꽉 채우고, 여력이 되면 추가 납입도 고려하자. 세액공제 못 받는 부분도 절대 손해가 아니다"입니다.

마지막으로, 세액공제 계산 예시 하나만 더 보겠습니다. 50세 이상이라 세액공제 한도가 900만 원인 B씨가 있다고 치죠. B씨가 매년 900만 원씩 10년간 연금계좌에 넣었다고 하면, (소득이 높아 공제율이 13.2%라고 가정할 경우) 매년 약 118만 8,000원씩, 10년간 총 약 1,188만 원의 세금을 아낀 셈입니다. 여기에 운용수익에 대한 과세이연 효과까지 누려, 만약 연 5%씩 투자수익을 올렸다면 10년 후 계좌 자산은 납입원금 9,000만 원보다 훨씬 불어나 적어도 1.5억 원 이상이 됩니다. 이렇듯 세액공제 혜택과 비과세 복리 효과를 동시에 누리는 것이 연금계좌 최대 활용법입니다.

┃ 연금계좌 최대 활용법 ┃

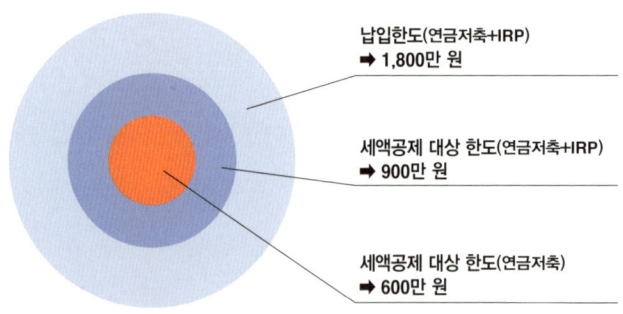

납입한도(연금저축+IRP)
➡ 1,800만 원

세액공제 대상 한도(연금저축+IRP)
➡ 900만 원

세액공제 대상 한도(연금저축)
➡ 600만 원

✳ 수수료만 줄여도
노후자금이 달라집니다

연금계좌는 장기로 운용되는 돈인 만큼 수수료가 수십 년간 누적되면 무시 못 할 차이가 생깁니다. 수익률을 높이는 것도 중요하지만, 수수료를 아끼는 것만으로도 결국 수익을 올리는 효과가 있어요. 그렇다면 IRP나 연금저축 계좌와 관련해 어떤 수수료들이 있고, 어떻게 줄일 수 있을지 살펴보겠습니다.

● 연금계좌의 수수료 종류

연금저축펀드 계좌나 IRP 계좌를 개설하고 운용하면 보통 두 가지 수수료가 발생할 수 있습니다. 하나는 운용관리 수수료이고, 다른 하나는 자산관리 수수료입니다. 쉽게 말해 계좌를 운영해주는 금융기관이 떼는 관리비용이라고 보면 됩니다. 예전에는 은행이나 보험사에서 연금저축이나 IRP를 관리할 때 연 0.2~0.5% 정도의 수수료를 부과하는 게 흔했습니다.

예를 들어 적립금이 1억 원이면 1년에 20만~50만 원 정도를 수수료로 떼는 것이죠. 10년이면 200만~500만 원이 나가는 금액이라 상당합니다. 그런데 최근 몇 년 사이 경쟁이 붙으면서 수수료를 대폭 인하하거나 면제하는 곳들이 늘어났습니다. 특히 증권사들의 비대면 (IRP) 계좌는 많은 곳에서 운용관리 수수료를 평생 무료(0원)로 책정하고 있습니다. 금융감독원 자료를 보면 이미 여러 은행(6개 은행)과 증권사(13개 증권사)가 비대면으로 IRP 계좌를 개설하면 수수료를 면제해주고 있어요. 즉, 스마트폰 앱 등을 통해 본인이 직접 IRP를 개설하면 평생 수수료 없이 운용할 수 있다는 뜻입니다. 수수료가 붙는 회사 대비 매년 0.2~0.4%포인트는 이득을 보는 것이니, 장기로 보면 엄청난 차이죠.

만약 아직도 수수료를 내고 있는 IRP를 가지고 계시다면, 증권사 등 수수료가 무료인 곳으로 갈아타기를 고려해보세요. 예를 들어 예전에 직장 다닐 때 은행의 영업점 직원을 통해 개설한 IRP가 있다면, 그 계좌의 수수료가 계속적으로 부과될 수 있습니다. 이럴 땐 직접 증권사의 IRP 계좌를 모바일 앱을 통해 만들고 이전하면 관련 수수료를 모두 없앨 수 있습니다. 그 전에 투자가 되던 모든 상품을 그대로 옮겨오는 '실물이전' 제도를 활용하면 편합니다.

은행 중 몇 군데는 수수료 면제를 시행하고 있고, 대부분의 증권사는 면제 경쟁 중입니다. 보험사의 IRP는 대체로 아직 수수료가 있는 편이라, 보험사 IRP에 가입하셨다면 다른 곳과 비교해볼 필요가 있어요. 수수료가 0원인 곳으로 옮기면 좋겠지만, 꼭 0원이 아니더라도 적립금 규모별 할인이나 온라인 전용 상품 등을 통해 수수료를 낮춰

주는 곳도 있습니다. 그러니 IRP 수수료가 얼마인지 먼저 확인해보고(계좌 거래내역서나 고객센터 문의로 알 수 있어요), 너무 높다면 변경을 검토해보세요. 0.3%포인트만 낮아져도 1억 원 기준 연 30만 원, 10년이면 300만 원 차이입니다. 같은 투자로 남들보다 이만큼 더 버는 효과니 놓칠 수 없겠죠.

● 연금저축의 수수료와 절감

연금저축 계좌 자체에는 IRP처럼 관리 수수료가 거의 없습니다. 증권사의 연금저축펀드 계좌는 계좌 유지 수수료가 없고 무료인 경우가 대부분이에요. 다만 여기서는 투자 상품 자체의 보수를 따져봐야 합니다.

연금저축에서는 보통 펀드나 ETF에 투자하므로 그 펀드 보수, ETF 운용보수 등이 비용으로 간접 발생합니다. 예컨대 액티브 주식형 펀드는 총보수가 연 1%가 넘는 경우도 있지만, 인덱스펀드나 ETF는 0.1~0.5%대로 저렴한 편이죠. 따라서 연금저축펀드로 투자할 땐 가급적 저보수 상품을 선택하는 것이 좋습니다. ETF는 특히 운용보수가 낮고, 증권 계좌에서 매매하면 요즘엔 거래 수수료도 전액 면제이거나 매우 낮으니 연금저축으로 활용하기에 효율적입니다.

반대로 연금저축보험 같은 경우 보험사가 운영해주는 대신 사업비나 위험 보험료 등이 포함되어 있어 계약 초기에는 원금 대비 적립액이 적기도 하고, 중도해지 시 해지공제액(페널티)도 있을 수 있습니다. 보험사 상품들은 매년 공시이율이나 최저보증이율을 적용해주지만 사업비를 제하고 이자를 붙이는 구조이므로 실제 투자 수익률 측면에선 은근한 비용이 있다고 볼 수 있어요. 이러한 점 때문에 요즘 젊은 층은 수수료도 거의 없으며, 다양한 상품에 투자할 수 있는 증권회사의 연금저축펀드를 가장 선호합니다.

한눈에 보는 연금계좌 수수료 절약 방법

◆ IRP의 경우, 비대면 계좌 개설로 운용관리 수수료가 0%인 금융사를 선택한다. 이미 개설했다면 수수료 비교 후 이전도 고려한다.

◆ 연금저축은 보험사보다는 증권사 계좌가 대체로 비용 면에서 유리하다. 그리고 투자 상품 선택 시 저렴한 보수의 ETF·인덱스펀드 위주로 포트폴리오를 구성한다.

◆ 펀드·ETF를 매매할 때도 불필요한 매매 수수료나 세금을 줄이기 위해 장기투자 위주로 하고, 잦은 매매를 지양한다.

◆ 혹시 기존에 가입한 연금저축보험이 있다면, 유지할 가치와 수수료 구조를 한번 점검해본다. 초기에 사업비가 많이 빠져나간 상태라면 계속 유지하는 게 나을 수도 있지만, 그렇지 않다면 증권사 연금저축으로 계좌 이전을 고려할 수 있다. 다만 이전할 때는 보험 해지공제액 (환급금 손실)이 없는지도 반드시 확인해야 한다.

✳ 연금의 과세 구조와 절세 포인트

연금계좌의 세제 혜택 이야기를 했는데, 그렇다면 나중에 연금을 받을 때는 세금이 어떻게 될까요? 간혹 '나중에 연금 받을 때 세금 뗀다던데, 괜히 세금 미루다가 더 내는 거 아냐?'라고 걱정하시는 분들도 있습니다. 이번에는 연금 수령 시의 과세 구조와 여기에 숨은 절세 포인트들을 정리해보겠습니다.

● 절세 포인트 ①:
연금 수령액은 연 1,500만 원 이하로 제한한다

우선 연금계좌에서 돈을 연금 형태로 수령할 때 세금이 부과되는 방식을 알아봅시다. 연금저축이나 IRP에서 만 55세 이후 일정한 연금으로 인출하면 그 금액에 대해 연금소득세라는 것이 붙습니다. 다행히 이 세율은 아주 낮습니다. 연 1,500만 원 이하까지 수령하는 연금소득은 3.3~5.5%의 저율로 과세돼요. 구체적으로 말하면, 연금 수령 나이를 기준으로 만 55~69세는 5.5%, 만 70~79세는 4.4%, 만 80세 이상부터는 3.3%가 부과돼요.

여기서 중요한 점은 이 낮은 세율 혜택은 일정 한도까지로 제한된다는 점입니다. 현재는 한 사람이 사적연금(연금저축·IRP 등)으로 받는 연금소득이 연간 1,500만 원이 넘으면(2013년까지는 600만 원, 2023년까지는 1,200만 원, 2024년부터는 1,500만 원으로 상향) 초과분에 대해서는 더 이상 분리과세 저율을 적용받지 못합니다. 그 초과 부분은 다른 종합소득과 합산되어 일반 세율로 과세하거나, 아니면 분리해서 16.5%의 단일세율(지방세 포함)로 납부해야 해요. 어쨌든 5%가 아니라 훨씬 높은 세율로 내야 한다는 뜻입니다. 그래서 연금도 한꺼번에 너무 많이 받으면 세금이 뛴다는 사실을 기억해야 합니다. 이게 연금소득세의 구조예요.

그러므로 가능하면 연간 1,500만 원 이하로 연금 수령액을 조절하라는 것입니다. 1,500만 원이면 월 125만 원 정도이니, 그 범위 안에서는 5% 이하 세율로 해결되지만 그걸 넘겨버리면 세금이 확 올라가니 가급적 피하자는 거죠. 만약 부부가 둘 다 연금이 있다면 각자

┃ 사적연금소득 합계액에 따른 과세 방법 ┃

사적연금소득 합계액	과세 방법
1,500만 원 이하	분리과세(연령별 3.3~5.5%)
1,500만 원 초과	분리과세(16.5%) 또는 종합과세

자료: 기획재정부

1,500만 원씩 받으면 합계 3,000만 원까지 저율과세가 가능하니, 부부 공동 은퇴계획을 세워 연금 인출을 안배하는 것도 방법입니다.

● 절세 포인트 ②:
퇴직금은 IRP로 받아 세금 혜택을 누린다

다음으로 퇴직금(퇴직연금)과 세금 이야기를 해보죠. 직장인들에게 퇴직금(퇴직연금 일시금)은 사실 엄밀히 말하면 연금소득이 아니라 퇴직소득으로 분류됩니다. 이 퇴직소득은 일반 과세랑 좀 다르게 퇴직소득세라는 별도 계산으로 세금을 매겨요. 퇴직소득세는 근속연수와 퇴직금액 등을 고려해 상당히 우대된 세율로 산출됩니다. 그래서 목돈임에도 불구하고 실제 세율은 낮은 편이죠. 예를 들면 30년 일하고 퇴직금 1억 원을 받았다면, 아마도 500만~1,000만 원 정도 세금을 떼고 나머지를 받는 식일 거예요(구체적인 계산은 복잡하지만, 퇴직소득공제 등 공제로 상당 부분 감면됩니다). 그런데 이 퇴직금을 IRP로 직접 받지 않고 회사에서 현금으로 일시 수령하면, 그때 퇴직소득세를 원천징수하고 나머지를 줍니다. 그리고 끝이에요.

반면 퇴직금을 IRP로 받게 되면 그 시점에는 세금을 원천징수하지 않고 이월해둡니다. 그리고 나중에 IRP에서 연금 수령할 때 세금을 내게 하죠. 그런데 앞서 연금소득세에서 언급한 것처럼, IRP에 넣은 퇴직금도 연금 형태로 받으면 원래 내야 할 퇴직소득세의 70%만 내면 되도록 30% 감면해줘요. 예를 들어 퇴직금 일시 수령 시 세금이 1,000만 원 나올 거였다면, 연금으로 받으면 700만 원만 내면 되는 식입니다. 실제 세법상 "퇴직금을 연금으로 받으면 퇴직소득세의 30%를 감면한다"라고 되어 있습니다. 결국 퇴직금을 연금계좌에 넣고 10년 이상에 걸쳐 받으면 퇴직소득세 30% 할인 혜택 + 연금을 수령할 때 퇴직소득세를 이와 비례해 분할 납부하는 구조가 됩니다. 금액뿐만 아니라 장기간 분할 납부한다는 게 과세이연 차원에서는 엄청난 절세죠.

여기서 꿀팁을 하나 드리면, 퇴직금을 IRP로 수령하는 경우 만 55세가 지났다면 1만 원이라도 '수령 신청'을 해두는 게 좋아요. 왜냐하면 자동으로 연금 수령 가능 기간이 계산되지 않기 때문이죠. 다만 개인적으로 세액공제·과세이연 연금저축펀드와 IRP는 자동으로 수령 가능 기간이 계산되기 때문에 신경 쓸 필요는 없어요.

그러니 퇴직금을 가능하면 IRP로 받아 연금화하세요. 은퇴 시 퇴직금을 바로 써버리지 않고 연금계좌에 넣어두는 것만으로 세금을 크게 줄일 수 있습니다. 단, 여기서 유의할 점은 이 혜택을 받으려면 연

┃ 퇴직연금 수령 시 세율 ┃

수령 방법	재원	세율
일시금	–	퇴직소득세 전액 납부
연금	퇴직금	실제 연금 수령 기간 10년 차까지는 퇴직소득세 30% 감면, 11년 차부터는 40% 감면
	운용수익	연금소득세 3.3~5.5%

금 개시 나이(55세)도 충족해야 하고, 또 연금 수령 기간을 최소 10년에 걸쳐 분산해서 받아야 하며, IRP 계좌 가입기간이 5년 이상이 되어야 한다는 점입니다. 만약 연금 수령을 11년 이상 하게 된다면 이는 퇴직소득세 30%가 아니라 40%까지 감면받을 수 있다는 점도 참고하세요.

● **절세 포인트 ③:**
세액공제 한도 초과 납입분으로 비과세 혜택을 챙긴다

이제 세액공제 받은 금액과 안 받은 금액의 과세 차이를 살펴볼게요. 사실 이것이 연금계좌 세제의 숨은 키포인트입니다. 앞서 잠깐 언급했는데, 연금계좌에 넣은 돈 중 세액공제 혜택을 받은 원금과 그 운용수익은 나중에 연금으로 받을 때 과세 대상이 됩니다. 정부가 "그때 가서 낮은 세율로 조금 세금 내라" 하고 미뤄둔 것이니까요. 반면 세액공제를 전혀 안 받은 돈이 연금계좌에 들어가 있었다면, 그 원금 부분은 비과세로 돌려받을 수 있습니다. 이미 납입 시에 세금을 낸 돈이니 이중으로 안 매기는 거죠.

쉽게 생각하면 연금계좌 속에 세 종류의 돈이 있다고 보면 됩니다. ① 세액공제 받은 원금, ② 그 원금에서 발생한 수익, ③ 세액공제 안 받은 원금. 이 중 ①과 ②는 연금 수령 시 연금소득세 과세, ③은 비과세입니다. 다만 ③번의 원금이 낳은 운용수익 부분은 ②로 포함되어 과세됩니다. 예를 들어 세액공제를 받지 않고 넣은 1,000만 원이 1,200만 원으로 불어났다면, 원금 1,000만 원은 비과세로 받지만 불어난 200만 원은 연금소득세 5.5% 이하로 과세되는 식이죠. 그마저도 금융소득 15.4% 세율에 비하면 크게 낮으니 합리적입니다.

이 차이가 왜 중요하냐 하면, 세액공제 한도를 초과해 납입한 부분(즉, 세액공제를 받지 못한 납입분)은 나중에 연금소득세 없이 찾을 수 있다는 뜻이기 때문입니다. 또 앞서 언급한 것처럼, 급하면 중도인출할 때도 세액공제를 받지 않은 원금은 기타소득세(16.5%)를 안 내도 됩니다. 이건 연금계좌를 잘 활용하면 얼마나 유연하게 운용할 수 있는지를 보여주는 대목입니다. 물론 처음부터 세액공제를 받지 않고 넣는 게 이득이라는 뜻은 아닙니다. 세액공제를 받을 수 있으면 받는 게 무조건 유리합니다(당장 세금을 깎아주니까요). 다만 공제 한도 초과로 더 넣은 돈에 대해서는 나중에 과세 측면에서 불이익이 없으니 안심하라는 거죠. 이를테면 '어차피 세액공제 못 받는 돈은 굳이 연금계

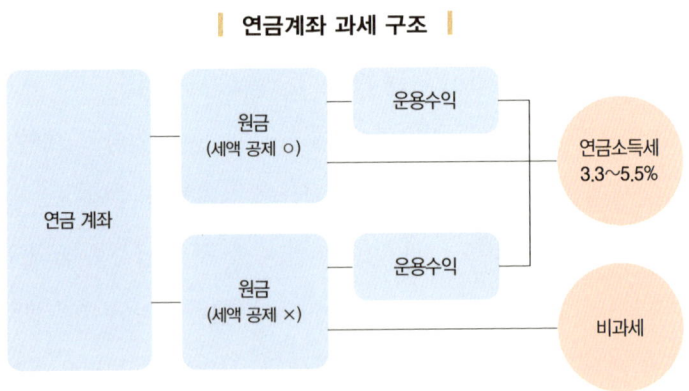

연금계좌 과세 구조

좌에 넣을 필요가 있나?'라고 생각할 수 있지만, 넣어두면 오히려 좋다는 것입니다. 오히려 이 돈은 자유롭게 빼 쓸 수도 있고(비과세로), 안 빼면 계속 비과세로 굴러가니 이익이죠. 이 부분은 연금계좌 제도의 친절한 설계라고 볼 수 있습니다. 그래서 여유가 된다면 세액공제 한도 초과분까지 채우라고 권하는 이유이기도 합니다.

● 절세 포인트 ④: 과세이연으로 투자수익의 복리 효과를 누린다

마지막으로 운용수익 과세 방식도 한번 짚어볼게요. 사실 위에서 이미 거의 다 얘기했습니다. 운용수익에 대한 과세이연이 연금계좌의 최대 장점이죠. 예를 들어 IRP나 연금저축으로 해외투자 ETF를 샀다고 해볼까요. 일반 계좌에서 해외 ETF를 팔아 얻은 차익이나 분배금에는 15.4% 배당소득세가 부과됐을 겁니다. 하지만 연금계좌 안에서는 그런 세금을 전혀 내지 않고 계속 재투자할 수 있어요. 그렇게 불어난 투자수익이 나중에 연금으로 나올 때 비로소 과세되는 겁니다. 그때도 아까 말한 낮은 세율(3.3~5.5%)만 내면 되고요. 이건 어마어마한 이점입니다. 왜냐하면 매년 발생하는 세금을 유예해주면 그 돈도 복리에 편승해 같이 불어나므로 장기투자 수익률이 훨씬 높아지거든요. 실제로 2030년 장기투자 시 과세이연 효과로 인해 최종 자산이 몇 퍼센트 이상 더 커진다는 연구 결과도 많습니다. 쉽게 말해 비과세 통장에서 굴리는 것과 비슷한 이점이니, 연금계좌를 '내 돈으로 만드는 비과세 저축'이라고 부를 만하죠.

반대로 만약 연금계좌의 혜택을 못 지키고 중도해지하면 어떻게 될까요? 그때는 운용수익에 대해 일시에 세금이 매겨집니다. 기타소득세 16.5%는 세액공제 받은 원금뿐 아니라 그 원금에서 발생한 수익에도 부과됩니다. 실제로 중도해지하면 금융기관에서 원금과 운용수익을 나눠 계산하여 세금을 떼고 주는데, 특히 장기간 굴려 수익이 많이 난 상태에서 해지하면 꽤 많은 세금을 떼이게 됩니다. 이것을 피하려면 가능하면 중도해지나 한도초과 인출을 하지 말고 연금 개시까지 가져가는 게 좋습니다. 혹여 부득이 해지하더라도, 세액공제를 받지 않은 부분의 원금은 세금 없이 찾을 수 있으니 그 부분부터 먼저 찾는 게 유리하겠지요(이 이야기는 다음 수령 전략에서 또 다룹니다).

결국 연금계좌는 넣을 때 절세, 불릴 때 비과세, 받을 때 저율과세라는 삼박자 혜택이 있습니다. 다만 받을 때도 아무 계획 없이 많이 빼버리면 혜택이 줄어드니, 그 부분만 유의하면 돼요. 세금 때문에

❘ 재원별 적용 세율 총정리 ❘

		수령 방법	
		연금수령	**연금외수령**
재원	세액공제 받지 않은 금액	과세 제외 금액으로 세액 부담 없음	
	이연퇴직소득	연금소득세 (퇴직소득세 × 70% / 10년 이상 시 퇴직소득세 × 60%)	퇴직소득세*
	세액공제 받은 금액	연금소득세 3.3~5.5%	기타소득세 16.5%
	운용수익		

* 퇴직소득세는 퇴직 시점에 산출된 퇴직소득세율이 적용됨.

연금이 무너지는 게 아니라, 세금을 잘 활용하면 연금이 더 빛을 발하는 구조인 셈입니다. 세제 혜택 규정을 잘 이해하고 있으면, 노후에 내 연금에서 나가는 세금을 최소화할 수 있으니 꼭 기억해두세요.

한눈에 보는 절세 포인트

◆ 연금을 받을 때는 한 해에 1,500만 원 이하로 받도록 계획하여 저율과세 혜택을 최대한 누린다.

◆ 퇴직금은 가능하면 IRP로 넣어 연금화하여 퇴직소득세를 절감한다 (30~40% 할인 혜택).

◆ 연금계좌에 넣은 돈 중 세액공제를 못 받은 납입분은 나중에 비과세로 찾을 수 있으니 연 1,800만 원 한도까지 불입하는 전략도 활용한다.

◆ 연금계좌의 운용수익은 과세이연되므로 장기투자에 유리하니, 가능한 오래 계좌 안에서 굴린다(중간에 깨지 않는다).

◆ 만약 어쩔 수 없이 중도인출해야 한다면, 세액공제를 받지 않은 원금이나 퇴직금 원금부터 우선적으로 인출하여 세금 부담을 줄인다(세액공제 받은 부분은 최대한 나중에 건드린다).

◆ 연금 수령을 시작한 후에도 매년 연말정산 등의 세무 상황을 보면서 종합과세가 되지 않도록 수령액을 조절하거나 배우자와 안배한다.

✳ 세금·건강보험료 부담을 덜어주는 연금 수령 황금 공식

이제 연금계좌에 잘 적립된 돈을 어떻게 인출해서 쓰면 가장 효율적인지 살펴볼 차례입니다. 노후에는 월급이 사라지니, 연금을 마치 월급처럼 꾸준히 받아 쓰는 것이 중요합니다. 이때 세금도 아끼고 건강보험료 부담도 관리하려면 인출 순서와 방식에 전략이 필요합니다.

● 연금을 인출할 때도 공식이 있다

앞서 잠깐 언급했지만 연금 인출 순서에 관한 황금 공식이 있습니다. '세액공제 받지 않은 금액 → 퇴직금 → 세액공제 받은 금액(및 운용수익)' 순으로 찾으라는 것입니다. 물론 금융권에서 모두 전산화되어 있습니다. 연금계좌의 분리가 중요한 이유이기도 하고, 세법에서는 '인출 순서'만 다음과 같이 정해졌지 어느 금융사 계좌부터 연금을 개시해야 하는지는 정하고 있지 않아요. 이 순서를 왜 추천하는지 풀어볼게요.

1단계: 세액공제 받지 않은 금액 먼저 사용

연금계좌에 세액공제 혜택 없이 넣어둔 돈(한도 초과 납입분 등)이 있다면, 가장 먼저 그 돈부터 찾아 씁니다. 이유는 간단합니다. 이 부분은 인출해도 세금이 없기 때문입니다. 내 돈을 그냥 다시 찾는 것이므로 추가 과세되지 않으니, 생활비로 쓰기에 아무 부담이 없습니다. 예컨대 IRP나 연금저축 2번 계좌 등에 세액공제를 받지 않은 돈 1,000만 원을 넣어뒀다면, 은퇴 첫해에 그 1,000만 원을 꺼내 생활비로 쓰는 식이죠. 세금도 안 내고 필요한 자금을 확보할 수 있으니 가장 효율적입니다.

게다가 이 돈을 먼저 쓰면 뒤에 있는 세금이 붙는 돈들은 계좌에 더 오래 남아 있으면서 계속 운용될 수 있겠죠. 그만큼 추가 수익을 얻을 시간도 벌게 됩니다. 또한 이 단계에서는 연금소득 자체를 발생시키지 않았기 때문에 연금소득세도 0원이고, 다른 과세나 건보료 측면에서도 유리합니다. 예를 들어 은퇴 후 초반 2~3년간은 세액공제를 받지 않은 돈으로만 생활하면, 연금소득이 아예 없는 셈이 되므로 건강보험료도 최저로 유지될 수 있어요(소득이 거의 없으니 지역가입자 건보료도 최소 수준이겠죠). 혹시 배우자의 직장 건강보험에 피부양자로 올라가 있을 경우에도 이런 방식이라면 계속 피부양자 자격을 유지할 수 있을 가능성이 큽니다.

2단계: 퇴직연금 부분인출

세액공제를 받지 않은 돈을 다 쓰고 나면, 그다음은 IRP에 들어 있는 퇴직금 원금과 그 운용된 돈을 인출해 사용합니다. 이 부분은 연금소득세가 부과되긴 하지만, 앞서 말한 대로 퇴직소득세가 할인되어 있습니다. 쉽게 말해 원래 내야 할 세금의 70%만 내는 셈이라 비교적 세율이 낮습니다. 연금소득세로 3~5% 부과되지만, 이미 할인된 과세표준에 대한 것이므로 실효세율은 더 낮을 수 있어요. 또한 퇴직금 자체는 근로소득에 비해 건보료 책정 시 30%만 소득으로 인정되는 유리함도 있습니다(건강보험 지역가입자는 연금소득의 30%만 반영됩니다). 그러니 연금소득세 과세 대상 중에서는 퇴직금 부분이 부담이 적다고 볼 수 있습니다. 물론 이때도 1단계에서처럼 너무 한 번에 많이 찾지 않고, 필요한 생활비만큼 연 단위로 적절히 나눠 받는 것이 좋아요.

3단계: 세액공제 받은 금액 및 운용수익 사용

마지막으로 남은 돈이 바로 세액공제 혜택을 받았던 원금과 그 동안의 투자수익입니다. 이 부분은 이제 인출할 때마다 연금소득세가 붙습니다. 그래서 가급적 가장 나중에, 그리고 가능한 천천히 쓰는 것이 핵심입니다. 예컨대 IRP나 연금저축(1번 계좌)에 세액공제를 받아가며 부어둔 돈들이 있을 텐데, 이걸 60대 초반까지는 손을 안 대고 있다가 70대에 접어들어서야 쓰기 시작한다든지, 혹은 60대 중반부터 조금씩 타기 시작해서 80대, 90대까지 길게 가져간다든지 하는 전략입니다.

왜 이렇게 늦추냐 하면, 늦출수록 이 돈은 계좌 안에서 계속 굴러 추가 수익을 내고, 또 내 세금도 그동안 미뤄지는 효과가 있기 때문입니다. 그리고 인출 시점이 늦어질수록 다른 소득과의 관계에서도 유리할 수 있습니다. 가령 70대쯤 되면 근로소득도 없고, 국민연금 외에 다른 과세소득이 많지 않을 테니 이때 연금소득이 발생해도 종합과세로 합산될 위험이 적습니다. 반면 60대 초반에는 혹시 다른 퇴직소득 정산이나 일시금 수령 등이 있을 수 있으므로, 일부러 그 시기를 피해 세액공제를 받은 부분의 인출을 뒤로 미루는 거죠.

또한 3단계 자금은 가능하면 종신(평생)에 가깝게 분산하여 쓰는 것이 좋습니다. 혹시 오래 살 경우 자산이 고갈되는 위험을 줄여주고, 매년 세금 혜택도 유지할 수 있으니까요. 연금저축보험이나 연금보험 등을 가지고 있다면 애초에 종신연금 옵션을 선택해 평생 받는 방법도 있습니다. 그러면 매년 받는 금액이 작아질 수는 있지만, 그만큼 세금과 건보료 면에서 유리하고 평생 소득이 보장되는 장점이 있죠.

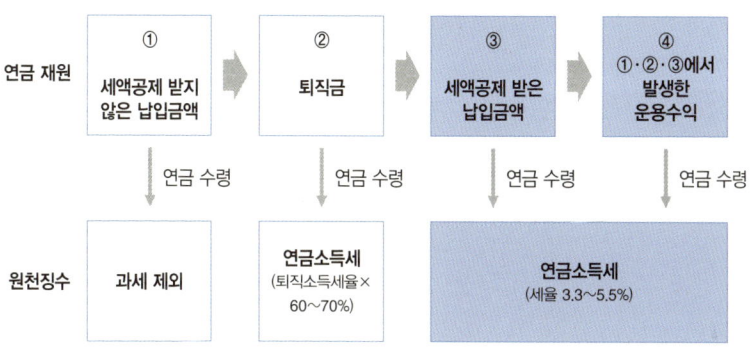

연금저축과 IRP에서 적립금 인출 순서와 과세 방법

이 인출 순서 전략을 요약하면, "세금 안 내는 돈부터 쓰고, 세금 할인된 돈을 쓰고, 마지막에 세금 붙는 돈을 쓴다"입니다. 이렇게 하면 평생 내는 세금을 최소화하면서 건강보험료와 전혀 무관하게 노후 자금을 소진할 수 있어요.

● 연금 수령, 쓰면서도 불어나는 평생 월급 설계법

이제 평생 월급 설계의 기본에 대해 이야기해보죠. '평생 월급'이라는 말은 흔히 종신연금형 보험 등에서 많이 씁니다. 그런 상품에 가입해두면 사망할 때까지 보험회사가 매달 정해진 연금을 지급해주죠. 다만 납입한 원금 대비 그 금액이 크지는 않아, 꼭 정답은 아닙니다. 대신 스스로 연금 포트폴리오를 잘 관리하면 얼마든지 평생 월급을 만들 수 있어요. 연금자산을 월급처럼 쓴다는 건 자산을 한꺼번에 쓰지 않고 일정한 규칙에 따라 나눠 쓰는 것입니다. 많은 재테크 서적에서 권하는 방식이기도 합니다. 가장 유명한 것이 '4% 룰' 같은 거죠.

4% 룰은 은퇴 첫해에 총 은퇴자산의 4%를 인출하고, 이후 매년 물가 상승률만큼 인출액을 조정하는 전략이에요. 예를 들어 은퇴 시점에 자산이 10억 원이라면 첫해에 4,000만 원을 꺼내 쓰고, 다음 해에는 물가 상승률 2%를 반영해 4,080만 원, 그다음 해에는 4,160만 원처럼 조금씩 늘려 쓰는 방식입니다.

연금자산은 쓰면서도 불어날 수 있어야 해요. 인출률(4%)보다 운용수익률(5~6%)이 높은 경우, 쓰는 돈보다 벌어들이는 돈이 많아 원금이 유지되거나 오히려 자산이 늘어납니다. 반대로 인출률보다 운용 수익률이 낮으면 시간이 지나며 자산이 빠르게 줄어들게 됩니다.

연금계좌(IRP, 연금저축)를 통해 운용하면 과세이연 등 세제 혜택까지 누릴 수 있어 복리 효과를 극대화시킬 수 있어요. 물론 갑작스러운 시장 변동성에 유의해야 하겠지만, 연 5~6% 안정적으로 운용한다는 생각을 기반으로 자산관리를 한다면 물가 상승률을 고려한 4% 이내 연금 인출 전략은 아주 유효해 보입니다.

연금계좌는 세법상 최소 10년에 걸쳐 수령하도록 정하고 있고, 사실상 20~30년 이상에 걸쳐 나눠 받는 것이 현명합니다. 왜냐하면 요즘 기대수명이 100세 가까이 되니, 55세에 연금을 받기 시작하면 적어도 40~50년은 써야 하거든요. 연금 개시 후 10년 차까지는 다음 공식으로 연간 수령 한도를 계산합니다.

연금 수령 한도
= (연금계좌 평가액 ÷ (11 - 연금 수령 연차)) × 1.2

예를 들어 연금 평가액이 개시 시점에 1억 원이라고 하면 1년 차에는 1,200만 원(1억 원 ÷ (11-1) × 12) 최대 연금 인출이 가능하고 그다음 연도에는 수익률 0%라는 가정하에 1,173만 원(8,800만 원 ÷ (11-2) × 12)이 가능한 구조인 겁니다. 평가금액은 매년 1월 1일에 평가하며, 연금 수령 한도 내에서 인출하면 연금소득세가 부과되지만 이를 초과한다면 전액 종합과세가 되어 세금 부담이 늘어나니 참고하시면 좋습니다.

정부에서 이와 같은 제도를 도입한 목적은 "적어도 10년 이상 연금은 나눠서 받으며 노후 생활을 해라"라는 의도라고 생각하시면 됩니다.

따라서 먼저 생활비로 달마다 얼마가 필요한지를 먼저 계산해보고, 국민연금 등 공적연금에서 나오는 금액을 뺀 부족분을 사적연금(퇴직연금+개인연금)으로 충당하는 식으로 계획하면 됩니다. 예를 들어 은퇴 후 매달 250만 원이 필요하고 국민연금으로 150만 원이 나온다면, 100만 원을 다른 연금계좌에서 만들어내야겠죠. 그렇다면 사적연금자산에서 연 1,200만 원 정도 인출하는 셈이니, 연금소득세 혜택한도(1,500만 원) 이내라 세금도 최저로 유지됩니다.

핵심은 한꺼번에 큰돈이 손에 들어왔다고 마구 쓰면 안 된다는 점이에요. 만약 사적연금자산이 충분히 커서 1,200만 원을 빼도 자산이 점점 불어날 정도라면 더 늘려 써도 되지만, 일반적으로는 투자수익을 감안해도 일정액 이상 뽑아 쓰면 원금이 줄어들 겁니다. 그 균형을 잘 맞춰야 평생 가는 거죠. 그래서 젊을 때 최대한 불려놓는 것이 중요합니다. 연금자산이 커야 4%든 5%든 인출해도 액수가 커지니까요.

건강보험료 얘기로 돌아가, 은퇴 후 지역가입자가 되면 재산(집, 자동차)에도 보험료가 부과되므로 어느 정도는 감내해야 할 부분입니다. 하지만 소득 부분은 조절이 가능하니, 연금을 나눠 받는 것만으로도 큰 절감 효과가 있습니다. 예를 들어 1억 원을 한 해에 확 찾아버리면 그다음 해 건강보험료 폭탄이 될 수 있지만, 10년에 걸쳐 1,000만 원씩 받으면 보험료 영향이 훨씬 적겠죠. 더불어 연금 수령 시점을 부부가 잘 분산하는 것도 팁이에요. 남편은 55세에 연금 개시, 아내는 60세에 개시하는 식으로 시차를 두면, 한쪽 연금이 다 소진될 때쯤 다른 쪽 연금이 나오기 시작해 커버해줄 수 있고, 동시에 많이 받는 기간이 줄어 세금과 보험료 측면에서도 유리합니다.

이 모든 전략의 전제는 연금계좌 자산을 지속적으로 운용하면서 인출한다는 것입니다. 연금 개시 후에도 남은 자산은 투자나 예치가 돼 계속 불어나고 있을 테니, 이를 잘 관리해야 돈이 바닥나지 않습니다. 가능하면 초기에는 수익률 범위 내의 금액만 인출하고, 시장 상황이 나쁠 때는 인출을 조금 줄이거나 조정하면서 운용하면 더 오래갑니다. 이건 연금자산 운용의 기술적인 부분이지만, 기본 개념은 '되도록 원금을 남겨둔 채 그 열매(수익)만 따 먹는다'에 가깝습니다. 물론 현실적으로 완전히 그럴 순 없겠지만, 마인드만이라도 그렇게 가져가는 게 중요하죠. 이렇게만 한다면 내가 모아놓은 노후자금이 끝까지 나를 지켜주는 평생 월급이 되어줄 거예요.

한눈에 보는 연금으로 평생 월급 설계하는 법

- ✦ '세금 없는 돈 → 퇴직금 → 세금 붙는 돈' 순으로 인출한다.
- ✦ 매년 인출액을 과하지 않게 조절하여 세율 혜택과 건강보험료 혜택을 유지한다.
- ✦ 가능한 한 오랜 기간에 걸쳐 계획적으로 인출함으로써 평생 지속 가능한 현금흐름을 만든다.

✱ 계좌 이동만 잘해도
수익률이 달라집니다

연금계좌도 갈아탈 수 있다는 사실, 알고 계신가요? 요즘은 예금 금리가 높다고 은행을 갈아타듯, 연금저축이나 IRP도 더 나은 조건의 금융사로 이전(이동)할 수 있습니다. 계좌 이전을 잘 활용하면 수익률을 높이거나 수수료를 줄이고, 더 나은 투자 상품을 선택할 수도 있습니다. 이번에는 연금계좌를 옮기는 방법과 유의 사항을 안내해드릴게요.

● 연금저축 계좌를 IRP로 옮길 수 있나요?

결론부터 말하면 가능한 경우가 있습니다. 연금저축과 IRP는 성격이 조금 달라 임의로 왔다 갔다 할 수 있는 건 아니고, 법에서 정한 특정 상황에서만 이동이 허용됩니다. 연금저축→IRP 이전은 가입자가 연금 개시 전이며 55세 이상이고 연금 개시 요건(가입기간 5년 이상)을 충족했을 때 가능합니다. 이 조건은 연금저축을 실제로 연금으로 받기 직전 상태라고 보면 돼요. 왜 이런 제한이 있냐 하면, 연금저축에 있던 돈을 IRP로 옮겨놓으면 IRP의 엄격한 중도인출 제한 규칙이 적용되기 때문에 아직 젊은 사람이 잘못 옮겼다가 돈이 묶이는 일을 막으려는 것입니다. 어쨌든 55세 이상이고 연금저축에 가입한 지 5년 넘은 분들은 연금저축 계좌에 있던 돈을 IRP 계좌로 이체할 수 있습니다.

실제 방법은 새로운 금융사에서 IRP 계좌를 연 다음 "다른 회사에 있는 내 연금저축 자금을 이리로 옮기고 싶다"라고 신청하면 됩니다. 그러면 해당 기관들이 서로 연락해 절차를 밟아줘요. 만약 연금저축에 해지공제액이 남아 있는 기간(보험의 경우)이거나 원금보장형 상품의 만기가 안 된 경우에는 주의해야 합니다. 예를 들어 연금저축보험에 가입한 지 7년이 안 됐다면 중도해지 시 해지공제(환급금 감소)가 있을 수 있습니다. 이런 걸 모르고 무턱대고 옮겼다간 돈이 생각보다 줄어들어 있을 수 있어요. 따라서 연금저축→IRP 이전을 고려하신다면, 현재 연금저축을 해지할 때 손실이나 수수료가 없는지 꼭 따져봐야 합니다.

그렇다면 왜 연금저축을 IRP로 옮기고 싶어 할까요? 몇 가지 이유가 있을 수 있어요. 첫째, 연금저축에는 투자 상품의 제약이 있기 때문입니다. 기존 연금저축이 보험형이어서 투자수익이 낮았던 사람은 IRP로 옮겨 ETF나 다양한 상품에 투자하고 싶어 할 수 있죠. 둘째, 수수료나 혜택 차이 때문입니다. IRP 쪽에 좋은 상품이나 이벤트(이전 시 현금지원 등)가 있을 때 갈아타려는 경우도 있고, 또는 연금저축에서 분산되어 있던 걸 IRP로 합쳐 관리하려는 분도 있어요. 다만 반대 방향, IRP→연금저축 이동은 일반적으로 허용되지 않습니다. IRP는 퇴직금도 들어가는 계좌라서 함부로 다른 계좌로 뺄 수 없게 되어 있어요.

● <u>IRP나 연금저축을 다른 금융사로 이전할 수 있나요?</u>

이건 많은 분들이 이미 활용하고 있습니다. 계좌 이전 절차가 꽤 간편해졌거든요. 예를 들어 A증권사의 IRP를 쓰고 있었는데 B증권사가 수수료도 낮고 투자 상품 라인업도 더 마음에 든다면, B증권사 IRP 계좌를 새로 만든 후 이전 신청을 하면 됩니다. 요즘엔 대부분 비대면(온라인)으로 신청할 수 있어, 서류를 들고 은행을 방문할 필요 없이 클릭 몇 번으로 처리돼요. 이전 신청을 하면 B사가 A사에 연락해 "이 사람 IRP 자산 우리 쪽으로 보내주세요"라고 하고, 며칠 내로 처리가 완료됩니다. 중간에 내 손을 거치지 않고 금융사 간 이체로 이루어지기 때문에, 이체되는 동안에도 세제 혜택이 유지되고 세금 문제도 없습니다(내가 돈을 직접 인출하는 게 아니니까요).

연금저축도 마찬가지로 다른 증권사나 보험사로 이전할 수 있는데, 이때는 펀드나 상품을 모두 현금화해서 옮기는 게 기본입니다. 즉, A사에서 굴리던 상품들을 팔고 현금으로 B사에 넘어가면, 거기서 다시 원하는 상품을 사는 절차였죠. 이렇게 하다 보면 불편한 점이 있었는데, 바로 이전하는 동안 투자 공백이 생긴다는 겁니다. 며칠간 시장이 오르면 그 수익을 놓치고, 또 팔았다 사면 매매 비용이나 시차 리스크도 있었어요.

최근에 큰 제도적 개선이 있었습니다. 바로 '퇴직연금 실물이전' 제도가 도입된 건데요, 2024년 10월부터 시행되었습니다. 이 제도 덕분에 이제는 IRP나 퇴직연금 DC 계좌에 들어 있는 자산을 그대로 옮길 수 있게 되었습니다(추후 연금저축으로도 확대될 여지가 있지만, 현재는 퇴직연금 계좌 위주로 시행됐습니다).

실물이전이란 쉽게 말해 현물 이전이에요. 예를 들어 내가 A증권사 IRP에서 삼성전자 주식형 펀드를 갖고 있었다면 그 펀드 자체를 팔지 않고 B증권사 IRP로 옮겨버릴 수 있다는 겁니다. 또는 정기예금에 가입돼 있었으면, 그 예금 계약을 옮길 수도 있고요.

다만 몇 가지 제한이 있습니다. 같은 유형 간 이전만 가능해요. IRP는 IRP끼리, DC는 DC끼리만 됩니다(DB형 연금도 DB끼리만). IRP에 있는 돈을 연금저축으로 옮기는 건 여전히 안 되고요. 또한 옮기려는 상품을 새 금융사가 취급하고 있어야 합니다. 만약 A사에서는 특정 부동산 펀드를 취급했는데 B사는 그 펀드를 안 팔고 있다면, 실물이전이 불가능합니다. 이런 경우는 이전하기 전에 알려주는데, 정부에서는 '사전 조회 서비스'를 만들어 어떤 상품이 실물이전 가능한지 미리 확인할 수 있게 했습니다. 그리고 만약 옮길 수 없는 상품이 있다면, 그 부분만 현금화하고 나머지는 실물이전하는 식으로 부분 처리도 가능해요.

실물이전의 장점은 굉장히 큽니다. 첫째, 투자 중단 기간 없이 연속성이 유지됩니다. 시장 상황을 보고 일부러 이전 시점을 조절할 필요가 없죠. 둘째, 매매 비용이나 세금이 절약됩니다. 원래 환매했다 재매수하면 판매 수수료, 스프레드 등의 비용이 들 수 있는데, 그걸 아낄 수 있습니다. 셋째, 마음에 드는 상품 구성을 그대로 가져갈 수 있으니, 이전한 후에도 동일한 전략을 이어가기 쉽습니다. 예전에는 연금계좌를 옮길 때 상품 구성이 바뀌는 게 부담이었는데 이제 덜해진 거죠.

이전을 고려해야 할 때는 언제일까요? 대표적으로 수수료를 낮추고 싶을 때, 투자 상품 라인업이 더 좋은 곳으로 옮기고 싶을 때, 회사 퇴직연금에서 개인형으로 바꾸고 싶을 때, 기존 금융사의 서비스에 불만족일 때 등이 있겠죠.

예를 들어 은행 IRP는 상품이 예금 위주라 투자 옵션이 적은데, 증권사 IRP로 옮기면 ETF나 리츠 등 다양한 투자를 할 수 있으니 옮기는 분들이 많습니다. 또 보험사 연금저축보험에서 증권사 연금저축펀드로 옮겨 수익률을 높여보려는 분들도 있고요. 이런 이동은 대부분 세제상 불이익 없이 할 수 있으니 적극 활용해보세요. 다만 연금저축보험에서 펀드 계좌로 이전할 때 보험회사에서 해지공제(일종의 해약 패널티)를 떼기도 하니, 계약한 지 7~10년 미만일 경우 특히 조심해야 합니다. 가입기간을 충분히 채웠거나, 해지공제액이 적은 상황에서 옮기는 게 좋아요.

이때 이전 이벤트나 혜택도 챙겨보세요. 경쟁이 치열하다 보니 몇몇 금융사는 타사 연금계좌를 옮겨오면 현금 리워드나 상품권을 주기도 합니다. 물론 이런 일시 혜택만 보고 옮기는 건 위험하지만, 어차피 옮길 생각이 있었다면 이런 혜택 기간에 맞춰 하면 기분 좋은 부수입을 얻을 수 있겠죠.

퇴직연금 실물이전 제도가 시행되고 난 후, 벌써 많은 사람이 증권사로 옮기는 추세라고 해요. 특히 DC형 퇴직연금을 운용 중인 직장인들이 회사가 계약한 금융사 중에서 본인이 선호하는 증권사로 옮겨 운용하곤 합니다. 그리고 IRP도 은행보다 증권사로 옮겨 많이 운용합니다. 이러한 변화는 가입자들에게 좋은 일입니다. 왜냐하면 금융사들이 더 좋은 서비스와 상품을 제공하려고 노력하게 되고, 수수료도 낮추게 되니까요. 선택권이 소비자에게 있다는 걸 보여주는 셈이죠. 강조드리자면 IRP는 은행보다는 증권사가 수수료 제로에다가 다룰 수 있는 상품군도 더 많다는 사실을 꼭 기억하시기 바랍니다.

✳ IRP·연금저축
중도인출 조건과 페널티

　노후를 위해 묶어둔 연금계좌라도, 살다 보면 급전이 필요할 때가 생길 수 있습니다. 과연 연금저축이나 IRP에서 중도인출이 가능할까요? 가능하다면 어떤 조건에서, 그리고 어떤 불이익(세금, 페널티)이 있을까요? 이 부분을 명확히 알아두셔야 나중에 낭패를 보지 않습니다.

　우선 원칙을 다시 한번 짚으면, 연금계좌는 55세 이후에 연금으로 받는 것을 전제로 세제 혜택을 준 것입니다. 그래서 그 전에 깨면 받은 혜택을 돌려줘야 해요. 다만 계좌 종류별로 '물리적으로 인출이 가능한지' 여부가 다릅니다.

● 연금저축 중도인출 조건

　연금저축 계좌는 물리적으로 언제든 해지나 부분인출이 가능합니다. 은행 예적금처럼 원하면 깨버릴 수 있어요. 대신 세액공제를 받았던 금액과 그 운용수익에 16.5%의 기타소득세가 부과됩니다. 쉽게 말해 페널티를 물고 깨는 거죠. 이때 세액공제를 받지 않고 넣었던 원금 부분은 아까 말했듯 세금이 부과되지 않고 돌려받을 수 있습니다. 연금저축은 이러한 세금상 불이익만 감수하면 특별한 제한 없이 중도에 돈을 뺄 수 있습니다.

연금저축도 세법상 몇 가지 특별해지 사유가 있어, 그 경우에는 기타소득세를 면제하거나 감면해줍니다. 예를 들어 가입자 본인이나 부양가족이 사망하거나 중증의 장애인이 된 경우, 또는 가입자의 파산·개인회생이 발생한 경우, 천재지변 등에는 연금저축을 중도해지해도 기타소득세를 물지 않습니다(이미 받은 세액공제 혜택을 토해내지 않아도 된다는 뜻입니다). 이런 건 정말 불가피한 상황이라 국가도 페널티를 안 주는 거죠. 하지만 일반적인 급전 사유, 예컨대 생활자금 부족, 사업자금 필요, 자녀 학자금, 결혼비용 등은 다 특별 사유가 아니어서 깨면 세금을 떼이게 됩니다.

● IRP 중도인출 조건

IRP는 물리적으로 맘대로 인출이 안 됩니다. 법으로 딱 정해진 경우에만 중도인출을 허용하는데, 그 사유들은 크게 다섯 손가락에 꼽을 정도입니다.

① 무주택자가 본인 명의로 주택을 구입하거나 전세금이 필요할 때

② 본인이나 부양가족이 긴급하게 6개월 이상 치료를 요하는 중대한

질병이나 부상에 돈이 필요할 때

③ 개인회생 절차 개시나 파산 선고를 받았을 때

④ 천재지변으로 피해를 입었을 때

⑤ 그 밖에 고용노동부령으로 정한 사유(가입자 본인 사망, 해외 이주 포함)

이 정도를 제외하면 IRP에서는 돈을 뺄 수 없습니다. 퇴직해서 IRP로 퇴직금을 받았다면 '아, 나 퇴직했으니 IRP 깨고 내 퇴직금 꺼내야지'라고 생각할 수 있는데, 엄밀히 말해 퇴직 자체는 IRP 중도인출 사유는 아닙니다. 대신 퇴직금은 IRP로 받은 시점에 이미 세금이 연기된 상태이므로, 그 돈을 연금으로 안 받고 찾고 싶다면 '퇴직소득의 연금외수령' 형태로 찾아야 해요. 그 경우는 연금계좌를 해지하는 게 아니라 퇴직금 부분만 세금 원천징수하고 빼주는 절차입니다.

쉽게 말하면, IRP에 내 돈으로 넣은 부분은 함부로 못 빼지만 퇴직금으로 들어온 부분은 퇴직 시점에 찾을 순 있다는 거예요. 다만 그때는 앞서 말한 퇴직소득세를 내야 하고, 일단 IRP에 넣었다면 웬만하면 그걸 다시 바로 빼가지 않는 게 유리하니 연금으로 두라는 거죠.

● 이런 경우엔 IRP 중도인출이 가능할까요?

결혼자금이 필요한 경우

30대 직장인 C씨가 IRP에 세액공제 받으려고 매년 돈을 넣어왔는

데, 갑자기 결혼자금이 부족해서 IRP 돈을 쓰고 싶습니다. 이때는 중도인출이 가능할까요?

불가능합니다. 결혼은 IRP 중도인출 사유가 아니거든요. 만약 C씨가 연금저축에 넣었던 돈이 있다면 그걸 깨는 방법밖에 없습니다.

급하게 대출이자를 내야 하는 경우

자영업자 D씨는 IRP로 노후 준비 중인데, 사업이 갑자기 어려워져 대출이자를 막아야 합니다. IRP에 돈이 있지만 사용을 못 해 결국 대출 연체 위기라고 하는데요. 이때는 중도인출을 할 수 있을까요?

이것도 안 됩니다. 사업자금이나 생활자금 곤란은 법에 명시된 사유가 아니죠. 다만 D씨가 최악으로 파산신청을 하게 된다면, 그때는 IRP 인출이 가능해집니다. 파산은 사유에 해당하기 때문입니다.

내 집 마련에 보태고 싶은 경우

50대 E씨는 무주택 세대주로, 평생 모은 돈과 대출을 합쳐 집을 사려 합니다. IRP에 묶여 있는 2,000만 원을 쓰고 싶다고 합니다.

이런 경우에는 중도인출이 가능합니다. 무주택자의 주택 구입은 허용 사유이므로 관련 서류(무주택확인서, 매매계약서 등)를 IRP 운용기관에 제출하고 인출을 신청하면 됩니다. 물론 세액공제 받았던 부분에 대해 기타소득세 16.5%는 내야겠지요. 그래도 급한 자금에 보탤 수 있으면 다행입니다.

병원 치료비로 쓰고 싶은 경우

40대 회사원 F씨는 교통사고로 크게 다쳐 1년간 병원 치료를 받아야 합니다. 병원비가 많이 드는데, IRP에 500만 원이 있는 게 생각나서 중도인출이 가능한지 궁금해하고 있습니다.

이런 경우에도 가능합니다. 본인이나 부양가족의 6개월 이상 치료가 필요한 질병·부상은 허용 사유입니다. 역시 증빙서류(진단서 등)를 제출하면 인출할 수 있고, 마찬가지로 세액공제 받았던 원금과 수익에 대해서는 16.5% 세금을 납부해야 합니다.

이런 예들에서 보듯, IRP는 정말 예외적인 경우 말곤 돈을 뺄 수 없다고 보는 게 맞습니다. 그래서 젊을수록 IRP보다는 연금저축 위주로 먼저 납입하는 게 낫습니다. 왜냐하면 20~30대는 결혼, 주택 구입, 출산, 창업 등 큰돈 쓸 일이 많을 수 있는데 IRP에 넣어뒀다간 묶이니까요. 반면 연금저축은 깨면 세금을 물지만 어쨌든 쓸 수는 있거든요. 실제로 "2030세대는 IRP보다 연금저축펀드를 추천"하는 재테크 기사들도 이런 맥락입니다. 물론 가능하면 둘 다 깨지 않고 유지하는 게 최선입니다.

● 인출 시 과세 및 패널티

연금저축은 임의 인출이 가능하지만 16.5% 세금(세액공제 받은 원금+수익에 대해)을 내야 하고, IRP는 임의 인출이 불가(특별 사유만 가능)하며 가능하다 해도 똑같이 16.5% 세금을 내야 합니다. 그러니 결국 세금 페널티는 둘 다 있습니다. 추가로 연금저축보험의 경우 계약기간 10년 이내에 해지하면 계약자 적립금에서 해지공제액을 떼고 주므로 원금 손실도 발생할 수 있습니다. 이것도 일종의 패널티죠.

중도인출은 정말 불가피하고 법이 인정한 경우가 아니면 불가능합니다. 노후 대비용 자금을 함부로 쓰지 않도록 만들어놓은 장치이니만큼, '이 정도 사정이면 꺼내도 되겠지?' 싶은 대부분의 경우가 사실은 안 된다고 보면 되겠습니다. 그래서 연금계좌에 넣을 때는 '이 돈은 정말 55세까지 못 건드린다'는 각오로 넣으셔야 해요. 특히 IRP는 더욱 그렇습니다.

만약 연금계좌에 돈을 넣어두었다가 중간에 빼 쓸 가능성이 조금이라도 있다면, 차라리 세액공제를 포기하고 일반 계좌에 넣어두는 게 나을 수도 있습니다. 세액공제 받은 돈을 깨면 16.5% 떼이는데 수익률이 그 이상 안 나오면 오히려 손해일 수 있거든요. 예를 들어 1년 전에 300만 원 넣고 13.2% 공제로 39만 6,000원 돌려받았는데, 중간에 인출해서 기타소득세 16.5%(49만 5,000원)를 냈다면 세금 면에서 손해죠. 물론 그사이 운용수익이 좀 났다면 보전되겠지만 좋지 않은 케이스입니다. 그러니 처음부터 여유자금으로 연금계좌를 채우라는 것입니다. 그래야 중도인출 유혹이나 위험이 줄어드니까요.

정말 돈이 급하면 어떻게 해야 할까요? 방법은 연금계좌 외의 자산(예비자금, 비상금 통장, 다른 투자 등)을 쓰는 게 최우선이고, 없다면 연금저축부터 해지하는 게 일반적입니다. IRP는 안 되니 어쩔 수 없고요.

연금저축을 해지할 때도 혹시 특별해지 사유에 해당되는지 살펴보고, 해당되면 관련 서류를 첨부해 세금 면제를 받는 게 좋습니다. 예컨대 가족 중 누가 아파서 돈이 필요한 경우라면, 그냥 해지하지 말고 그걸 증빙해서 기타소득세 면제를 신청해야겠죠.

마지막으로, 중도인출은 세금뿐 아니라 노후자금 감소라는 더 큰 위험을 초래합니다. 한 번 깨버리면 그동안의 복리 효과도 끊기고, 다시 불입하려 해도 연금저축은 5년간 신규 가입 제한(한 번 해지하면 5년간 새로 가입 못 하는 규정)이 있습니다. IRP도 해지하면 그 계좌는 없어지고 세제 혜택도 더 못 받게 되죠. 그래서 전문가들이 "될 수 있

▎ 연금계좌의 중도인출 사유 및 적용 세율 ▎

구분 (소득세법 시행령 §20조의2①, 근로자퇴직급여보장법 §24)	IRP 중도인출	연금저축 중도인출	중도인출 시 적용 세율	
			자기부담금 및 운용수익	퇴직급여
6개월 이상 요양의료비 (연간 임금총액의 12.5% 초과 시)	○	○	연금소득세 (3.3~5.5%)	연금소득세 (퇴직소득세의 70%)
개인회생·파산선고	○	○		
천재지변	○	○		
가입자 사망·해외이주	×	○		
3개월 이상 요양의료비	×	○		
연금사업자 영업정지· 인가 취소·파산	×	○		
무주택자 주택 구입·전세보증금	○	○	기타소득세(16.5%)	퇴직소득세
사회적 재난(코로나19로 인한 15일 이상 입원치료)	○	○		
그 외의 사유	× (전부 해지는 가능)	○		

자료: 금융감독원

으면 연금계좌는 중도에 손대지 말라"고 누누이 강조하는 겁니다. 연금계좌에 넣은 돈은 나의 60대, 70대, 80대의 생활비라 생각하고, 현재의 나를 위해 함부로 써버리지 않는 절제력이 필요합니다.

한눈에 보는 중도인출 사유

✦ 연금저축은 중도인출이 자유롭게 가능하다. 다만 세제 혜택 및 운용
   수익을 받은 부분에 대해서는 기타소득세(16.5%)를 부과한다.

✦ IRP는 전세금, 긴급 치료비, 파산, 천재지변으로 인한 피해, 사망 혹은
   해외 이주의 사유를 제외하면 돈을 뺄 수 없다.

✦ 둘 다 특별한 사유(주택 구입, 질병 치료, 파산 등)면 인출 가능하지만 그
   래도 세금은 낸다.

✦ 연금계좌에는 긴 호흡으로 묶어둘 여유자금을 넣는다. 중간에 인출하
   지 않도록 비상자금은 따로 마련해둬야 한다.

✱ 연금 개시 전
마지막 체크리스트 세 가지

열심히 모은 연금계좌, 드디어 만 55세(또는 그 이후 계획한 시점)가 되어 연금 개시를 앞두고 있다면, 몇 가지 꼭 짚고 넘어가야 할 사항이 있습니다. 연금을 받기 시작하면 게임의 룰이 조금 바뀌기 때문인데요, 개시 전에 반드시 점검해야 할 세 가지를 정리해보겠습니다.

● 연금 개시 이후 추가 납입할 계획이 있는가?

많은 분들이 헷갈려하는 부분인데요, 원칙적으로 연금 수령을 시작한 계좌에는 추가 납입을 할 수 없습니다. 예를 들어 연금저축보험의 경우 10년 납입, 10년 거치 후 연금 개시라는 구조인데, 일단 연금이 개시되면 계약이 연금 지급 모드로 전환되어 더 이상 납입을 받지 않습니다. 연금저축펀드나 IRP처럼 자유적립식 계좌도 실질적으로 연금을 꺼내 쓰기 시작한 후에는 거기에 다시 돈을 넣는 일은 불가능합니다. 혹시 연금 개시 후에도 수입이 생길 예정이라면, 기존 계좌와 별도로 새로운 연금계좌를 추가로 개설해 납입하는 방법이 최선입니다.

연금을 받기 시작하면 그 계좌에는 '더 못 넣는구나'라고 생각하면 됩니다. 그러니 개시 직전까지 넣을 수 있을 때 최대한 넣어두는 것이 좋아요. 개시 이후에 '아, 좀 더 채워둘걸' 하고 후회하지 않도록, 가능하다면 직전에 여력이 되는 목돈을 한 번에 입금해서 (세액공제는 안 되더라도) 과세이연 투자용으로 넣어두거나, 연금개시용·연금저축용으로 나눠 여러 개의 연금계좌로 미리 관리하는 것도 좋은 방법 중 하나입니다.

● <u>수령 방법은 설계했는가?</u>

연금을 개시할 때 가장 중요한 결정이 바로 '연금을 어떻게 받을 것인가'입니다. 너무 많이 뽑아 쓰면 돈이 빨리 고갈되고 나중에 적게 받게 되니, 욕심부리지 않는 게 좋아요. IRP나 연금저축펀드는 스스로 인출금액을 정해야 합니다. 한 해에 얼마나 뺄지, 몇 년에 걸쳐 받을지 플랜을 세워야 하죠. 앞서 언급한 대로 한 번에 너무 많이 뽑지 말고, 최소 10년 이상으로 나눠야 합니다. 가능하면 더 길게 20년, 30년으로 가져가면 만 70세 이상은 연금소득세율 4.4%, 만 80세 이상은 3.3%이다 보니 절세 효과를 극대화할 수 있어요.

또 연금 수령 시 물가 상승도 고려해야 합니다. 20년 전 100만 원과 지금 100만 원의 가치가 다르듯, 고정액으로 받는 연금은 시간이 갈수록 실질가치가 떨어집니다. 그래서 처음에 수령 기간과 금액을 정할 때 '물가 상승률 감안하면 부족하지 않을까?'를 생각해봐야 해요. 아니면 초반에는 적게 받다가 후반에 늘려 받는 방법도 있고요. 이를테면 60세에 IRP 연금을 개시하고, 70세에 연금저축을 개시하면 70세부터는 연금소득이 늘어나니 결과적으로 60대보다 70대에 더 많이 받는 구조가 되죠.

요컨대 연금을 개시할 때 수령 기간은 길수록 좋고(최소 10년 이상), 월수령액은 처음부터 너무 크게 잡지 말고, 신중히 결정하라는 겁니다. 또, 연금을 개시하더라도 운용은 계속되므로 초반에 적게 받으면 계좌에 남은 돈이 그만큼 더 굴러 나중에 지급 여력이 커집니다. 그래서 적게 받으며 큰 눈덩이를 굴리는 걸 추천합니다.

● 개시 후 변경할 수 없는 부문은 알고 있는가?

한 번 연금을 지급받기 시작하면 변경할 수 없는 것들이 있습니다. IRP나 연금저축펀드는 자율 인출이므로 어느 정도 금액을 조정할 수 있지만 세법으로 제한하고 있습니다. 예를 들어 첫해에 1,000만 원 받고 다음해에 800만 원 받는 식으로 탄력 조정이 되죠. 하지만 이 역시 세법이 허용하는 연금 수령 한도 내에서만 가능합니다. 세법에는 '연금외수령'(한도 초과 수령)에 관한 규정이 있어 한 해에 정해진 상한보다 많이 빼면 초과분은 종합과세 또는 기타소득세 16.5%를 부과하게 되어 있습니다. 이 상한은 수령 기간에 따라 달라지는데, 쉽게 풀면 "연금이니 천천히 나눠서 받아라" 정도로 이해하면 됩니다. 그래서 IRP·연금저축도 너무 들쭉날쭉하게 빼면 안 되고, 처음 연금 개시 신청할 때 예정 수령액을 정해 신청하게 되어 있어요. 그 금액의 범위 내에서 바꾸는 건 유연하지만, 그걸 확 뛰어넘게 받으면 안 됩니다.

연금 개시 후에 투자 상품 변경은 계속할 수 있어요. 예컨대 연금저축펀드 계좌에서 연금을 받으면서도 남은 돈으로 투자 운용을 계속할 수 있으므로, 펀드·ETF 갈아타기나 리밸런싱(rebalancing, 자산 비중 재조정)이 가능합니다. 또 연금 수령을 일시 정지하거나 재개하는 것도 가능해요. 법에는 55세 이후 계좌를 연금으로 '개시'하면 그때부터 연금소득세 부과가 시작되지만, 얼마 주기이고 얼마나 받는지는 유연하게 할 수 있거든요. 예를 들어 IRP에서 올해는 500만 원 인출하고, 내년엔 안 빼고, 그다음 해엔 500만 원 빼고. 이런 식으로 조절은 됩니다. 어차피 연금소득세는 받은 해에만 내면 되니까요.

그러므로 개시 전에 "지금 개시하는 게 최선인가?"를 스스로 물어봐야 합니다. 만약 당장 연금이 꼭 필요하지 않다면, 더 늦춰서 그 기간 동안 자산을 불리는 게 나을 수도 있습니다. 국민연금처럼 연기연금 제도가 사적연금엔 따로 없지만, 내가 결심하면 안 받을 수는 있으니까요.

또한 '연금 개시 순서'도 체크해야 합니다. 나에게 연금계좌가 여러 개라면 어느 걸 먼저 시작하고 어느 걸 나중에 시작할지 정해야 합니다. 이건 앞서 말한 건강보험료나 세율, 소득 상황 등을 따져 결정하세요. 예를 들어 세액공제를 받지 않은 돈이 있는 계좌는 먼저 깨서 쓰고, IRP는 맨 나중에 쓴다 같은 원칙이 있었죠. 그런 걸 고려해 연금 개시 순번도 정하는 게 좋아요.

이 세 가지만 꼼꼼히 따져보고 결정하시면, 연금 개시 후에 "아차!" 할 일을 줄일 수 있을 것입니다. 노후자금을 받기 시작하는 중대한 출발점이니만큼, 시작 전에 한 번 더 점검하고 가세요.

한눈에 보는 연금 개시 전 점검 사항

◆ 추가 납입 계획: 더 넣을 돈이 남았는가? 지금 최대로 넣었는가?

◆ 수령 방법 설계: 몇 년 동안, 얼마씩 받을 것인가? 한 번 정하면 수정이 어렵다는 걸 알고 최적의 선택을 했는가?

◆ 개시 시점과 계좌 순서: 꼭 지금 시작해야 할 필요성이 있는가? 더 늦추는 게 낫지 않은가? 여러 계좌 중 무엇부터 시작할 것인가?

✳ 평생을 지켜주는
연금의 세 가지 위력

마지막으로 큰 그림에서 왜 우리가 연금을 부지런히 준비해야 하는지 다시 한번 짚어보고 이번 장을 마무리하려 합니다. 연금에는 세제 혜택, 복리 효과, 인플레이션 방어 등 여러 가지 장점이 어우러져 있어요. 젊을수록 연금저축과 IRP에 관심을 가져야 하는 이유와 실제 사례를 통해 연금의 위력을 살펴보겠습니다.

● 연금의 위력 ①: 든든하고 안정적인 노후

연금을 준비하는 가장 큰 이유는 당연히 노후의 생활 안정성을 확보하기 위함입니다. 젊어서 돈 벌 때 미리 조금씩 떼어 노후자금으로 적립해놓으면, 은퇴 후 소득이 끊겨도 그 연금이 나를 먹여 살려주죠. 이것만으로도 해야 할 이유는 충분합니다. 그런데 연금계좌에는 세제 혜택이라는 당근까지 달려 있어요. 정부가 "당신 노후는 당신이 좀 준비해두세요. 대신 세금 깎아줄게요" 하는 겁니다.

이런 혜택이 있는 금융상품은 연금계좌가 거의 유일합니다. 보통 투자로 돈 벌면 세금을 내야 하는데, 연금계좌에서는 오히려 세금을 깎아주고(세액공제), 돈 벌면 세금 부과를 늦춰주고(과세이연), 나중에 아주 낮은 세율로만 과세합니다. 나라에서 이렇게까지 해주는 상품은 없어요. 그만큼 노후 대비가 중요하다는 사회적 합의가 있는 것이고, 우리는 이를 적극 활용하면 됩니다. 세액공제로 매년 돌려받는 돈은 사실상 정부가 나의 연금계좌에 보조금을 주는 거랑 비슷해요. 13.2~16.5%만큼 정부가 얹어주는 것이니, 안 할 이유가 없죠.

또 연금의 생활 안정성 측면도 중요합니다. 목돈이 있더라도 운용을 잘못하거나 한 번에 잃어버리면 끝인데, 연금은 월급처럼 들어오니 그 돈을 기반으로 생활을 설계할 수 있습니다. 특히 국민연금처럼 죽을 때까지 나오는 연금이 있으면 아무리 오래 살아도 기본 생활비는 보장되니 마음이 놓입니다. 퇴직연금이나 개인연금도 평생 지급형으로 설계하면 장수 리스크를 줄일 수 있죠. 요즘 100세 시대라고 하잖아요. 60세에 은퇴해도 40년은 살아야 하는데, 연금 없이 40년치 생활비를 버텨내기는 거의 불가능합니다. 그래서 연금이 반드시 필요합니다.

● 연금의 위력 ②: 돈을 불리는 복리 효과

연금계좌의 두드러진 장점 중 하나가 복리(compound interest) 효과입니다. 투자 세계에서 "복리는 제8의 불가사의"라는 말도 있는데요, 복리란 쉽게 말해 이자가 이자를 낳게 하는 힘입니다. 연금계좌에서는 과세이연 덕분에 이자나 수익을 전부 재투자할 수 있으니 복리 효과가 극대화됩니다. 예를 들어 어떤 사람은 30세부터 매년 300만 원씩 30년간 연금계좌에 넣고 연 5% 복리로 운용했다고 해봅시다. 60세에 그 계좌에는 약 2억 원 가까운 돈이 쌓입니다. 반면 45세부터 15년간 300만 원씩 넣은 사람은 60세에 약 6,500만 원 정도를 갖게 됩니다. 동일하게 연 300만 원씩 넣었지만, 시작 시점이 15년 차이가 나니 최종 금액은 세 배 이상 차이 난 거죠. 이것이 시간을 곱한 복리의 마법입니다.

또 다른 비교를 해볼게요. 아예 50세부터 10년간 900만 원씩 넣은 사람과 30세부터 30년간 300만 원씩 넣은 사람을 비교하면 둘 다 총 납입액은 9,000만 원으로 같습니다. 그런데 60세 시점에 전자의 계좌는 약 1억 1,000만 원이 되어 있을 것이고, 후자의 계좌는 약 1억 9,000만 원이 되어 있을 겁니다. 즉, 같은 돈을 부어도 일찍 시작한 사람이 훨씬 큰 자산을 얻는 겁니다. 이처럼 연금은 젊을 때부터 할수록 유리합니다. 세월이 길면 길수록 복리 효과가 커지니까요. 그리고 연금계좌는 중간중간 세금을 떼지 않으니 그 효과가 한층 커져요. 일반 과세 계좌였다면 매년 수익에 15.4% 세금을 냈을 텐데, 연금계좌는 안 내고 넘어가니 더 빠르게 불어납니다.

● **연금의 위력 ③: 인플레이션 방어 효과**

인플레이션 방어 측면도 봅시다. 우리가 돈을 장기 보관할 때 가장 무서운 게 물가 상승이죠. 가만 둬도 돈의 가치가 떨어지니까요. 그런데 연금계좌는 대부분 투자와 결합되어 있기 때문에, 인플레이션 시대에 오히려 자산 가치가 따라 오를 수 있습니다. 특히 주식형 펀드, 부동산 리츠, 물가연동 채권 등 물가 상승기에도 가치가 상승하는 상품들에 투자할 수 있죠.

또한 국민연금 등은 애초에 물가연동으로 연금액을 올려주는 장치가 있습니다(매년 소비자물가만큼 국민연금 수령액을 인상합니다). 그러니 연금소득은 현금 보유보다 물가에 강합니다. 개인연금도 20년, 30년 굴러가는 동안 자산배분을 잘 해놓으면, 인플레이션을 어느 정도 헤지(hedge)할 수 있어요.

특히 젊은 사람은 연금계좌에서 공격적인 자산(주식 등)에 투자하는 것도 고려할 만합니다. 장기투자하면 단기 변동성은 상쇄되고, 물가 상승 이상의 기대수익을 얻을 확률이 높아지거든요. 실제로 역사를 보면 10년, 20년 단위로 주식이나 부동산은 물가를 뛰어넘는 성장을 보여왔습니다. 연금계좌는 장기간 자금을 묶어두기 때문에, 이런 성장자산에 투자하기 최적인 플랫폼이기도 해요. 그리고 앞서 본 대로 세금도 안 떼니 순수익이 높아지고요.

● 젊을 때일수록 연금 투자해야 하는 이유

젊은 분들이 "노후 준비는 나중에 할래" 하고 미루는 경우가 많습니다. 하지만 연금은 일찍 시작할수록 훨씬 유리합니다. 왜냐하면 위에서 본 복리 효과 때문이고, 또 하나는 세액공제 누적 효과 때문입니다. 20대 후반~30대 초반에 연금저축을 시작해서 30년간 세액공제를 받는다면, 매년 100만 원 안팎씩, 30년이면 3,000만 원 상당을 절세하게 됩니다(물론 물가나 소득에 따라 달라집니다). 반면 50대에 시작하면 10년 남짓 혜택 받고 끝이에요. 또한 세액공제율은 고소득자보다 중·저소득 청년에게 더 높게 적용됩니다(총급여 5,500만 원 이하는 16.5%, 고소득자는 13.2%). 그러니 초봉·중견일 때 연금에 불입하면 세금을 깎아주는 비율이 더 커요. 그야말로 젊은 사람이 챙길수록 이득인 혜택입니다.

실제 사례를 하나 들어볼까요. 30세 직장인 김 모 씨는 연금저축펀드에 매달 25만 원(연 300만 원)씩 넣기 시작했습니다. 큰 부담은 아니지만 꾸준히 한 덕에 10년간 3,000만 원을 납입했고, 이 기간 세액공제로 약 500만 원 넘게 환급받았습니다. 게다가 공격적으로 투자를 운용해서 연평균 6~7% 수익을 냈고, 40세 현재 그의 연금계좌 잔액은 약 5,000만 원이 되었습니다. 김 씨는 이걸 멈추지 않고 60세까지 이어갈 계획인데, 그러면 60세엔 2억 원 이상 모일 것으로 예상합니다.

반면 김 씨의 동료 이 모 씨는 연금계좌 가입을 차일피일 미루다 45세에 시작했습니다. 세액공제 한도가 700만 원으로 늘어난 걸 보고, 45세부터 연간 700만 원씩 15년간 넣었죠. 이 씨도 총 납입은 김 씨와 비슷한 1억 500만 원 수준이지만(김 씨 30년 × 350만 원 = 1억 500만 원, 이 씨 15년 × 700만 원 = 1억 500만 원), 60세 시점 이 씨 연금계좌는 약

1억 3,000만 원 정도로 김 씨보다 훨씬 적습니다. 김 씨는 복리 덕에 2억 넘게 되었는데 말이죠. 이처럼 동일한 돈을 붓더라도 투자 기간이 길면 결과가 크게 달라집니다. 김 씨는 청년 시절부터 조금씩 넣어 큰 부담도 없었지만, 이 씨는 45세 이후 매년 700만 원씩 부담하느라 소비를 많이 줄였어야 했을 겁니다. 여기에 김 씨는 젊은 기간 세액공제로 절약한 돈도 투자에 보탤 수 있었겠고요.

제 주변의 한 선배는 20대 후반 첫 직장 다닐 때부터 10년 넘게 연금저축보험에 가입해왔습니다. 큰돈은 아니지만 매년 240만 원씩 부었고, 그러자 40대 중반인 지금 그분은 연금저축 해지환급금(연금 개시 전 해지하면 받는 금액)이 4,000만 원 이상 쌓였다고 해요. 이걸 그대로 두면 55세부터 연금으로 받을 수 있고, 아니면 연금저축 계좌를 이전해 좀 더 수익률 높게 운용할 수도 있겠죠. 중요한 건 그분이 20대에 작은 결심을 한 것이 40대 중반의 '노후 마중물'이 되었다는 겁니다. 반면 어떤 분들은 "에이, 뭐 1년에 400만 원 넣어서 얼마나 되겠어" 하다가 아무것도 안 하고 50대를 맞이합니다. 50대에 가서 보니 모아둔 연금자산이 없고, 그때부터 하려니 시간이 촉박해 월 100만 원씩 붓지 않으면 의미가 없을 정도가 되죠. 그러니 젊어서 시작할수록 편하고, 늦게 시작할수록 힘들다는 건 확실합니다.

마지막으로 강조하고 싶은 건 연금은 복합적인 효과가 있다는 겁니다. 눈앞의 세액공제 16.5% 혜택만 보고 할 게 아니라, 그것이 쌓이고 굴러서 미래에 내 생활을 지탱할 기둥이 된다는 것을 봐야 해요. 연금저축·IRP의 세금 혜택, 복리 효과, 안정성 이 삼박자를 장기간 활용하면, 내 돈의 실질 구매력 유지와 자산 증식이라는 두 마리 토끼를 잡을 수 있습니다. 그리고 은퇴 후에는 그 자산을 연금소득으로 바꿈으로써 내가 일해서 버는 소득은 없어져도 연금이 평생 내 월급처럼 나를 지켜주는 겁니다.

요즘같이 수명은 늘고 경제 불확실성은 큰 시대엔 연금이야말로 든든한 방패이자 무기입니다. 젊을 때부터 차곡차곡 쌓아두면 연금이 나중에 우리의 미래를 책임져줄 거예요. 그러니 지금 이 글을 읽는 당신이 아직 20~30대라면 바로 오늘이라도 연금계좌에 가입해보세요. 작은 돈으로 시작해도 됩니다. 그 첫걸음이 훗날 큰 차이를 만들 것입니다. 만약 이미 40~50대라면 늦었다고 주저할 필요 없습니다. 세제 혜택은 지금도 있고, 복리는 내일이라도 시작하는 게 그나마 가장 빠른 법이니까요. 오늘이 남은 인생에서 가장 젊은 날이라는 말처럼, 연금 준비도 지금 이 순간이 가장 빠른 때입니다.

Chapter 3

안정성과 성장성, 모두 잡는 연금 포트폴리오

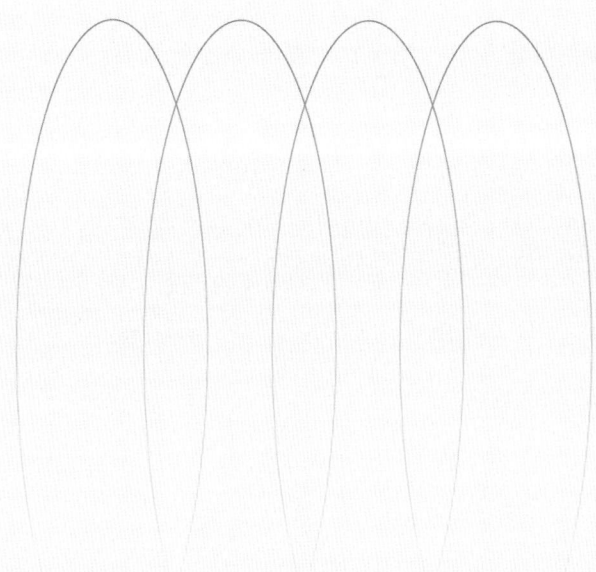

✳ 수익률보다 중요한 건 자산배분입니다

여러분은 투자 성과를 결정짓는 가장 중요한 요소가 무엇이라고 생각하시나요? 많은 분들이 높은 수익률을 올려줄 개별 종목이나 타이밍을 꼽지만, 실제로 장기적인 연금 투자 성공의 숨은 공식은 '자산배분'에 있습니다. 포트폴리오 성과의 결정 요인 중 91.5%는 자산배분에 있고 4.6%가 종목 선정, 1.8%가 시장 타이밍이라는 의미입니다. 다시 말해 내 돈을 어떤 자산들에 얼마나 나눠 담느냐가 단기 수익률 자체보다 더 큰 영향을 미친다는 뜻입니다.

우리가 흔히 듣는 "모든 계란을 한 바구니에 담지 말라"는 속담이 바로 자산배분의 중요성을 나타냅니다. 다양한 성격의 자산에 골고루 투자하면 한 자산군의 성과가 저조해도 다른 자산군이 보완해주어 전체 포트폴리오의 변동성을 낮출 수 있습니다. 실제로 과거 대형 연기금들을 연구한 결과에서도, 어떤 자산에 얼마씩 투자했는지가 장기 수익의 대부분을 결정하고, 개별 종목 선택이나 매매 타이밍은 그에 비해 작은 영향만 미쳤다는 분석이 있습니다. 그만큼 자산배분이 투자 성과의 근간임을 알 수 있습니다.

● 포트폴리오의 안정성을 결정하는 자산배분

자산을 배분하면 포트폴리오의 변동성을 줄여 안정성을 높일 수 있습니다. 주식과 채권처럼 상관관계가 낮거나 반대인 자산들을 함께 보유하면, 한쪽이 크게 흔들릴 때 다른 쪽이 완충작용을 하여 전체 자산의 출렁임을 완화해줍니다. 예를 들어 경기 침체로 주가가 급락하더라도 안전자산인 채권 가격이 오르는 경향이 있습니다. 이렇게 서로 다른 움직임을 보이는 자산들을 섞어놓으면 포트폴리오 전체가 비교적 안정적으로 우상향할 수 있습니다. 변동성이 낮아지면 급락장에서도 자산이 한순간에 무너지는 일을 방지할 수 있고, 장기적으로 꾸준한 복리를 이루기가 쉬워집니다.

무엇보다 심리적 안정감이라는 무형의 효과도 중요합니다. 포트폴리오 변동성이 너무 크면 투자자는 불안한 마음에 하락장에서 급

▌포트폴리오 성과의 결정 요인 ▌

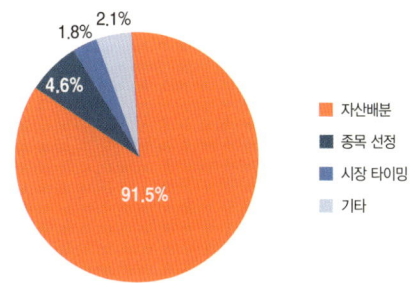

자료: 신한은행

히 팔거나 상승장에서 늦게 따라붙는 등 비합리적인 행동을 하기 쉽습니다. 반대로 비교적 안정적인 포트폴리오를 유지하면 마음의 동요가 덜해 장기 계획을 지키기가 수월해집니다. 결국 꾸준한 자산배분 전략은 투자자가 끝까지 투자 계획을 유지하도록 도와주고, 이는 장기 수익으로 이어지는 핵심 요인이 됩니다. 높은 수익률을 좇아 이리저리 움직이는 대신, 나에게 맞는 자산배분 원칙을 세워 지키는 것이 연금 투자 성공의 첫걸음입니다.

✳ 위험자산·안전자산, 나이·목표·성향별 '황금 비중' 공식

먼저 위험자산과 안전자산을 구분해보겠습니다. 일반적으로 위험자산이란 가치 변동이 큰 자산으로, 대표적으로 주식이나 주식형 펀드, 부동산, 원자재, 고위험 채권 등이 속합니다. 단기간에 수익률이 높을 수 있지만 그만큼 손실 가능성(변동성)도 큰 자산들이죠. 반면 안전자산은 원금 손실 위험이 낮고 비교적 안정적인 자산으로, 현금 및 예금, 국채와 우량 회사채 같은 채권, 보험의 이율보장형 상품 등이 이에 해당합니다. 안전자산은 큰 수익을 내기는 어렵지만 시장이 불안할 때 자산을 지켜주는 버팀목 역할을 합니다.

● 위험자산과 안전자산의 적정 비율

모든 투자자에게 똑같이 적용되는 단일한 자산배분 비율은 없습니다. 대신 개인의 나이(투자 기간), 목표 그리고 위험 성향에 따라 위험자산과 안전자산의 비율을 조정하는 가이드가 있는데요. 각자의 상황에 맞는 자신만의 '황금 비중'을 찾아가는 것이 중요합니다.

그렇다면 개인별로 위험자산 대 안전자산의 적정 비율은 어떻게 정할까요? 보통 다음 세 가지 요소를 고려합니다.

나이와 투자 기간

일반적으로 투자 기간이 많이 남아 있는 젊은 층일수록 위험자산 비중을 높게 가져가고, 은퇴가 가까울수록 안전자산 비중을 늘리는 것이 권장됩니다.

이 비중을 계산할 때 대표적으로 사용하는 공식이 바로 '100−본인의 연령대'입니다. 예를 들어 20대이면 위험자산 80%, 안전자산 20%, 50대이면 위험자산 50%, 안전자산 50%, 70대이면 위험자산 30%, 안전자산 70%인 셈이죠.

젊을 때는 시간이 많기 때문에 위험자산의 일시적 하락을 충분히 만회할 수 있고, 장기적으로 성장자산에 투자해 자산을 불릴 기회를 잡아야 합니다. 반면 50~60대처럼 은퇴가 가까워질수록 자

┃ 100−나이 투자법칙 ┃

■ 안전자산　　■ 투자자산

(단위: %)

20	30	40	50	60	70
80	70	60	50	40	30
20대	30대	40대	50대	60대	80대

자료: NH투자증권 100세시대연구소

산을 보존하는 게 더 중요해지므로, 주식 등 위험자산 비중을 서서히 줄이고 예금이나 채권같이 안정적인 자산 비중을 높여가는 것이 바람직합니다.

목표 금액과 필요한 수익률

어떤 목표를 위해 얼마의 자금을 언제까지 모아야 하는지에 따라 자산배분도 달라집니다. 목표를 달성하기 위해 높은 연평균 수익률이 필요한 상황이라면 위험자산 비중을 상대적으로 높일 수밖에 없습니다. 반대로 목표 금액이 보수적이거나 이미 상당 부분 자금을 모아둔 경우에는 굳이 높은 위험을 감수할 필요 없이 안전자산 비중을 더 늘려 안정적으로 운용하는 편이 좋습니다. 또한 투자 목표 시점이 가까울수록(예를 들어 은퇴가 5년 남았다면) 새로운 위험을 크게 늘리기보다는 현 상태를 지키며 목표를 달성하는 데 초점을 맞춥니다.

개인의 투자성향

사람마다 위험을 받아들이는 정도가 다릅니다. 같은 나이라도 공격적인 성향의 투자자는 위험자산 비중을 높게 가져가도 불안해하지 않지만, 보수적인 성향이라면 변동성이 조금만 커도 견디기 힘들 수 있습니다. 자신의 성향을 무시하고 남들이 한다고 해서 높은 위험자산 비중을 따라 했다가는 밤에 잠 못 이루는 상황이 올 수 있습니다. 심리적으로 편안하게 느낄 수 있는 수준에서 비중을 정해야 장기적으로 꾸준히 가져갈 수 있습니다.

특히 은퇴 시점을 전후한 자산배분의 변화는 매우 중요합니다. 은퇴 직전에 큰 손실을 보면 노후 계획 자체가 흔들릴 수 있기 때문에, 일반적으로 은퇴 5~10년 전부터는 점진적으로 포트폴리오를 보수적으로 조정해갑니다. 예를 들어 은퇴가 다가올수록 주식 비중을 매년 조금씩 줄이고 채권이나 현금 비중을 늘려, 은퇴 시점에는 비교적 안정적인 구성을 갖추도록 합니다. 이렇게 해두면 막상 은퇴하는 해에 증시가 급락해도 피해를 최소화할 수 있죠.

은퇴 후에도 자산배분은 계속 중요합니다. 은퇴 후에는 당장의 생활비를 위해 일정 금액을 안전자산으로 확보해두되, 남은 기간의 인플레이션과 장수를 감안해 일정 부분은 여전히 위험자산에 투자하는 전략이 필요합니다. 은퇴 초기에 모든 돈을 안전자산에만 묶어두면 오히려 자산 성장 기회를 잃을 수 있기 때문에, 은퇴 후에는 안정과 성장을 다시 균형 있게 고려하는 포트폴리오로 재조정하게 됩니다.

이처럼 나이와 목표, 성향에 따른 '황금 비중' 공식은 사람마다 달라질 수 있습니다. 중요한 것은 자신의 생애주기와 재무 목표에 맞춰 위험자산과 안전자산의 비율을 유연하게 조정하는 것입니다. 젊은 시절에는 과감하게 성장의 씨를 뿌리고, 점차 시간이 지날수록 거둔 수확을 지키는 쪽으로 비중을 옮겨가며, 최종적으로는 본인이 감내할 수 있는 수준에서 안정성과 성장의 균형을 찾는 것이 연금자산 배분의 요령입니다.

✳ 개인 맞춤형 연금 포트폴리오 설계 3단계

연금자산 배분 전략을 세울 때는 크게 세 가지 단계로 진행합니다. 먼저 투자 목표를 설정하고, 그에 맞는 자산군을 선정하며, 마지막으로 각 자산에 얼마나 비중을 둘지 결정하는 순서입니다. 이 3단계 접근법을 따르면 체계적으로 나에게 맞는 포트폴리오를 만들 수 있습니다.

● 1단계: 목표 금액·수익률·기간 설정하기

가장 먼저 목표 금액, 목표 수익률, 투자 기간을 명확히 정해야 합니다. 예를 들어 "20년 뒤 노후자금으로 5억 원을 마련하겠다"와 같이 구체적인 목표를 세워보세요. 목표 금액은 은퇴 후 필요한 생활비나 재무 계획에 따라 산정하고, 투자 기간은 은퇴 시점이나 자금을 필요로 하는 시점까지 남은 기간으로 합니다. 목표 수익률은 현재 자산과 앞으로 저축 가능한 금액을 고려해 목표를 달성하기 위해 연평균 어느 정도의 수익이 필요한지 역산하여 정합니다.

이 단계에서 중요한 것은 현실적인 목표를 세우는 것입니다. 만약 목표 달성을 위해 터무니없이 높은 수익률이 요구된다면, 자산배분을 공격적으로 가져가야 할 뿐 아니라 목표 자체의 조정도 검토해야 합니다. 반대로 아주 보수적인 수익률로도 목표를 달성할 수 있다면 굳이 위험을 크게 취할 필요는 없겠지요. 이처럼 목표 설정 단계에서 내가 감당할 수 있는 위험 수준과 필요한 수익률의 균형을 먼저 찾아야 합니다.

● 2단계: 포트폴리오를 구성할 자산군 선정하기

목표와 시간 계획이 서면, 그에 맞게 어떤 자산군(asset class)들로 포트폴리오를 구성할지 결정합니다. 주요 자산군으로는 주식, 채권, 현금 및 단기자산, 부동산·대체투자 등이 있습니다. 각 자산군은 서로 다른 특성과 역할을 가지므로 이를 이해하고 골고루 포함하는 것이 좋습니다.

이처럼 다양한 자산군의 특성을 이해한 후, 목표 달성에 필요한 자산군을 골라 포트폴리오 목록을 작성합니다. 예를 들어 장기 고성장이 필요하다면 주식 비중을 높이되 채권과 기타 자산도 조금씩 넣어 변동성을 조절하고, 목표가 보수적이라면 채권과 현금 비중을 높게 잡되 주식도 약간 넣어 인플레이션을 대비하는 식입니다.

주식(Stocks)	• 기업의 지분에 투자하는 자산으로 고위험·고수익 특성을 가졌다. • 장기 성장과 물가 상승을 이끌 주력 엔진이지만, 단기 변동성이 크므로 포트폴리오 수익률을 끌어올리는 역할을 한다.
채권(Bonds)	• 정부나 기업이 발행하는 채무 증서로, 저위험·중수익 자산이다. • 정기적인 이자수익을 제공하고 주식과 반대로 움직이는 경향이 있어 포트폴리오의 안정성과 완충 역할을 담당한다.
현금 및 단기자산(Cash)	• 예금, 머니마켓펀드(MMF) 등 최저위험·저수익 자산이다. • 수익은 거의 없지만 유동성이 높아 필요할 때 즉시 현금화할 수 있고, 시장 급락 시 기회를 잡기 위한 안전 쿠션으로 활용된다.
부동산·대체투자(Real Assets)	• 부동산, 인프라, 원자재, 금과 같은 대체투자 자산들은 전통 자산(주식·채권)과 상관관계가 낮아 분산투자 효과를 제공한다. 예를 들어 부동산이나 리츠는 임대수익과 함께 물가 상승기에 가치가 올라 인플레이션 헤지 역할을 하기도 하고, 금이나 원자재는 주식시장 변동과 무관하게 움직여 충격을 완화해준다.

● 3단계: 각 자산군의 비중 결정하기

마지막 단계는 선정된 자산군 각각에 얼마나 비중을 배분할지 정하는 것입니다. 이는 사실 연금 포트폴리오 설계의 핵심이라고 할 수 있습니다. 비중을 결정할 때 앞서 고려한 목표 수익률과 허용 위험 수준에 맞춰 위험자산 대 안전자산의 큰 틀을 우선 정합니다(예: 위험자산 60% vs 안전자산 40%). 그런 다음 위험자산 내에서는 주식, 대체투자 등으로 어떻게 세분할지, 안전자산 내에서는 채권과 현금 등을 어떻게 나눌지를 결정합니다.

이때 분산 효과를 극대화하도록 한 자산군에 지나치게 치우치지 않게 유의합니다. 예를 들어 위험자산 60%를 모두 국내 주식에만 넣기보다는 국내외 주식, 부동산 펀드 등으로 나누어 담는 것이 바람직합니다. 반대로 너무 많은 자산군에 비중을 잘게 쪼개는 것도 관리가 힘들고 효과가 미미할 수 있으니 주요 자산군 위주로 적절히 균형을 잡습니다. 가이드라인을 드리자면 30대는 위험자산 70% + 안전자산 30%, 40대는 위험자산 60% + 안전자산 40%, 50대는 위험자산 50% + 안전자산 50%가 적당한 비율이라고 생각됩니다.

비중을 정할 때 흔히 하는 실수들도 피해야 합니다. 예를 들어 최근 성과가 좋았던 자산에 지나치게 높은 비중을 쏟는 것은 위험합니다. 유행을 따라 포트폴리오를 구성하면 향후 시장 환경 변화에 크게 흔들릴 수 있죠. 또한, 자신의 위험 감내도를 무시하고 남의 포트폴리오를 그대로 따라 하는 것도 좋지 않습니다. 너무 복잡하게 비중을 세분화하거나, 반대로 한두 종목이나 자산에 올인하는 것도 위험관리 측면에서 바람직하지 않습니다. 마지막으로, 세운 비중을 자주 바꾸는 것은 경계해야 합니다. 오늘은 공격적으로, 내일은 보수적으로 투자하는 등 수시로 비중을 바꾸면 장기 전략의 효과가 사라지고 오히려 수익률이 낮아질 수 있습니다. 한 번 정한 자산배분 전략은 큰 틀을 유지하면서 시장 상황보다는 자신의 원칙과 목표에 따라 꾸준히 실행하는 것이 중요합니다.

퇴직연금·IRP·연금저축펀드, 서로 다른 투자 전략

　퇴직연금, IRP, 연금저축펀드와 같이 노후를 위한 세제 혜택 계좌들은 목적은 비슷하지만 운용상의 규제와 상품 구성이 약간씩 다르기 때문에 세부 전략에 차이가 있습니다. 이러한 차이를 이해하고 계좌별로 역할을 나누어 운용하면 통합적인 연금자산 관리를 최적화할 수 있습니다.

● 퇴직연금·IRP·연금저축펀드 계좌별 운용 제한

　계좌별 운용 제한을 먼저 살펴보겠습니다. 일반적으로 회사에서 적립하는 퇴직연금(DC형)과 IRP 계좌는 투자 가능한 상품과 비중에 일정 제한이 있습니다. 대표적으로 '위험자산 70% 룰'이 있는데, 이는 전체 자산의 70%까지만 주식형 펀드나 ETF 등 위험자산에 투자할 수 있고 나머지 30% 이상은 예금이나 채권형 상품 같은 안전자산으로 유지해야 한다는 규정입니다. 또한 현재까지는 IRP나 퇴직연금, 연금저축펀드 계좌에서는 국내 주식을 직접 매매할 수 없고, 펀드나

ETF 같은 간접 상품으로만 투자해야 합니다.

한편 연금저축펀드는 상대적으로 운용의 제약이 적습니다. 계좌 내 자산 100%를 주식형 펀드 및 ETF 등 위험자산에 투자할 수도 있고, 다양한 해외 펀드들을 자유롭게 담을 수 있습니다. 다만 연금저축 계좌에서는 은행 예금이나 보험 상품 같은 것을 직접 편입할 수 없고, IRP 및 연금저축펀드 둘 다 상장 주식은 직접투자가 불가능합니다.

요약하면, IRP·퇴직연금은 안전자산 비중을 일정 부분 유지해야 하고 운용 상품의 범위가 정해져 있는 반면, 연금저축펀드는 비교적 자유롭게 투자할 수 있다고 볼 수 있겠습니다.

● 역할 분담으로 균형 잡힌 포트폴리오 완성하는 법

앞서 설명한 차이를 활용해 계좌별로 역할을 분담하는 전략을 써볼 수 있습니다. 예를 들어 전체 연금자산을 하나로 보고 60%는 성장 자산, 40%는 안전자산으로 배분하기로 했다면, 이를 IRP와 연금저축 계좌 두 곳에 나누어 실천할 수 있습니다. IRP에서는 규정상 최대치인 70%까지 주식형 상품을 담고 나머지를 안전자산에 투자함으로써 공격 투자의 한도를 채우는 역할을 맡깁니다. 동시에 연금저축펀드에서는 비교적 자유로운 만큼 해외주식형 펀드나 다양한 자산에 투자해 IRP에서 담지 못한 추가적인 성장 기회를 추구하는 것이죠.

또 다른 방법으로는 계좌별로 자산군을 분리하는 것입니다. 예컨대 회사 퇴직연금은 원리금보장형 예금이나 단기채권형 펀드 등 안정적인 상품 위주로 구성해 안정성을 확보하고, 연금저축펀드 계좌는 글로벌 해외주식형 펀드나 국내주식형 ETF 등 공격적인 상품 위주로 꾸리는 식입니다. 이렇게 하면 두 계좌를 합쳤을 때 전체적으로 균형 잡힌 포트폴리오가 되면서도, 각 계좌는 자기 역할에 충실하게 운용됩니다. 핵심은 여러 연금계좌를 통합적인 하나의 계획 아래 관리하는 것입니다. 계좌가 다르다고 각각 다르게 운용하기보다는 모든 연금자산을 하나의 큰 포트폴리오로 보고 각 통장에 역할을 나눠주는 것이 효율적입니다.

✳ 장기 수익을 실현하는 리밸런싱

자산배분 전략을 제대로 유지하려면 리밸런싱이 필수입니다. 리밸런싱이란 시간이 지남에 따라 변동된 자산 비중을 원래 목표 비중으로 되돌리는 작업으로, 이를 통해 수익을 실현하고 위험 수준을 일정하게 유지할 수 있습니다. 그렇다면 리밸런싱은 얼마나 자주, 그리고 어떻게 하는 것이 좋을까요?

● 나에게 적절한 리밸런싱 주기는?

정기 리밸런싱 주기는 3개월(분기별), 6개월(반기별), 12개월(연간) 중 하나를 선택합니다. 각 주기마다 장단점이 있습니다.

첫째, 3개월마다 분기별로 리밸런싱을 하면 포트폴리오 비중이 목표에서 크게 벗어나는 것을 방지할 수 있습니다. 비교적 자주 조정하기 때문에 위험관리를 세밀하게 할 수 있고, 급등한 자산의 수익을 빠르게 잠그는 효과도 있습니다. 다만 너무 잦은 조정은 거래비용(펀드 변경에 따른 비용 등)을 늘리고, 때로는 상승 추세의 자산을 너무 일찍 줄임으로써 추가 상승 기회를 놓칠 수도 있습니다.

둘째, 6개월마다 반기별로 진행하는 리밸런싱은 1년에 두 번 정도로, 분기 조정보다는 관여도를 낮추면서도 1년을 기다리지 않고 포트폴리오를 점검할 수 있는 타협안입니다. 특히 시장 변동성이 중간 정도인 환경에선 적절한 선택일 수 있습니다.

셋째, 12개월마다 하는 연 1회의 리밸런싱은 가장 단순한 방법입니다. 매년 같은 시점에 한 번만 조정하면 되므로 관리가 편하고, 자산들이 한 해 동안 충분히 움직일 시간을 주어 추세를 탈 수 있게 합니다. 단점은 1년 사이에 포트폴리오 비중이 크게 일탈할 수 있다는 점입니다. 급격한 상승이나 하락장이 있었을 경우 연말에 조정할 때쯤에는 애초 의도했던 위험 수준과 많이 달라져 있을 수 있습니다.

● 장기적인 성과를 이끄는 리밸런싱 원칙

어떤 주기를 택하든, 중요한 것은 포트폴리오가 목표 비중에서 얼마나 벗어났는지 주기적으로 점검하는 것입니다. 리밸런싱 시점을 월별·분기별로 미리 일정에 넣어두고, 그 시점에 각 자산 비중을 확인해봅니다. 만약 목표 대비 크게 벗어난 자산이 있다면 리밸런싱을 고려해야 합니다. 예를 들어 주식 목표 비중이 50%인데 시장 상승으로 실제 비중이 60%가 되었다면 상당히 초과한 것이므로 일부 주식을 매도해 비중을 낮출 시점입니다. 반대로 채권 비중이 목표보다 많이 줄었다면 채권을 추가 매수해 채워 넣어야겠지요. 이렇게 목표 비중 대비 오차 범위를 정해두고(예를 들어 ±5%p 등), 그 범위를 넘어서면 리밸런싱하는 식으로 운영하면 됩니다.

리밸런싱을 실행할 때 무엇을 팔고 살지 우선순위를 정하는 것도 중요합니다. 일반적으로는 비중이 너무 커진 자산을 팔고, 비중이 줄어든 자산을 사는 원칙을 따릅니다. 이렇게 하면 자연스럽게 가격이 많이 오른 자산에서 이익을 실현하고, 상대적으로 저평가된 자산을 저가 매수하는 효과가 있습니다. 만약 여러 자산군이 있다면, 가장 초과된 자산부터 매도하고 가장 부족한 자산부터 매수하는 식으로 순서를 정하면 됩니다. 예를 들어 주식, 채권, 부동산 세 자산을 운용 중인데 주식이 목표보다 많이 늘고 채권은 줄었다면, 주식을 팔아 채권을 채우는 식입니다.

┃ 리밸런싱 과정 ┃

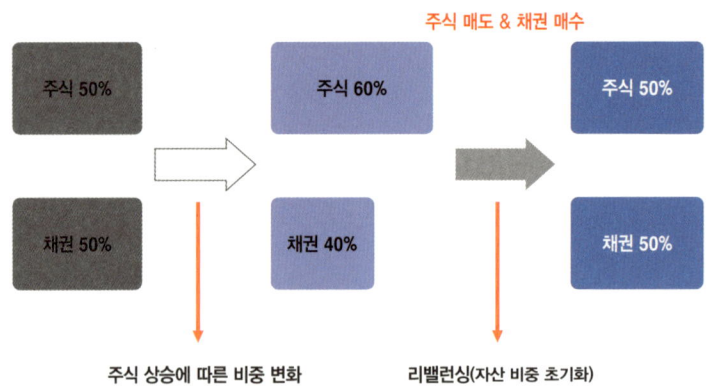

자료: KB자산운용

중요한 것은 리밸런싱 시 시장 예측이나 감정에 치우치지 않고 사전에 정한 원칙대로 수행하는 것입니다. 때로는 상승장이 더 갈 것 같아 안 팔고 두고 싶거나, 하락장에 겁나서 차마 더 사들이지 못할 때도 있지만, 리밸런싱 원칙을 지켜야 장기적으로 안정적인 성과를 얻을 수 있습니다.

✳ 경기 사이클별 필승 자산배분 전략

경제는 호황과 불황을 반복하는 사이클을 보입니다. 투자 환경도 이에 따라 크게 달라지는데요, 경기 흐름과 금리 변화에 맞춰 자산배분 전략을 약간씩 조정하면 위험을 줄이고 기회를 살릴 수 있습니다. 확장기와 침체기, 그리고 금리 인상기와 인하기에 어떻게 대응할지 살펴보겠습니다.

● 경기 확장기 vs 경기 침체기

경기 확장기(호황기)에는 기업 이익이 증가하고 시장에 낙관적 분위기가 퍼지면서 주식 등 위험자산에 호의적인 환경이 조성됩니다. 이 시기에는 포트폴리오에서 주식과 같은 성장자산의 비중을 평소보다 높게 유지해 경기 성장의 과실을 최대한 누리는 전략을 취할 수 있습니다. 예를 들어 경기 호황 국면에서는 주식, 특히 경기순환주나 소위 공격형 자산들이 좋은 성과를 내기 쉽습니다.

반면 경기 침체기(불황기)에는 기업 실적 악화와 소비 위축으로 주식시장에 하락 압력이 커집니다. 이때는 자산을 보수적으로 재배분하여 방어적으로 운용하는 것이 중요합니다. 주식 비중을 줄이고 대신 채권, 현금, 금 등 안전자산 비중을 늘리면 경기 침체의 충격을 완화할 수 있습니다. 예를 들어 경제가 불황 조짐을 보일 때 미리 채권 비중을 높여두면, 불황 국면에서 금리가 인하하면서 채권 가격이 올라 손실을 상쇄해주는 효과를 얻을 수 있습니다. 물론 경기 국면을 정확히 예측하기 어렵지만, 호황기에는 조금 더 공격적으로, 불황기에는 더 방어적으로 포트폴리오의 무게중심을 조정하는 큰 원칙을 갖고 있으면 도움이 됩니다.

● 금리 인상기 vs 금리 인하기

중앙은행이 금리를 올리는 시기(금리 인상기)와 내리는 시기(금리 인하기) 역시 자산 성과에 큰 영향을 줍니다. 금리 인상기에는 일반적으로 채권 가격이 하락합니다. 또한 높은 금리는 성장주 등의 주가에도 부담을 주기 때문에 증시에 역풍으로 작용하는 경우가 많습니다. 따라서 금리 상승 국면에서는 포트폴리오에서 장기 채권 비중을 낮추고 단기채나 현금 비중을 높이는 식으로 대응할 수 있습니다. 또한 고금리 환경에서도 비교적 견딜 수 있는 자산, 예컨대 배당주나 금융주 등은 유지하거나 늘리고, 금리 상승에 취약한 고평가 성장주는 비중을 줄이는 것이 유리할 수 있습니다.

반대로 금리 인하기에는 채권과 주식 모두에 순풍이 부는 환경이

펼쳐집니다. 금리가 내려가면 채권 가격이 상승해 자본차익을 얻을 수 있고, 기업들도 낮은 이자비용의 혜택을 보며 주가가 상승하는 경향이 있습니다. 이때는 채권 비중을 평소보다 높여 금리 하락의 과실을 얻고, 주식 중에서는 금리 민감도가 높은 성장주나 리츠 등에 관심을 가질 만합니다. 즉, 금리 인하 국면에서는 공격적인 자산 비중을 늘려 수익 기회를 극대화하는 전략이 통할 때가 많습니다. 결국 금리 움직임을 주기적으로 살펴보면서 상승기에는 방어적으로, 하락기에는 적극적으로 자산배분을 미세조정하면 장기 수익률 제고에 도움이 됩니다.

● 경기 선행지표를 활용한 선제 대응

경기 순환이나 금리 변화는 사후에 확인되기 때문에, 미리 조짐을 볼 수 있는 경기 선행지표들을 참고하면 자산배분 전략에 힌트를 얻을 수 있습니다. 예를 들어 장단기 금리차(일드 커브) 역전, 제조업 PMI 지수 하락, 소비자심리지수 급락 등은 경기 침체의 전조로 종종 언급됩니다. 이러한 신호들이 포착될 때 포트폴리오의 위험자산 비중을 서서히 줄이고 안전자산을 늘리는 식으로 선제적으로 대응할 수 있습니다.

반대로 경기 회복의 신호(예: 신규 주택 판매 증가, 제조업 지표 반등 등)가 보이면, 지나치게 움츠렸던 포트폴리오에 다시 활력을 불어넣을 타이밍일 수 있습니다. 물론 선행지표들도 완벽하지 않고 예측에 오류가 있을 수 있으므로 점진적인 조정이 중요합니다. 한 번에 포트폴리오를 확 바꾸기보다는 여러 지표와 추세를 종합적으로 고려해 조금씩 비중을 조정하는 것이 리스크를 줄이는 방법입니다. 이런 거시지표들을 공부해두면 막연한 공포나 과열에 휩쓸리기보다 데이터에 근거해 합리적으로 연금자산을 운용할 수 있게 도와줍니다.

물가·금리 변화에도 끄떡없는
연금 포트폴리오 만드는 법

인플레이션(물가 상승)이나 시장 금리의 급격한 변화는 연금 포트폴리오에 큰 영향을 줄 수 있습니다. 물가와 금리에 잘 대응하는 자산들을 섞어두면 이러한 환경 변화에도 포트폴리오가 끄떡없이 버텨낼 수 있는데요, 어떻게 대비하면 좋을지 알아보겠습니다.

● 인플레이션 헤지 자산 활용법

물가가 오르면 화폐의 가치가 떨어지기 때문에 현금이나 채권만 들고 있다간 실질가치가 감소할 수 있습니다. 이를 막기 위해 인플레이션 헤지 자산을 포트폴리오에 포함하는 것이 좋습니다.

대표적인 인플레이션 헤지 자산으로는 금과 원자재가 있습니다. 금은 역사적으로 화폐 가치 하락기에 가치 저장 수단으로 선호되어 왔고, 원유나 광물 같은 원자재도 물가 상승기에 가격이 급등하는 경향이 있어 전체 자산의 구매력을 지켜주는 역할을 합니다. 그 외에도 인플레이션 연동채권(TIPS)처럼 물가 상승분만큼 이자가 자동으로 올라가는 채권도 있습니다.

이러한 자산들은 평소에는 수익률이 낮거나 변동성이 있지만, 고물가 시대에 포트폴리오를 방어해주는 보험 역할을 합니다. 따라서 연금자산 중 일부는 금이나 인플레이션 연동채, 원자재 펀드 등에 투자해두면 물가 충격에 대비할 수 있습니다.

● 금리 변화가 채권·주식에 미치는 영향

금리와 자산 가격은 긴밀히 연결되어 있습니다. 시장 금리가 오르면 채권 가격은 떨어지고, 내리면 채권 가격은 올라갑니다. 이는 채권의 할인율 개념 때문인데, 연금 포트폴리오에서 채권을 보유하고 있다면 금리 움직임에 따라 평가액이 변동될 수 있다는 뜻입니다.

한편 금리 변화는 주식시장에도 큰 영향을 줍니다. 금리가 급등하면 기업들의 차입 비용이 증가하고 소비와 투자도 위축되어 주식에 부담을 줍니다. 특히 성장주는 미래 수익을 현재 가치로 평가할 때 금리가 중요한데, 금리가 오르면 해당 현재 가치가 낮아져 주가에 부정적입니다. 반대로 금리가 내려가면 주식에는 호재로 작용하는 경우가 많습니다. 이런 이유로 포트폴리오를 구성할 때 금리 변화에 대비해 채권의 듀레이션(만기 구조)을 조절하거나, 주식 중에서도 금리 민감도가 낮은 종목을 포함하는 등의 전략을 고려합니다. 예를 들어 금리 상승이 예상되면 장기채권 비중을 줄이고 단기채나 현금성 자산을 늘려 리스크를 낮추고, 금리 하락기에는 그 반대로 채권 듀레이션을 늘려 수혜를 보도록 할 수 있습니다.

● 물가 상승기에 배당주·실물자산 활용 전략

물가 상승기(인플레이션 시기)에는 생활물가와 기업 원자재 비용이 모두 오르기 때문에, 이익이 꾸준한 기업의 배당주와 실물자산 투자가 빛을 발할 수 있습니다. 배당주는 비교적 성숙한 기업들이 분기나 연간으로 꾸준히 현금 배당을 주는 주식들로, 인플레이션이 올라갈 때 채권이자보다 매력적인 현금흐름을 제공할 수 있습니다. 특히 배당금을 지속적으로 인상해온 기업들의 주식은 물가 상승률을 상회하는 배당성장으로 실질 수익을 확보해주는 장점이 있습니다. 또한 부동산과 같은 실물자산은 물가 상승 시 자산 가치와 임대료가 함께 오르는 경향이 있어 인플레이션 방어에 도움이 됩니다. 예를 들어 부동산 리츠는 투자자들에게 임대수익을 배당으로 돌려주는데, 임대료가 물가에 따라 상승하면 배당도 덩달아 늘어나는 효과가 있습니다.

이처럼 인플레이션 국면에서는 현금이나 고정금리 채권만 들고 있기보다, 가격 전가력이 있는 자산(예: 필수소비재 기업 주식), 배당수익을 주는 자산, 현물자산 등을 적절히 섞어주는 것이 좋습니다. 물론 물가가 안정되면 이러한 자산들이 상대적으로 매력이 떨어질 수 있으므로, 경제 상황에 따라 비중을 탄력적으로 조정하는 유연함도 필요합니다.

✳ 하락장에서 내 자산을 지키는 리스크 관리법

투자에서는 수익을 추구하는 것만큼 손실을 최소화하는 것이 중요합니다. 특히 큰 하락장을 만났을 때 내 연금자산을 지키기 위해서는 사전에 리스크 관리 도구들을 준비해두어야 합니다. 대표적인 리스크 관리 개념과 기법으로 MDD 관리, 분산투자, 손절매 등이 있는데, 하나씩 알아보겠습니다.

● MDD(최대 낙폭) 개념과 관리 목표

MDD(Maximum Drawdown)는 투자자산이 역사적으로 가장 크게 떨어진 폭을 의미합니다. 예를 들어 1억 원이 최고점이었다가 7,000만 원까지 떨어졌다면 MDD는 −30%인 셈이죠. MDD는 포트폴리오의 최악의 하락 위험을 보여주는 지표로, 이 수치를 작게 유지하는 것이 리스크 관리의 핵심 목표 중 하나입니다. 왜냐하면 자산이 50% 떨어지면 원금 회복에 100% 상승이 필요하듯, 낙폭이 커질수록 회복이 기하급수적으로 어려워지고 심리적 타격도 크기 때문입니다.

따라서 연금 포트폴리오를 운용할 때 "내 자산은 최악의 경우 어느 정도까지 하락을 감내할 것인가"를 정해두고, 그 범위 내로 변동성을 관리하는 것이 바람직합니다. 예를 들어 MDD −15% 이내를 목표로 한다면, 자산배분을 매우 보수적으로 해서라도 그 선을 지키도록 운용할 수 있습니다. 각자 상황과 성향에 따라 허용 가능한 낙폭 수준은 다르겠지만, MDD 관리의 기본 원칙은 한 번의 큰 손실로 장기 계획이 탈선하지 않게 하는 것입니다.

● 분산투자로 변동성 줄이기

리스크를 낮추는 가장 고전적이면서도 강력한 무기는 분산투자입니다. 앞서 자산배분의 중요성에서 이야기했듯, 서로 다른 상관관계를 가진 여러 자산에 투자하면 개별 자산이 급락해도 포트폴리오 전체로는 충격을 흡수할 수 있습니다. 주식 100%로만 구성된 포트폴리오는 시장 폭락 시 MDD가 −40% 이상 나올 수도 있지만, 주식과 채권, 현금, 대체자산을 적절히 섞어두면 변동성이 현저히 낮아져 하락장에서도 상대적으로 방어력이 생깁니다.

또한 한 자산군 내에서도 기업, 산업, 지역을 다양화하면 특정 기업이나 섹터 붕괴에 포트폴리오가 무너지는 일을 막을 수 있습니다. 예를 들어 국내 주식에만 투자하기보다는 글로벌 주식으로 지역을 분산하고, 성장주와 가치주, 대형주와 중소형주를 고루 담으면 어느 한쪽 요인으로 인한 손실을 줄여주는 효과가 있습니다. 결국 분산투자는 "계란을 한 바구니에 담지 않는다"는 원칙으로, 하락장에서 전체 바구니가 떨어지는 일을 방지하는 안전벨트라고 볼 수 있습니다.

● 손실 제한 장치 활용법

투자 업계에서는 '손절매(stop-loss)'라는 말로 익숙한 개념인데요, 미리 정해둔 수준까지 손실이 났을 때 해당 자산을 과감히 매도함으로써 추가 손실을 막는 기법입니다. 예를 들어 어떤 주식형 펀드가 −10% 손실이 날 경우 더 떨어지기 전에 매도한다는 원칙을 세우는 식입니다. 이렇게 하면 정말 크게 폭락하는 사태에서는 자산의 일부만 잃고 빠져나와 구명보트 역할을 할 수 있습니다. 하락장에서 가만히 앉아서 당하는 대신, 정해둔 선에서 손실을 끊고 현금화해두면 나중에 시장이 안정되었을 때 다시 투자할 기회를 잡을 수 있죠.

다만 손절매 장치를 너무 타이트하게 걸면, 일시적 조정에도 자산을 팔아버리고 곧바로 반등하는 경우를 놓칠 수 있습니다. 그래서 연금처럼 장기투자에서는 기계적인 손절매보다는 기본적인 자산배분과 분산으로 리스크를 줄이는 게 우선이며, 손절매는 정말 예외적 상황에서 비상용 무기처럼 활용하는 편이 좋습니다. 또한 손절매 기준을 정했다면 감정에 흔들리지 않고 지키는 것이 중요합니다. 막상 손실이 났을 때 아까워서 망설이다가 더 큰 손실을 보는 경우가 많기 때문이죠.

결론적으로 분산으로 예방하고, 손절매로 최악을 차단하는 이중 안전장치를 갖추면 하락장에서도 내 자산을 지킬 확률이 높아집니다.

✳ 복리 효과를 끝까지 극대화하는 포트폴리오 유지 요령

연금 투자의 위력은 장기 복리 효과에서 나옵니다. 시간의 힘을 제대로 활용하려면 단순히 좋은 자산에 투자하는 것만이 아니라, 그 이익을 꾸준히 재투자하고 불필요한 행동을 줄이는 것이 중요합니다. 끝까지 복리 효과를 극대화하기 위한 몇 가지 원칙을 짚어보겠습니다.

● 수익 재투자와 복리의 관계

복리의 핵심은 수익을 다시 투자에 투입하여 추가 수익을 거두는 과정을 반복하는 것입니다. 예를 들어 첫해에 100만 원의 이익이 생겼을 때 그걸 소비하지 않고 원금에 보태면, 다음 해에는 그 증가된 원금에 대해 또 이익이 붙습니다. 이렇게 이자에 이자가 붙는 구조가 눈덩이처럼 불어나는 복리의 마법입니다. 연금 투자에서도 매년 발생하는 이자나 배당, 평가이익 등을 모두 재투자하면 시간이 지날수록 투자 원금이 크게 불어나고, 그 위에 붙는 이익도 기하급수적으로 커집니다. 반면 중간에 수익이 날 때마다 일부를 빼서 써버리면 복리 엔진이 초기화되는 셈이라 장기 결과에 큰 차이가 납니다. 일찍 시작해 오래 투자할수록, 그리고 중간에 수익을 빼지 않을수록 복리 효과는 극대화됩니다.

● 장기투자 시 불필요한 매매 줄이는 법

흔히 말하길 "시간이 투자자의 친구"라고 합니다. 장기간 투자할 때는 자주 매매하지 않는 것 자체가 좋은 전략일 때가 많습니다. 이유는 빈번한 매매가 수수료 비용을 늘리고, 잘못된 타이밍으로 인한 실수를 범할 가능성을 높이기 때문입니다. 예를 들어 시장을 계속 쫓아다니며 갈아타다 보면 상승장에도 불구하고 오히려 남들보다 수익률이 낮아지는 경우가 많습니다. 또한 연금처럼 세제 혜택 계좌라 해도, 잦은 상품 변경은 복리의 힘을 잠식하는 행위일 수 있습니다. 따라서 포트폴리오를 일단 구성한 후에는 잦은 변경을 피하고, 기본 원칙에 따라 꾸준히 유지하는 태도가 필요합니다. 시장 뉴스나 단기 변동에 민감하게 흔들리기보다는, 장기적인 관점에서 묵묵히 버티며 크게 방향을 틀지 않는 것이 결과적으로 높은 복리 수익을 가져다주는 경우가 많습니다.

● 배당·이자 재투자 전략

연금 포트폴리오에 속한 자산들로부터 발생하는 배당금이나 이자 수익을 처리하는 방법도 장기 성과에 큰 차이를 만듭니다. 앞서 언급한 복리 효과를 극대화하려면 이러한 현금으로 받은 수익들을 다시 투자에 재투입하는 것이 바람직합니다. 배당 재투자는 시간이 지날수록 큰 효과를 발휘합니다. 실제로 주식시장의 장기 수익률 통계를 보면 재투자를 했을 때와 안 했을 때 최종 자산 규모가 큰 차이를 보이는데, 이는 배당이 복리로 누적되었기 때문입니다. 한편 연금자산 운용을 인출해야 하는 시기(예: 은퇴 후 생활비로 쓰기 시작할 때)가 오기 전까지는 최대한 재투자를 지속해 자산을 불려놓고, 인출기에 들어서서는 확보한 자산으로 생활비를 쓰면서도 남은 자산의 일부 배당과 이자는 여전히 재투자해 자산 감소 속도를 늦추는 전략도 고려할 수 있습니다. 요컨대 축적기에는 모든 수익을 다시 불리고, 사용기에 들어서더라도 일부 복리 효과는 지속되게 관리하는 것이 장기적인 부를 극대화하는 비결입니다.

✳ 연금자산 배분,
이렇게 하면 망합니다

마지막으로, 연금자산 배분에서 피해야 할 함정들을 실제 사례를 통해 알아봅시다. 아무리 좋은 원칙도 지키지 않으면 무용지물이죠. 다음과 같은 잘못된 자산배분 행동들은 장기투자에 큰 타격을 줄 수 있으니 반면교사로 삼으세요.

● 함정 ①: 단기 수익에 집착해 비중을 무너뜨린다

A씨는 원래 주식 50%, 채권 50%의 비교적 안정적인 포트폴리오를 유지하고 있었습니다. 그런데 어느 해 주식시장이 폭등하자 더 큰 수익을 놓치기 싫어 주식 비중을 80% 이상으로 확 늘려버렸습니다. 초기에는 수익률이 훨씬 높아져 좋아했지만, 곧 시장이 급락하면서 포트폴리오는 큰 손실을 보았고, 결국 채권을 미리 팔아버린 탓에 하락장에서 완충 역할을 할 자산도 없는 상황이 되었습니다. 단기 고수익 욕심에 스스로 세운 자산배분 원칙을 깨면서, 불과 몇 개월 만에 연금자산은 직전 고점 대비 −40% 가까이 추락했습니다. 이처럼 욕

심에 눈이 멀어 한쪽 자산에 몰빵하거나 비중을 극단적으로 바꾸면, 잠깐은 좋을지 몰라도 결국 큰 사이클 변화에 속수무책이 될 수 있습니다.

● 함정 ②: 경제 뉴스에 과도하게 반응한다

B씨는 경제 뉴스를 열심히 따라가며 포트폴리오를 그때그때 조정했습니다. 금리 인상 전망 뉴스가 나오면 겁이 나서 주식을 모두 팔고 채권으로 갈아탔고, 또 몇 달 뒤 경기 회복 소식이 들리면 다시 주식을 왕창 사들이는 식이었죠. 언뜻 합리적으로 보이지만 문제는 뉴스가 이미 시장에 반영된 뒤 행동했다는 것입니다. B씨는 늘 한 박자 늦게 움직였고, 쓸데없는 매매로 수수료만 지출했습니다. 그가 번갈아 팔고 산 주식과 채권은 결국 원래 들고만 있었더라면 더 나은 성과를 냈을 자산들이었습니다. 이 사례는 감정과 외부 소음에 이끌려 장기 수익률을 갉아먹은 경우입니다. 연금 투자에서는 지나친 확신이나 공포를 경계하고, 뉴스를 참고하되 일관된 원칙을 유지하는 것이 얼마나 중요한지 보여줍니다.

● 함정 ③: 잘못된 상품을 선택해 장기 수익을 갉아먹는다

C씨는 은퇴자금을 운용하면서 은행 직원의 권유로 수수료가 매우 높은 복합구조 펀드에 가입했습니다. 처음에는 잘 모르고 가입했지

만, 나중에 보니 연 2%에 달하는 각종 수수료로 인해 펀드 수익률이 낮아지고 있었습니다. 10년 넘게 장기투자했지만 상당한 수익이 수수료로 깎여나가 실제 손에 쥐는 수익은 예상보다 훨씬 적었습니다. 또 다른 사례로 D씨는 연금자산을 지나치게 보수적으로 운용하여 거의 예금에만 넣어두었습니다. 원금 손실은 없었지만 물가 상승률보다 낮은 이자만 받다 보니, 20년이 지나도 실질자산 가치는 크게 늘지 못했습니다.

이처럼 적절치 않은 상품을 선택하거나 비용 요인을 간과하면 장기 복리 효과가 심각하게 훼손됩니다. 연금자산 배분에서는 반드시 낮은 비용의 효율적인 상품을 고르되, 너무 극단적으로 안전하거나 지나치게 위험한 상품만 고르는 오류를 피해야 합니다. 균형 잡힌 상품 선택과 비용 관리가 뒷받침되지 않으면, 아무리 자산배분을 잘해도 최종 성적표는 초라할 수밖에 없습니다.

이러한 실패 사례들이 보여주듯, 연금자산 배분에서 성공하려면 원칙을 지키고, 장기적 관점을 유지하며, 비용과 감정을 관리해야 합니다. 남의 실패담을 거울삼아 지혜로운 판단으로 성공 궤도를 유지하시기 바랍니다.

Part 2

당신의 연금에
엔진을 달아라

Chapter 4

연금,
묻어두지 말고
액티브 ETF로
굴리자

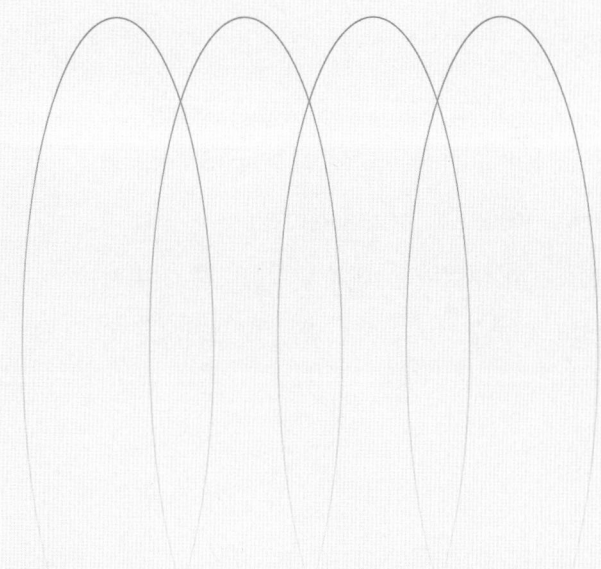

✱ 효율적인 연금 투자를 위한 액티브 ETF

마흔의 연금 투자는 단순히 오래 모으는 것을 넘어 효율을 높여야 합니다. 연 1~2%p의 추가 수익이 10년 뒤 수천만 원의 격차를 만들 수도 있기 때문입니다. 이 효율을 높이는 핵심 도구가 바로 액티브 ETF입니다.

● 패시브 ETF vs 액티브 ETF

ETF를 크게 두 가지로 나누면 패시브 ETF와 액티브 ETF가 있습니다.

패시브 ETF는 별다른 고민 없이 특정 지수를 그대로 추종하기만 하면 됩니다. 예를 들어 S&P500 ETF는 미국의 대표 500대 기업 지수인 S&P500 지수를 그대로 따라가고, 코스피200 ETF는 한국의 대표 200개 기업 지수인 코스피200 지수를 그대로 반영합니다. 운용사는 단순히 지수를 복제하는 역할만 하며 목표는 시장을 정확하게 따라가는 것입니다.

구분	인덱스 ETF	액티브 ETF
운용 방식	특정 지수를 그대로 추종 (예: S&P500, 코스피200)	펀드매니저(혹은 알고리즘)가 시장을 이기기 위해 적극적 운용
비용 구조	운용보수 낮음(연 0.03~0.1%대)	상대적으로 높음(연 0.3~1.0%대)
투명성	보유 종목 구조 단순, 매일 공개	일부 반투명 구조 가능, 전략 공개는 제한적
성과 기대치	시장 평균 수익률 = '베타(β)' 추종	시장 대비 초과 수익(알파, α) 추구
리스크 특성	변동성은 지수 수준에 수렴	운용 역량에 따라 변동성 ↑ 또는 ↓ 가능

반면 액티브 ETF는 남들이 가지 않는 길을 개척해 더 나은 목적지를 찾는 탐험가와 같습니다. 펀드매니저의 분석이나 정교한 퀀트 알고리즘을 나침반 삼아 단순히 지수를 추종하는 것을 넘어 적극적으로 유망한 종목을 발굴하고 비중을 조절합니다. 특정 산업(예: AI, 바이오)에 집중 투자를 하거나 옵션 같은 파생상품 전략을 결합해 추가 수익을 노리기도 합니다. 액티브 ETF의 단 하나의 목표는 시장을 뛰어넘는 초과 수익을 창출하는 것입니다.

쉽게 말해 패시브 ETF가 길을 그대로 따라 걷는 전략이라면, 액티브 ETF는 길에서 벗어나 더 나은 길을 찾는 전략입니다.

● 인덱스 투자의 시대는 저물고 있는가?

"비용을 낮추고 시장을 믿어라." 투자의 거장, 뱅가드의 창립자 존 보글이 남긴 이 말은 '인덱스 투자의 아버지'라는 칭호와 함께 패시브 투자의 황금기를 열었습니다. 현존하는 최고의 투자자 워런 버핏 역시 "내 아내에게 남길 유산의 90%는 S&P500 ETF에 투자하라"고 조언하며 패시브 투자의 손을 들어주었죠.

하지만 우리가 기억해야 할 중요한 맥락이 있습니다. 그들의 시대는 미국 시장의 명확한 우위와 고성장이 지속되던 시대였습니다. 그

미국 시장에서 패시브 ETF, 액티브 ETF의 수와 규모

최근 12개월간 상장된 ETF 수

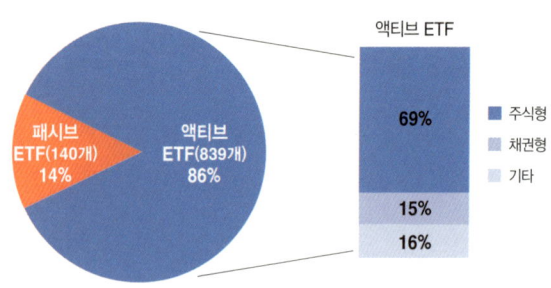

ETF 자금 추이

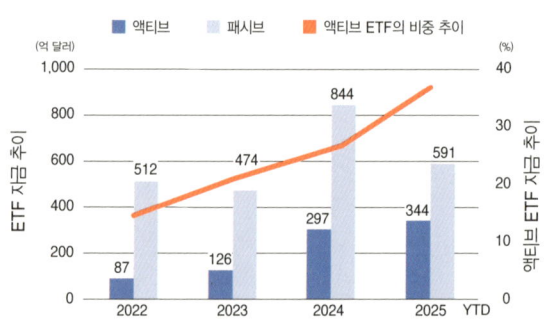

자료: JP Morgan ETF 모니터

러나 지금 우리가 마주한 현실은 다릅니다. 저성장, 저금리가 고착화 되고 예측 불가능한 변동성이 시장을 지배하는 시대에는 단순히 시장의 평균을 따라가는 것만으로는 충분하지 않을 수 있습니다.

바로 이 지점에서 액티브 ETF가 새로운 대안으로 떠오르고 있습니다. 실제로 미국 ETF 시장에서는 신규 상장되는 ETF의 80% 이상이 액티브 형태일 정도로 빠르게 성장하고 있으며, 2024년 이후 순유입된 자금의 30% 이상이 액티브 ETF로 향하고 있습니다. 이는 시장의 패러다임이 변하고 있음을 보여주는 강력한 증거입니다.

✱ 액티브 ETF는 어떻게 만들어지나요?

지금 ETF 시장은 거대한 전환기를 맞이하고 있습니다. 전통적으로 액티브 펀드를 운용하던 자산운용사들, 예컨대 JP모건, 디멘셔널, 캐피탈그룹 등이 ETF 시장에 뛰어들어 액티브 ETF를 내놓고 있습니다. ETF 시장 초기에 뱅가드와 블랙록을 중심으로 한 인덱스 ETF가 시장의 성장을 이끌었다면, 이제는 액티브 ETF가 시장의 새로운 성장 엔진으로 자리 잡게 되었습니다.

그렇다면 액티브 ETF는 어떻게 만들어질까요? 인덱스 ETF는 기존에 존재하는 지수를 그대로 추종하는 방식이라 ETF를 만드는 데 여러 과정이 생략된 채 비교적 간소하게 시장에 등장할 수 있습니다. 하지만 액티브 ETF의 경우 크게 다음과 같은 4단계를 거치게 됩니다.

① 아이디어 단계

운용사는 시장을 분석하며 시장을 이길 수 있는 투자 아이디어를 구체화합니다. '매월 꾸준한 현금흐름을 만드는 커버드콜 전략', '차세대 혁신 기술인 AI 기업 집중 투자', '다양한 지표를 활용한 멀티팩터 전략' 등 창의적인 아이디어가 모든 액티브 ETF의 시작점입니다.

② 승인 단계

아이디어가 구체화되면 해당 ETF의 출시 가능 여부를 금융당국에 승인받습니다. 대부분 새로운 투자 아이디어로 시작되기 때문에 상품이 만들어지기까지 당국의 승인이 필수입니다. 예를 들어 블랙록의 비트코인 현물 ETF의 경우 액티브 ETF는 아니지만 SEC 승인까지 수년이 걸렸습니다. ETF의 승인은 미국에선 SEC, 한국에선 금융위원회가 담당하는데 신청한 ETF의 구조가 합리적인지, 투자자 보호장치가 있는지 점검하게 됩니다.

③ 운용 단계

승인 이후에는 운용사의 펀드매니저와 퀀트팀이 매일 종목과 비중을 조정합니다. 일부 ETF는 매일 보유 종목을 공개하지만 일부는 전략 유출 방지를 위해 반투명(분기별 공개) 형태를 취하기도 합니다.

④ 투자자 거래 단계

상장 후에는 주식처럼 증권시장에서 자유롭게 사고팔 수 있습니다. 새로운 액티브 ETF가 시장에 등장하면 투자자들이 해당 ETF의 투자 전략을 판단하여 대거 수급이 들어오기도 합니다.

* 당신의 연금에
액티브 ETF가 필요한 이유

40대 직장인 A씨는 IRP 계좌를 은행에서 증권사로 옮겼습니다. 기존에는 채권형 펀드와 예금으로만 굴리던 연금이 연 3%도 안 되는 수익률을 내고 있었습니다. 하지만 증권사 IRP로 이전한 뒤 글로벌 액티브 ETF(커버드콜 ETF, 글로벌 액티브 테크 ETF)를 편입했습니다. 그 결과 5년 뒤 그의 연금계좌 수익률은 연평균 8%를 기록했습니다. 같은 기간 은행에 그대로 뒀다면 3% 수익에 그쳤을 텐데 액티브 ETF 덕분에 자산 성장 속도가 두 배 이상 빨라진 것입니다.

● 수수료라는 나무보다 '수익'이라는 숲을 보라

많은 투자자가 액티브 ETF는 보수가 높아 부담스럽다고 생각합니다. 일반적으로 인덱스 ETF에 비해 액티브 ETF의 보수가 높은 것은 사실입니다. 하지만 장기투자인 연금 투자에서 중요한 건 순수익입니다.

예를 들어 A 패시브 ETF가 연 5% 수익률에 보수 0.1%라면 실질

수익률은 4.9%입니다. 한편 B 액티브 ETF가 연 7% 수익률에 보수는 다섯 배 비싼 0.5%라고 할지라도 실질 수익률은 6.5%가 됩니다. 20년 후 복리 효과를 계산하면 그 차이가 더 커집니다. 단순히 보수가 낮다고 해서 유리하지 않습니다. 액티브 ETF가 조금이라도 더 높은 수익률을 내면 수천만 원까지 차이가 벌어집니다. 수수료는 나무이고 수익은 숲입니다.

> A 패시브 ETF: 연 수익률 5%, 보수 0.1%
>
> → 실질 수익률 4.9%
>
> B 액티브 ETF: 연 수익률 7%, 보수 0.5%
>
> → 실질 수익률 6.5%

● '방치'에서 '관리'로, 수익을 극대화하는 작은 습관

패시브 투자는 '한번 사두고 잊어버리는(Buy and Forget)' 전략에 최적화되어 있습니다. 하지만 이런 투자 습관은 시장의 변화에 대응할 기회를 놓치게 만듭니다. 반면 액티브 ETF는 우리에게 '정기적인 점검'이라는 긍정적인 긴장감을 부여합니다. 내 연금이 어떤 전략으로 운용되고 있는지, 시장의 흐름에 잘 대응하고 있는지 주기적으로 확인하는 작은 습관이 여러분의 연금자산을 훨씬 더 크게 키울 수 있습니다.

✳ 액티브 ETF 투자 시 주의할 점

일반적으로 인덱스 ETF 투자의 장점은 특별한 고민 없이 돈이 생길 때마다 모아가면 된다는 것입니다. 그러나 액티브 ETF를 투자할 때는 다음과 같은 자세가 필요합니다.

● 정기적인 '건강검진'을 하라

액티브 ETF 투자는 특정 타이밍에 특정 섹터와 테마가 지수 대비 더 큰 성과를 낸다는 사실에 착안해 그 기회를 노리는 투자입니다. 즉, 적극적인 자산배분을 통해 시장의 알파를 추구하는 것입니다. 반대로 얘기하면 방치가 아니라 운용 성과에 대한 지속적인 관심과 관리가 절대적으로 필요합니다. 주간이든, 월간이든, 분기간이든 정기적으로 ETF 성과를 점검하며 ETF에서 발생하는 분배금을 확인하여 재투자에 대한 판단을 내려야 합니다.

시장의 주도 섹터는 고정되어 있지 않습니다. 하나의 주도 섹터가 1년 넘게 가는 경우도 있지만 3개월 만에 끝나버리는 경우도 있습니다. 예를 들어 2024년 하반기에 가장 주목을 받았던 글로벌 비만치료

‖ 일라이릴리, 노보노디스크 TOP2 ETF 차트 비교 ‖

제 테마의 경우 일라이릴리와 노보노디스크라는 글로벌 제약사를 중심으로 시장을 주도해왔습니다. 두 기업의 주가가 고공행진을 할 때이에 대한 성과를 노린 글로벌 비만치료제 TOP2 ETF가 동시에 출시되기도 했습니다. 하지만 안타깝게도 두 제약사의 주가는 이후 내리

막길을 걷게 되었고, 해당 ETF의 성과도 부진할 수밖에 없었습니다.

● <u>포트폴리오의 '균형'을 맞춰라</u>

절세계좌에서 ETF를 담아 투자를 할 때 단순히 매수만 하는 것이 아니라 포트폴리오를 제대로 구성하는 것이 필요합니다. 포트폴리오 구성의 핵심은 상관관계와 비중 조절입니다. 투자 아이디어에 맞는 ETF를 선택하는 것도 중요하지만 ETF 간 상관관계를 고려해 겹치지 않게 투자하는 것도 필요합니다.

일단 포트폴리오를 구성해 투자를 하고 나면 투자 기간이 지남에 따라 성과가 나타나게 될 것입니다. 특정 ETF는 두 자릿수가 넘는 수익률을 올리기도 하고, 특정 ETF는 상대적으로 부진한 결과를 나타낼 수도 있습니다. 그렇게 되면 정해진 주기에 맞춰 ETF 간 비중을 적절히 조절해줘야 합니다. 이를 '포트폴리오 리밸런싱'이라고 하며, 관리가 중요한 액티브 ETF 투자 시 꼭 필요한 투자 원칙입니다. 결국 이 작은 관리가 연금계좌의 성과를 인덱스 ETF에 비해 최소 연 1~2%p 이상 벌어지게 만드는 것입니다.

✳ 연금계좌에서
액티브 ETF 매수하는 법

이제 이론을 알았으니 실전으로 나아갈 차례입니다. 액티브 ETF 라는 강력한 무기를 담을 수 있는 대표적인 절세계좌는 퇴직연금 (IRP/DC), 연금저축펀드, 그리고 ISA입니다. 각 계좌는 고유한 규칙 과 장점을 가지고 있으므로 그 특성을 100% 활용하는 것이 현명한 투자자의 길입니다.

● 퇴직연금(IRP/DC)에서 액티브 ETF 매수하는 법

퇴직연금은 법적으로 보호받는 소중한 노후자금인 만큼 '안정성' 이라는 안전장치가 마련된 계좌입니다. ETF를 통해 수익률을 높이면 서도 정해진 규칙 안에서 안정적으로 자산을 불려나가는 전략이 필요 합니다.

퇴직연금(IRP) 계좌에서 액티브 ETF 매수하는 법을 알아보겠습니 다. 증권사 IRP 계좌가 있다면 ETF 투자는 생각보다 간단합니다(만 약 은행 IRP 계좌만 있다면 ETF 직접투자를 위해 증권사로 이전하는 것을 추천합니다).

ETF 거래 기능 활성화

증권사 앱(MTS)에 접속해 '연금' 또는 '퇴직연금' 메뉴로 들어갑니다. 증권사 퇴직연금 계좌가 있다고 해서 ETF를 바로 매수할 수는 없습니다. 대부분의 증권사는 최초 1회에 한해 '퇴직연금 ETF 거래 신청' 절차를 요구합니다. 간단한 동의 절차를 거치면 기능이 활성화됩니다(증권사에 따라 신청 후 익일부터 거래가 가능하기도 합니다).

'퇴직연금 전용' 주문창 찾기

가장 중요한 부분입니다. 일반적으로 일반 주식 주문창에서는 IRP 계좌의 ETF 거래를 할 수 없습니다. 퇴직연금 전용 주문창이 따로 있기 때문에 별도의 주문창을 찾아 거래해야 합니다. MTS/HTS 메뉴에서 '퇴직연금 ETF 주문' 또는 'IRP ETF 매매'와 같은 전용 창으로 이동하세요.

주문 넣기

전용 주문창에서 원하는 액티브 ETF 종목을 검색하고 주식을 살 때처럼 수량과 가격을 입력하여 매수 주문을 넣습니다. 퇴직연금 계좌뿐만 아니라 연금저축 계좌를 포함해 연금계좌에서는 안정성을 중시하는 계좌의 특성상 파생형 ETF(레버리지, 인버스)는 거래가 불가합니다.

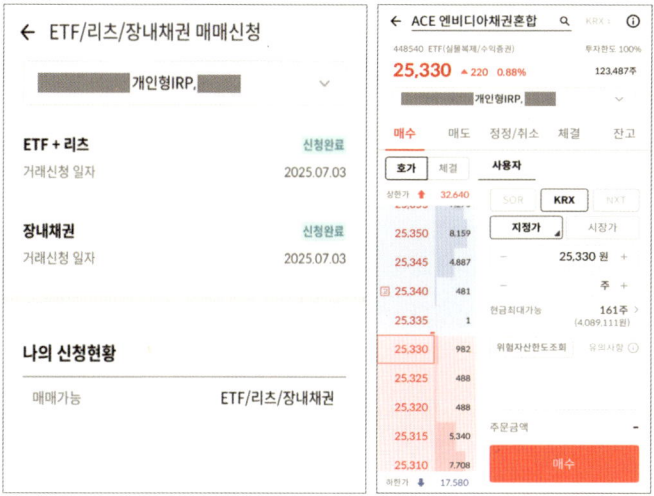

잔고 확인

매수가 체결되면 '퇴직연금 계좌 잔고' 내에서 기존 펀드와는 별도로 구분된 'ETF' 탭에서 내가 보유한 종목과 수익률을 실시간으로 확인할 수 있습니다. 해당 ETF의 가격, 수익률, 투자 비중 등을 확인할 수 있고 차트를 통해 ETF의 가격 추이를 살펴볼 수 있어요.

● 퇴직연금 계좌의 핵심 운용 전략

첫째, '70/30 법칙'을 기억하세요. 퇴직연금(IRP) 계좌의 가장 큰 특징은 '위험자산 투자한도'가 총자산의 70%로 제한된다는 점입니다. 주식, 주식형 펀드, 그리고 우리가 투자하려는 대부분의 액티브 ETF

는 '위험자산'으로 분류되기 때문에 위험자산 70%를 채우는 것은 쉽지만 나머지 안전자산 30%를 채우는 것은 항상 고민이 따릅니다.

예를 들어 IRP 계좌에 1,000만 원이 있다면 최대 700만 원까지만 성장성이 기대되는 액티브 ETF에 투자할 수 있습니다. 나머지 300만 원은 반드시 국채 ETF, 단기채권 ETF, TDF(Target Date Fund, 목표 시점에 따라 위험자산 비중이 낮은 상품), 채권혼합형 ETF, 정기예금과 같은 '안전자산'으로 채워야 합니다.

이 규칙은 퇴직연금 계좌에만 적용되는 규정으로, 강제적으로 안전자산을 포함해 자산배분을 하도록 만들어 시장 급락 시 손실을 방어해주는 긍정적인 역할을 합니다. 일반적으로 70%의 액티브 ETF로 시장 이상의 수익을 추구하고 30%의 안전자산으로 포트폴리오의 변동성을 관리하는 '중위험 중수익' 전략을 구사할 수 있습니다.

변형된 전략으로는 TDF를 통해 실질적 위험자산 비중을 최대로 늘리거나 채권혼합 커버드콜 ETF를 통해 월배당형 인컴 수익을 극대화할 수도 있습니다.

둘째, 무료 수수료를 활용하세요. 퇴직연금 계좌에서는 ETF 거래 시 거래 수수료가 무료입니다. 이는 투자자 입장에서 매우 강력한 ETF 거래 유인책으로, 동일한 ETF를 거래할 때 퇴직연금 계좌를 이용하는 것이 훨씬 유리합니다. 특히 ETF 거래가 빈번한 투자자의 경우에는 퇴직연금자산을 연금저축 계좌로 이전하지 않고 그대로 퇴직연금 계좌에서 거래하는 것이 비용 절감 차원에서 바람직합니다.

● 연금저축에서 액티브 ETF 매수하는 법

연금저축펀드는 IRP보다 훨씬 자유롭습니다. 투자한도에 대한 제약이 없어 투자자의 성향에 따라 100% 공격적인 포트폴리오를 구축할 수 있는 만능 투자 상자와 같습니다. 그렇다면 연금저축 계좌에서는 액티브 ETF를 어떻게 매수해야 할까요?

개인연금 한도 설정하기

개인연금 투자 시 은행, 보험, 증권사를 통해 각각 연금신탁, 연금보험, 연금저축 계좌를 만들 수 있습니다. 이 모든 기관의 개인연금은 하나의 연간 납입한도인 1,800만 원을 공유하고 있습니다. 만약 다른 은행이나 보험사에 연금 상품을 이미 가지고 있고 한도를 설정해놓았다면 납입을 하지 않더라도 그곳에 설정한 한도만큼 증권사 연금저축에 투자할 수 있는 한도가 줄어들게 됩니다.

우리의 목표가 ETF와 같은 투자 상품을 통해 연금을 적립하는 것을 넘어 적극적으로 성장시키는 것이라면 선택은 명확해집니다. 투자 상품의 종류가 압도적으로 많고 자유롭게 운용할 수 있는 증권사의 연금저축펀드를 우리의 주력 계좌로 삼는 것이 가장 현명한 선택입니다.

따라서 증권사에서 연금저축펀드 계좌를 개설할 때 연간 납입한도를 설정하게 되는데 보통 최대 한도인 1,800만 원으로 설정하는 것이 일반적입니다. 만약 다른 금융기관의 개인연금이 투자한도를 잡고

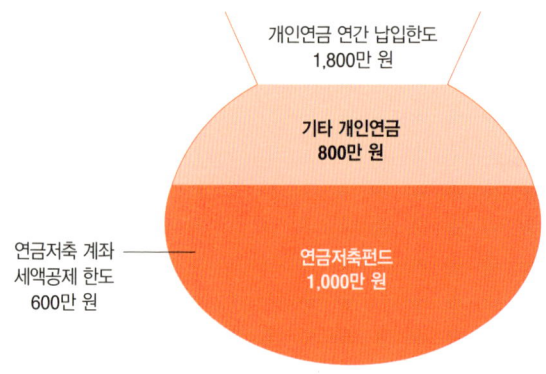

개인연금의 한도

개인연금 연간 납입한도
1,800만 원

기타 개인연금
800만 원

연금저축 계좌
세액공제 한도
600만 원

연금저축펀드
1,000만 원

있는 경우에는 이를 줄이고 연금저축의 투자한도를 확보하시는 것이 좋습니다. 이는 세액공제 한도(연 600만 원)를 넘어서도 자유롭게 추가 투자를 하기 위함입니다.

일반 주문창에서 거래

계좌에 투자할 현금을 입금한 뒤, 우리가 평소 사용하던 일반 주식 거래창에서 원하는 액티브 ETF를 검색하여 자유롭게 매매하면 됩니다. IRP처럼 별도의 전용 메뉴를 찾아 들어갈 필요가 없어 매우 편리합니다. 잔고 확인도 일반 주식 잔고 확인창을 이용하면 됩니다.

한 증권사 내 복수 계좌 개설도 가능

연금저축펀드는 한 금융기관에 하나의 계좌만 개설할 수 있는 IRP와는 다르게 한 증권사 내에서도 복수의 계좌를 개설할 수 있습니다. 이를 활용해 'A계좌는 장기 성장주 액티브 ETF', 'B계좌는 월 배당 커버드콜 ETF'처럼 계좌별로 투자 전략을 명확히 구분해 운용하면 포트폴리오 관리가 한결 수월해집니다.

● 연금저축 계좌의 핵심 운용 전략

첫째, 위험자산 100% 투자의 기회를 활용하세요. IRP와 달리 연금저축펀드는 위험자산에 투자한도 제한이 전혀 없습니다. 이는 투자 기간이 넉넉한 사회 초년생이나 높은 기대수익률을 위해 적극적인 위험을 감수할 수 있는 투자자에게 가장 큰 장점입니다. 계좌의 100%를 고성장 기술주나 AI 관련 액티브 ETF로 채워 수익률을 극대화하는 공격적인 전략을 구사할 수 있습니다. 혹은 포트폴리오의 70%는 안정적인 지수 ETF로 중심을 잡고 나머지 30%를 특정 테마의 액티브 ETF로 구성해 초과 수익을 노리는 '코어-위성(Core-Satellite)' 전략을 펼치기에도 최적의 환경입니다.

둘째, '세액공제분'과 '초과분'을 구분해서 생각하세요. 앞서 설명했듯 세액공제 혜택을 받은 원금(연 600만 원 한도)은 나중에 연금으로 수령할 때 연금소득세(3.3~5.5%)를 내야 하지만, 세액공제 혜택을 받지 않은 초과 납입 원금은 나중에 인출할 때 세금이 전혀 없습니다. 따라서 이 두 자금을 머릿속으로 구분해 운용하는 것이 좋습니다. 세액공제를 받은 자금은 노후 연금 수령을 목표로 장기 우상향하는 액티브 ETF에 묻어두고 세액공제 한도를 초과해 납입한 자금은 중도인출 가능성까지 고려해서 유연하게 중단기 트레이딩 전략을 구사할 수 있습니다.

셋째, '월간 적립식 투자'로 변동성을 이겨내세요. 매월 급여일처럼 정해진 날에, 정해진 금액만큼 꾸준히 액티브 ETF를 사 모으는 '적립식 투자'는 변동성이 큰 액티브 ETF 투자에 효과적인 전략입니다. 주가가 비쌀 때는 적은 수량을, 주가가 쌀 때는 더 많은 수량을 매수하게 되어 자연스럽게 평균 매수 단가가 낮아지는 효과를 누릴 수 있습니다. 이는 시장의 등락을 예측하려는 스트레스에서 벗어나 장기적으로 자산을 우상향시키는 가장 검증된 방법 중 하나입니다. 연금이라는 장기 레이스에서 꾸준한 월 적립식 투자는 흔들림 없이 투자자를 완주하도록 돕는 우수한 전략입니다.

● ISA에서 액티브 ETF 매수하는 법

ISA는 그 자체로 연금 상품은 아니지만 강력한 비과세 혜택과 만기 후 연금계좌와의 연계 기능 덕분에 현명한 투자자라면 반드시 활용해야 할 '만능 절세통장'입니다. 특히 배당이나 분배금이 꾸준히 나오는 액티브 ETF의 위력을 극대화할 수 있는 최적의 장소입니다. ISA 계좌에서 액티브 ETF 매수하는 법을 알아보겠습니다.

전 증권사에 하나만 개설

ISA 계좌는 주민등록번호 하나당 딱 한 계좌만 만들 수 있습니다.

은행, 증권사를 모두 합쳐 단 하나만 개설할 수 있으므로 어디서 만들지 신중하게 선택하시기 바랍니다. 단, ISA는 일종의 통장이기 때문에 증권사 간 차이가 크게 발생하지 않습니다. 관리의 수월성과 투자의 일관성을 고려해 선택하시는 것이 좋습니다.

바로 투자하는 중개형 ISA

ISA는 신탁형, 일임형, 그리고 중개형 세 가지 종류가 있습니다. 우리가 원하는 액티브 ETF를 포함한 다양한 상품을 주식처럼 자유롭게 직접 사고팔기 위해서는 반드시 증권사의 '중개형 ISA'를 선택해야 합니다. 은행에서 무심코 신탁형으로 만들 경우, 직접적인 ETF 투자가 불가능하니 꼭 기억하세요.

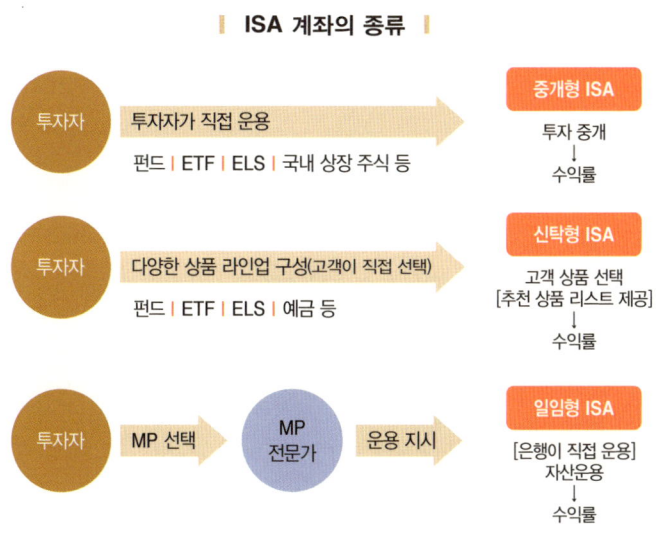

| ISA 계좌의 종류 |

ETF 거래 신청 없이 바로 투자 가능

중개형 ISA는 개설만 하면 별도의 ETF 거래 신청 절차 없이 마치 일반 주식 계좌처럼 즉시 원하는 액티브 ETF를 매매할 수 있습니다. 편의성 면에서는 단연 최고라고 할 수 있습니다.

● ISA 계좌의 핵심 운용 전략

첫째, 배당형 투자를 적극 활용해 '세금 방어막'을 치세요. ISA의 가장 큰 장점은 계좌 내에서 발생한 이익과 배당(분배금) 소득을 연 200만 원까지(서민형 400만 원) 완벽히 비과세해주고 초과분은 9.9%의 낮은 세율로 분리과세한다는 점입니다. 이는 배당주나 월배당 ETF에 투자할 때 엄청난 위력을 발휘합니다.

한 해 동안 월배당 커버드콜 ETF에서 250만 원의 분배금을 받았다고 가정해봅시다.

일반 계좌	• 250만 원 × 15.4% = 38만 5,000원의 세금 발생
ISA 계좌	• 200만 원은 완전 비과세 • 초과분 50만 원에 대해서만 9.9% 과세 → 50만 원 × 9.9% = 4만 9,500의 세금 발생

ISA 계좌를 활용했다는 이유만으로 33만 5,500원의 세금을 아끼는 것입니다. 따라서 배당성장 ETF, 월배당 커버드콜 ETF 등 꾸준한 현금흐름을 창출하는 상품은 ISA에 우선적으로 담는 것이 최고의

절세 전략입니다.

둘째, 자신만의 ETF 거래 비중을 정하세요. ISA는 연 2,000만 원 (총 1억 원)까지 납입할 수 있는 소중한 절세 공간입니다. 이 공간을 어떻게 채울지 명확한 계획이 필요합니다. 예를 들어 포트폴리오의 30%는 안정적인 배당주로 채우고 나머지 70%는 고성장이 기대되는 액티브 ETF에 투자해 비과세 혜택을 받으며 높은 자본차익을 노리는 식으로 자신만의 원칙을 세우는 것이 중요합니다.

셋째, 만기 자금은 '연금저축'으로 이전해 혜택을 극대화하세요. 이 방법은 일명 'ISA 풍차돌리기 전략'이라고 합니다. ISA는 해지 시 모은 투자금을 연금저축 계좌로 이전할 수 있는데, 이때 추가 세액공제까지 받을 수 있습니다. 예를 들어 최소 만기인 3년이 지난 시점에서 비과세 혜택 이상의 수익이 발생했을 시 만기 해지하고 그동안 쌓은 투자금에서 3,000만 원까지 연금저축 계좌를 이전할 수 있습니다. 이때 이전금액의 10%인 300만 원만큼 세액공제를 받게 됩니다.

현재 연간 연금저축 600만 원, 퇴직연금(IRP) 300만 원으로 총 900만 원의 소득공제가 가능하지만, ISA 만기가 도래하는 해에는 300만 원을 추가해 총 1,200만 원의 소득공제가 가능합니다. 연간 납입한도가 1,800만 원인 연금계좌에는 3,000만 원이란 목돈이 쌓이게 되죠.

따라서 ISA 가입 후 3년이 지나면 능동적으로 해지하고 연금저축으로 이전한 후, 다시 ISA에 재가입하여 3년 만기를 목표로 투자하는 ISA 풍차돌리기 전략은 '목돈 마련'과 '연금 노후자금 확보'라는 두 마리 토끼를 잡는 효율적인 방법이라고 할 수 있습니다.

Chapter 5

액티브 ETF
200% 활용 전략

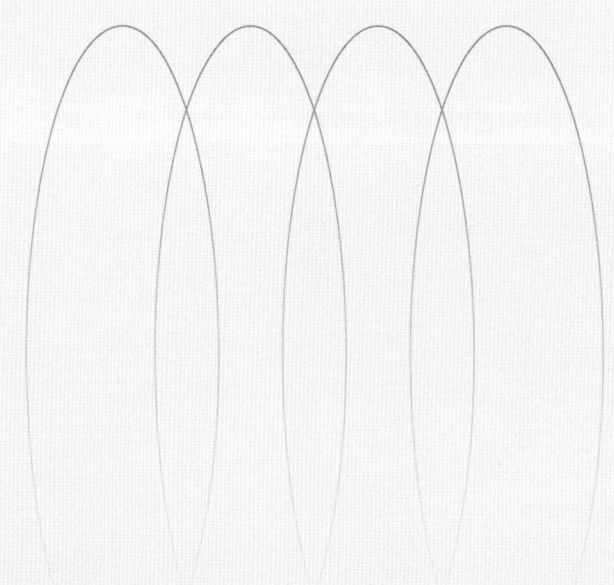

＊ 성장형 투자 vs 배당형 투자

연금계좌에서의 투자 방식은 크게 두 갈래로 나누어집니다. 바로 성장형 투자와 배당형 투자인데요. 성장형 투자는 자산의 크기를 극대화하는 데 목적을 두며 장기 복리의 힘으로 은퇴 후 더 큰 노후 재원을 확보하는 전략입니다. 반면 배당형 투자는 안정적이고 꾸준한 현금 흐름을 확보하는 전략으로 자산 증식보다는 생활비를 커버할 수 있는 월·분기 단위의 현금 유입을 우선시합니다.

이 둘은 투자자의 성향, 투자 시기, 인생 단계, 재무적 목표에 따라 조합할 수 있는 전략군입니다. 그렇다면 어떤 투자자에게 어떤 전략이 적합한지 알아보겠습니다.

● 성장 투자, 어떤 사람들이 해야 할까?

첫째, 길어진 노후 기간을 우려하는 투자자입니다. 은퇴까지 20년 이상 남은 30~40대 투자자에게 성장 투자는 선택이 아닌 필수입니다. 길어진 기대수명과 무섭게 오르는 물가 상승률을 고려하면 현재의 자산 가치는 시간이 지날수록 희석될 수밖에 없습니다. 은퇴자산 규모가 일정 수준 이상 커야 노후를 안전하게 보낼 수 있기 때문에 적극적인 성장형 투자를 지향하게 됩니다.

둘째, 장기 성장산업을 선호하는 투자자입니다. AI, 반도체, 클라우드, 친환경 에너지. 향후 10년 이상 글로벌 경제를 이끌 이 거대한 흐름에 동참하고 싶다면 성장 투자가 정답입니다. 이러한 혁신 산업은 대부분 미국 증시에 상장된 기술 기업들이 주도하고 있습니다. 따라서 미국 테크 TOP10, 글로벌 반도체, AI 관련 액티브 ETF 등에 장기적으로 투자함으로써 시대의 변화가 만들어내는 거대한 부의 과실을 함께 누릴 수 있습니다.

셋째, 생애주기 관점에서 투자 초기 시점의 투자자입니다. 투자자의 생애주기 관점에서 보았을 때 투자 초기가 성장 투자에 최적화된 시기입니다. 아직 은퇴까지 시간이 충분한 40대 직장인의 경우 물가상승률, 기대수명, 노후 의료비를 고려하면 지금 모은 자산만으로는 은퇴 후 버티기 어려울 것입니다. 따라서 은퇴자산의 규모를 크게 키우는 것이 최우선입니다.

성장 투자의 본질은 시간을 자산으로 바꾸는 '복리의 마법'을 극대화하는 것입니다. 지금 당장 손에 쥐는 현금 대신 10년, 20년 뒤 눈덩이처럼 불어날 미래의 부를 선택하는 전략입니다. 물론 모든 묘목이 거목이 된다는 보장은 없으며, 성장의 과정에는 변동성이라는 비바람도 견뎌내야 합니다.

● 배당 투자, 어떤 사람들이 해야 할까?

첫째, 은퇴 시기가 얼마 남지 않은 투자자입니다. 은퇴를 5~10년 앞둔 50대 중후반 투자자들은 이미 자산을 크게 불려야 하는 시기를 어느 정도 지나왔을 것입니다. 이제는 '얼마나 많이 벌까'보다 '얼마나 안정적으로 쓸 수 있을까'가 더 중요합니다. 이미 상당 부분 쌓아 올린 자산을 지키면서 이를 통해 꾸준한 현금흐름을 만들어내는 배당 투자로 포트폴리오의 무게중심을 옮겨야 할 시기입니다.

둘째, 시장 변동성을 회피하는 투자자입니다. 시장 변동성에 스트레스를 크게 느끼는 투자자 역시 배당 투자에 부합합니다. 주식 가격이 오르락내리락하는 것에 예민하다면 매달 들어오는 배당은 심리적 버팀목이 됩니다. 시장의 하락으로 계좌의 평가액이 일시적으로 줄어들어도 '매달 30만 원은 꼬박꼬박 들어오고 있어'라는 안도감은 투자 멘탈에 큰 도움이 됩니다.

셋째, 안정적인 현금흐름이 필요한 투자자입니다. 국민연금을 받기까지 소득 공백기를 메워야 하는 투자자에게 배당은 가장 현실적인 해결책입니다. 특히 연금저축이나 IRP 계좌에서 배당형 ETF를 운용하면 발생한 분배금에 대해 세금을 바로 떼지 않고 재투자하거나(과세이연) 인출 시 저율의 연금소득세만 적용받아 절세 효과를 극대화할 수 있습니다.

넷째, 복리 효과를 경험하길 원하는 투자자입니다. 당장의 배당금이 필요 없는 초기 투자자에게도 배당 투자는 복리 효과를 경험하는

데 매우 좋은 투자 수단입니다. 배당금을 전부 기존 투자 상품에 재투자를 실행하고 이를 반복하게 되면 워런 버핏이 그토록 강조하는 복리 효과를 폭발시킬 수 있습니다.

배당 투자의 가장 큰 매력은 예측 가능한 현금흐름입니다. 기업이 분기마다 또는 매달 지급하는 배당금(분배금)은 ETF의 가격 변동과 무관하게 투자자 계좌에 꽂히는 실질적인 현금입니다. 특히 은퇴 전후 직장인의 삶을 생각해보면 급여는 끊기지만 생활비는 꾸준히 나갈 수밖에 없습니다. 이때 계좌에 들어오는 배당은 일종의 제2의 월급이 되어 심리적 안정감을 줄 것입니다.

▌ 실제 사례로 보는 성장과 배당 포트폴리오 ▌

'미래의 나'에게 투자하는 40대 A차장(성장형 중심)	A차장은 연금저축과 퇴직연금에 S&P500, 나스닥100, AI 반도체 액티브 ETF를 주력으로 담았습니다. 15년간 연 8% 수익률을 기록하면서 1억 원은 약 3.17억 원으로 불어났습니다. 이 자산을 은퇴 후 배당형 ETF로 전환하면 월 100만 원 이상의 현금흐름을 만들 수 있습니다.
'현재의 안정감'을 선택한 50대 B부장(배당형 중심)	B부장은 은퇴가 5년 앞으로 다가왔습니다. 그의 최우선 순위는 '얼마나 더 커질까'가 아닌 '얼마나 안정적일까'입니다. 그의 연금 포트폴리오 70%는 커버드콜 ETF와 고배당 ETF로 구성돼 있습니다. 이 포트폴리오는 매달 50만~70만 원의 현금흐름을 꾸준히 만들어내며 곧 닥쳐올 월급 단절의 불안감을 줄여주는 역할을 합니다. 자산의 성장 속도는 A차장보다 느리지만 그가 얻는 심리적 안정감은 수익률 이상의 가치를 가집니다.

커버드콜 ETF로
'금융 건물주' 되기

은퇴 이후에도 마치 건물주처럼 월세가 나온다? 이러한 상상을 현실로 만들어주는 가장 뜨거운 투자 시장이 열리고 있습니다. 바로 월배당 ETF 시장입니다. ETF 시장은 150조 원의 국민 재테크 시장이 되었고 이 중 월배당 ETF 시장은 2022년 6월 이후 74개 종목이 상장되어 12조 원 규모로 성장하고 있는(2024년 8월 기준) 가장 뜨거운 자산운용 시장입니다. 그렇다면 월배당형 ETF 시장이 왜 이렇게 빠르게 성장하고 있는 것일까요?

이 폭발적인 성장의 중심에는 바로 '연금'이 있습니다. 안정적인 노후 현금흐름을 갈망하는 연금자산이 월배당 ETF로 쏟아져 들어오고 있는 것입니다. 이는 한국만의 현상이 아닙니다. 미국에서는 '부머 캔디(boomer candy)', 즉 은퇴하는 베이비부머 세대를 위한 달콤한 금융 상품이라는 신조어가 생겨날 정도로 월배당 상품은 글로벌 메가트렌드로 자리 잡았습니다. 그리고 그 트렌드의 핵심에 바로 '커버드콜'이라는 전략이 있습니다.

월배당형 ETF 시장 추이

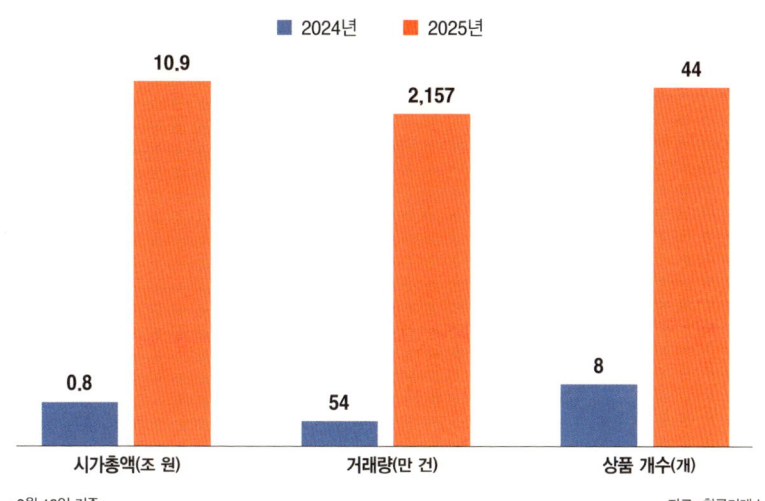

■ 2024년　■ 2025년

- 시가총액(조 원): 0.8 / 10.9
- 거래량(만 건): 54 / 2,157
- 상품 개수(개): 8 / 44

* 8월 12일 기준　　　　　　　　　　　　　　　　　　자료: 한국거래소

● **커버드콜, 두려워 말고 이해하자**

옵션, 파생상품 같은 단어 때문에 커버드콜을 막연히 어렵고 위험하게 느끼실 수 있습니다. 하지만 그 구조는 생각보다 간단합니다. 커버드콜 전략을 '프리미엄을 받고 집을 팔기로 약속하는 것'에 비유해보겠습니다.

① 주식을 산다 = 집을 소유한다

　먼저 S&P500과 같은 우량 주식 묶음을 매수합니다.

② 콜옵션을 판다 = 미래의 가격에 팔기로 약속한다

"한 달 뒤에 이 집(주식) 가격이 10% 올라도 나는 딱 10% 오른 가격에 당신에게 팔겠다"는 '권리(콜옵션)'를 다른 투자자에게 팝니다.

③ 옵션 프리미엄을 받는다 = 약속의 대가로 계약금을 받는다

이 약속의 대가로 나는 당장 현금(옵션 프리미엄)을 받습니다. 이 현금이 바로 월배당의 주된 재원이 됩니다.

이 전략의 결과 주가가 약속한 가격 이상으로 폭등할 경우 그 이상의 수익은 포기해야 합니다. 대신 주가가 횡보하거나 소폭 하락하더라도 나는 매달 '계약금'을 꼬박꼬박 챙길 수 있습니다. 즉, 주가 상승의 일부를 양보하는 대가로 매달 꾸준한 현금흐름을 확보하는 전략인 셈입니다.

최근 출시되는 커버드콜 ETF들은 여기서 한 단계 더 나아가 기초자산의 상승분도 최대한 따라가면서 추가적으로 옵션 프리미엄을 얻는 복합적인 구조를 취합니다. 따라서 커버드콜 ETF 투자를 판단하는 데 있어서는 '수익률이 얼마인가'라는 소모적인 경쟁에 집중하기보다 '나의 투자 성향에 맞는가'를 판단하는 것이 핵심입니다.

● '금융 건물주'가 되어 월세를 받아보자

내가 소유한 건물에서 매달 월세가 들어오는 상상만으로도 행복해집니다. 월배당 ETF는 우리를 '금융 건물주'로 만들어줍니다. 내가 가진 ETF 수량(건물의 지분)에 비례해 매달 어김없이 '월세(분배금)'가

들어옵니다. 공실 걱정도, 수리비 걱정도 없습니다. 단돈 1만 원으로도 시작할 수 있는 건물주가 되는 셈입니다.

진정한 건물주는 단기 시세차익에 연연하지 않습니다. 집값이 잠시 떨어졌다고 건물을 팔지 않죠. 오히려 들어온 월세에 돈을 더 보태 옆 건물을 사는 꿈을 꿉니다. 월배당 ETF 투자도 마찬가지입니다. 주가의 단기 등락에 흔들리기보다, 매달 받은 '월세(분배금)'를 즉시 재투자하여 '내 건물의 지분(ETF 수량)'을 늘려나가는 것. 이것이 바로 월배당 포트폴리오를 통해 복리의 마법을 일으키는 핵심 원리입니다.

● 5억 원짜리 '연금 빌딩' 건축 시뮬레이션

그렇다면 구체적으로 어떻게 5억 원짜리 '연금 빌딩'을 지을 수 있을까요? ISA, 연금저축, IRP라는 세 가지 도구를 활용한 10년 건축 프로젝트를 설계해보도록 하겠습니다.

1단계: 기초공사(ISA로 종잣돈 마련)

ISA 계좌에 연 2,000만 원씩 10년간 꾸준히 납입하면 원금만 2억 원입니다. 이 기간 동안 발생한 분배금의 재투자 복리 수익까지 더하면 여러분의 '연금 빌딩'을 위한 든든한 기초가 마련됩니다.

2단계: 골조공사(연금계좌로 층 올리기)

연금저축(600만 원)과 IRP(300만 원)에 연 900만 원씩 10년간 납입하면 원금 약 1억 원이 쌓입니다. 마찬가지로 재투자 복리 수익이 더해지며 빌딩은 꾸준히 높아집니다.

3단계: 증축공사(퇴직금으로 규모 키우기)

10년 이상 근속 후 이직이나 퇴직 시 발생하는 퇴직금(DC형 적립금 포함)이 IRP 계좌로 들어오면 1억~2억 원의 자금이 추가로 합쳐집니다. 이는 빌딩을 옆으로 넓히거나 위로 더 높이는 강력한 증축 효과를 가져옵니다.

이렇게 10~15년의 시간을 통해 당신의 총 연금자산은 현실적으로 5억 원에 도달하게 됩니다. 이제 수확의 시간입니다. 5억 원짜리 '연금 빌딩'이 연 10%의 임대수익률(연 분배율)을 낸다고 가정해봅시다. 당신의 통장에는 매달 약 416만 원의 월세가 꼬박꼬박 들어오게 됩니다.

이 전략의 진정한 가치는 단순히 은퇴 시점의 결과물이 아닙니다. 지난 10년간 매달 들어온 분배금을 내 손으로 직접 재투자하며 내 월세 통장 잔고가 스스로 불어나는 복리의 과정을 온몸으로 체험하는 데 있습니다. 이 경험은 그 어떤 이론보다 강력한 투자 동력이 될 것입니다.

미래에셋자산운용에 따르면 국내 월배당 ETF 투자자의 42%가 2030세대입니다. 이는 더 이상 월배당 투자가 은퇴자만의 전유물이 아니라 젊은 세대가 차곡차곡 '금융 건물'을 지어 올리는 현명한 재테크 전략으로 자리 잡았음을 보여주는 증거입니다.

*연금으로
글로벌 주식 투자하기

앞서 연금 투자 시 ETF를 활용해 적극적으로 노후자산을 관리할 수 있다고 설명했는데, 기본적으로 연금계좌에서 거래할 수 있는 ETF는 세제 혜택 차원에서 국내에 상장된 ETF에 한정됩니다. 국내 ETF는 대표적으로 코스피나 코스닥 혹은 국내 업종을 대표한 ETF들이 주로 떠오르겠지만, 국내 상장된 해외 ETF를 활용한다면 연금계좌에서도 미국 주식 투자를 직간접적으로 할 수 있게 됩니다.

따라서 국장보다 미장 투자를 선호하는 투자자들도 연금 투자에서 미국 주식 투자를 할 수 있습니다. 이 ETF들은 한국거래소에 상장되어 있지만 그 내용물은 S&P500, 나스닥100, 엔비디아, 애플과 같은 미국 대표 지수와 기업들로 채워져 있습니다. 즉, 우리는 연금계좌의 강력한 절세 혜택을 누리면서 동시에 세계 경제의 심장인 미국 시장에 투자하는 '최고의 조합'을 만들어낼 수 있습니다.

● 해외 ETF 선택할 때 기억해야 할 두 가지

그렇다면 연금 투자 시 국내 상장 해외 ETF는 어떠한 전략적 관점으로 선택하는 것이 좋을까요?

첫째, 미국 주식은 장기투자 시 성과가 가장 높은 상품이라는 점을 알아야 합니다. 연금 투자는 공격적 혹은 단기적 투자보다는 연금 자산의 특성상 장기적으로 모아갈 수 있는 자산이 적합합니다. 따라서 안정성과 장기 성장성이 뛰어나며 세제 혜택도 극대화할 수 있어야 합니다. 이 점은 ISA 계좌 투자 시에도 비슷하게 적용되지만, 만기가 3~5년인 ISA보다 55세 이후에 만기가 도래하는 연금계좌는 보다 장기적인 관점에서 접근해야 합니다.

둘째, 연금 ETF도 꾸준한 포트폴리오 관리가 핵심입니다. 처음 투자 종목을 선정할 때 최대한 신중히 고민하겠지만, 아무래도 개인적인 관심과 성향이 영향을 크게 미칠 것입니다. 당연히 이 책을 보시는 투자자분들이라면 투자 종목을 골라놓고 무관심으로 일관하지는 않으실 겁니다. 시장의 색깔이 항상 동일하지 않고 글로벌 증시 트렌드가 지속적으로 변하기 때문에 자신의 투자 포트폴리오에 대한 지속적인 관심이 필요합니다. 시대의 변화에 따라 적절하게 종목을 교체하는 게 중요하고 투자 실력은 이러한 과정 속에서 자연스럽게 성장할 것입니다.

참고로 국내 자산운용사들이 경쟁적으로 신규 ETF를 출시하고 있습니다. 최근 출시된 ETF 종목 수가 1,000개를 돌파하기도 했습니다. 매달, 매주 쏟아져 나오는 새로운 ETF를 분석하기가 어려울 정도인데요. 그만큼 ETF 시장의 관심과 수요가 높아졌기 때문에 자산운용사들도 경쟁적으로 자기 일을 열심히 하고 있는 것으로 보입니다. 경쟁이 심화된다는 것은 어떻게 보면 투자자에게는 좋은 일입니다. 경쟁 속에서 비용도 절감되고 투자자에게 다양한 선택지가 제공되니까요. 지속적으로 신규 ETF에 관심을 갖고 스스로 분석해보면서 종목 교체를 해보길 추천드립니다.

● 연금 포트폴리오의 심장이 '미국'이어야 하는 이유

수많은 국가 중에서도 당신의 소중한 노후자금이 장기적으로 머물러야 할 곳으로 미국을 추천하는 데에는 세 가지 명확한 이유가 있습니다.

첫째, 미국 주식은 역사적으로 장기 우상향하는 투자자산입니다. 미국 주식의 장기 우상향에는 여러 가지 요인이 있지만 크게 주주 친화적 정책과 어닝 효과 때문이라고 볼 수 있습니다. 미국 주식시장은 국내 주식시장보다 월등히 높은 주주 친화적 정책을 가지고 있습니다. 대표적으로 자사주 매입, 소각과 친배당정책입니다.

여기서 말하는 미국 주식은 글로벌을 대표하는 1등주들을 얘기하는 것이지, 미국 증시에 상장된 모든 기업이 아닙니다. 엔비디아, 애플, 마이크로소프트와 같이 글로벌을 대표하는 미국 주식들은 대부분 독과점 구도 속에서 막대한 매출을 올리고 높은 마진율을 가지고 있습니다. 즉, 많이 벌고 많이 남기는 투자자 입장에서 매우 좋은 회사인 것이죠.

이러한 기업들은 매 분기마다 큰 영업이익을 남기는데 영업이익을 재투자하기도 하지만 상당 부분 자사주 매입에 큰돈을 사용합니다. 미국 주식이 우상향하는 데 이러한 자사주 매입이 큰 역할을 하고 있는데요. 일단 주가가 하락할 때 자사주 매입을 적극적으로 활용합니다. 지난 2024년 8월 5일 엔캐리 트레이딩 청산으로 인해 블랙먼데이성 시장 급락이 발생했을 때, 국내 증시는 반등하는 데 상당한 시간이 걸린 반면 미국 증시는 바로 V자 반등을 했습니다. 이때 빅테크들의 자사주 매입 수급이 강하게 들어온 것을 확인할 수 있습니다.

미국 빅테크 기업들은 이렇게 사들인 자사주를 태워버립니다. 이를 자사주 소각이라고 하는데 기업이 자신이 영업이익을 통해 시장에서 사들인 막대한 자사주를 가차 없이 없애버리는 것입니다. 그렇게 되면 해당 주식을 가지고 있던 주주 입장에서는 유통 주식 수가 줄어들면서 자신의 주식 가치가 자연스럽게 상승하고 주가도 올라가게 됩니다.

다음으로 '배당 효과'입니다. 미국의 모든 기업이 성장산업에 있는 것은 아니며, 이미 성장을 완성한 완숙 기업들도 상당히 많이 존재합니다. 하지만 완숙 기업들의 주가 역시 장기 우상향하는 모습을 볼 수 있습니다. 어떻게 가능할까요? 핵심은 미국 기업의 높은 배당성향에 있습니다. 미국 기업은 단순히 높은 배당을 주는 것(배당수익률)이 아니라, 주식을 가지고 있으면 매번 지급하는 배당을 올려주고 있습

브로드컴 배당성장률 차트와 주가 차트

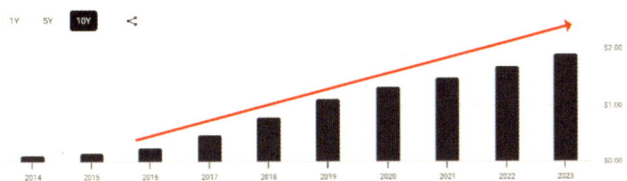

AVGO Dividend Growth

1Y 5Y **10Y** <

AVGO Dividend Growth History

Download to Spreadsheet ⬇

Year	Payout Amount	Year End Yield	Annual Payout Growth (YoY)	CAGR to 2023
2023	$1.9050	1.72%	12.72%	-
2022	$1.6900	3.12%	13.42%	12.72%
2021	$1.4900	2.39%	11.61%	13.07%
2020	$1.3350	3.35%	19.20%	12.58%
2019	$1.1200	4.07%	41.77%	14.20%
2018	$0.7900	3.71%	64.24%	19.25%
2017	$0.4810	2.31%	90.87%	25.78%
2016	$0.2520	1.79%	53.66%	33.51%
2015	$0.1640	1.44%	33.33%	35.87%
2014	$0.1230	1.56%	39.77%	35.59%
2013	$0.0880	2.18%	44.26%	36.00%
2012	$0.0610	2.58%	52.50%	36.73%
2011	$0.0400	-	471.43%	37.98%
2010	$0.0070	-	-	53.92%

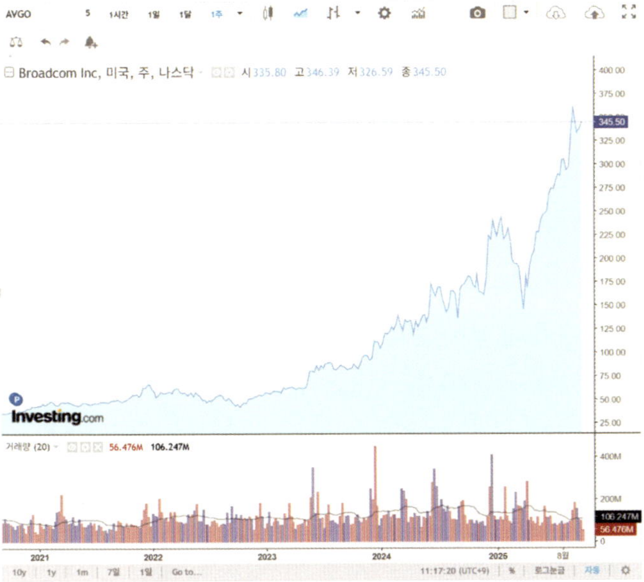

AVGO 5 1시간 1월 1일 ⊞ ▾ ⊙ ∿ ⤒ ▾ ⚙ ⬚ ◎ ☐ ▾ ☁ ☁ ⤢

◌ ← → ⟰

☐ Broadcom Inc, 미국, 주, 나스닥 · ☐☐ 시 335.80 고 346.39 저 326.59 종 345.50

거래량 (20) ▾ ☐☐☐ 56.476M 106.247M

Investing.com

니다(배당성장률).

배당수익률과 배당성장률이 높은 미국 주식을 가지고 있으면 많은 배당과 함께 그 배당금이 계속 올라가기 때문에 투자자들은 해당 주식을 팔 이유가 없는 것이고, 주식을 팔고 싶은 사람보다 사고 싶은 사람이 많다면 주가는 자연스럽게 장기 우상향할 것입니다. 대표적으로 높은 배당성장률로 유명한 기업인 브로드컴을 보면 해당 기업의 높은 실적뿐만 아니라 배당에 있어 진심이기 때문에 투자자들의 큰 신뢰를 얻고 주가 상승도 이어지고 있습니다.

미국 주식이 장기적으로 우상향하는 두 번째 이유는 '어닝 효과' 때문입니다. 사실 현장에서 미국 주식 투자에 대해 가장 많이 받는 질문 중 하나는 "미국 주식 좋은 거는 알겠는데 엔비디아, 팔란티어 같은 회사를 지금 사기에 너무 비싼게 아니냐"는 것입니다. 그때마다 말씀드리는 것이 바로 어닝 효과입니다. 미국 기업은 1년에 4번 분기 실적을 발표하는데요. 내부자 정보 통제가 확실한 미국 기업은 양호한 실적을 발표하면 주가가 한 단계 레벨업하게 됩니다. 기대감에 급등하고 정작 좋은 실적이 발표되면 매도가 나오는 국내 기업과 달리 투자자가 실적이 꾸준히 상승하는 기업을 잘 선택한다면 평소에는 주가 등락이 있다가도 실적 발표 때 한 단계씩 주가가 올라가게 됩니다. 이러한 이유로 미국 주식은 장기 우상향하는 자산이고 장기투자 시 큰 효과가 있기 때문에 마찬가지로 연금 투자에 매우 적합한 투자자산입니다.

둘째, AI라는 시대의 메가트렌드가 미국에 집중되어 있다는 점입니다. 과거 인터넷 혁명, 스마트폰 혁명 당시 시장 주인공의 상승세를 기억하실 겁니다. 인터넷 혁명 당시에는 닷컴 버블이 있었고, 스마트폰 혁명에는 애플과 구글이 큰 성장을 했습니다. 지금 진행 중인 AI 혁명도 마찬가지입니다. 챗GPT 등장 이후 엔비디아를 중심으로 AI 수혜주가 형성되었고 폭발적인 주가 상승이 이어지고 있습니다.

문제는 AI 혁명의 영향과 파급력이 이제 시작이라는 점입니다. 우리의 성과는 AI의 과실을 취하느냐 못 하느냐에 달려 있다고 해도 과언이 아닙니다. 그런데 이러한 AI의 성과는 대부분 미국 증시에 집중되어 있습니다. 여러분의 연금자산 투자 대상을 AI 관련 미국 주식에 눈을 돌려야 하는 가장 큰 이유입니다.

셋째, 절세 효과 차원에서도 연금계좌에서 해외 주식 투자는 필요합니다. 많은 사람이 해외 주식에 관심을 갖지만 이때 걸림돌이 되는 것이 바로 세금입니다. 해외 주식은 양도소득세를 22%나 내야 하기 때문에 매우 큰 부담으로 다가옵니다. 하지만 해외 주식을 연금계좌에서 투자하게 되면, 좀 더 정확히 말해 국내 상장 글로벌 ETF로 투자하게 되면 연금계좌의 절세 혜택을 누리면서 해외 주식 양도세 부담을 크게 덜 수 있습니다.

물론 미국 개별 주식이나 미국 상장 ETF를 연금계좌에 담을 수는 없지만, 해당 개별 주식을 보유한 ETF와 미국 ETF를 벤치마크한 국내 상장 글로벌 ETF를 통해 투자 효과는 충분히 누릴 수 있습니다.

● 글로벌 연금 투자 전략의 두 번째 심장, 중국

미국 시장뿐만이 아닙니다. 시대의 메가트렌드인 AI 분야에서, 2025년 초 딥시크의 등장으로 '미국만 하는 AI'에서 '중국도 하는 AI'로 변화되었습니다. 기존의 중국 ETF 투자는 대부분 CSI300, 항셍지수, 항셍테크 등 시장지수를 맹목적으로 추종하는 데 그쳤지만 최근에는 다양한 중국 섹터, 테마 ETF들이 국내에 상장되어 뛰어난 성과를 보이고 있습니다.

✳ ETF 포트폴리오의 코어-위성 전략

최근 ETF 운용사들의 상품 경쟁이 치열해지면서 그동안 잘 보이지 않던 운용사의 운용본부장 혹은 대표들이 직접 나와 ETF에 대해 설명하는 유튜브 영상을 접할 수 있게 되었습니다. 이러한 영상을 꼼꼼히 살펴보다 보면 ETF 운용사 본부장들이 일관되게 말하는 ETF 투자 원칙이 있습니다. 바로 장기 우상향하는 지수 ETF를 꾸준히 매수함으로써 ETF의 코어를 단단히 하라는 것인데요. 액티브 ETF의 장점이 많음에도 해당 상품을 만들고 있는 진짜 전문가인 운용사 본부장들이 한결같이 인덱스 ETF로 포트폴리오의 코어를 만들라고 하는 것일까요?

● 포트폴리오의 코어가 인덱스 ETF여야 하는 이유

첫째, '시장의 위대함'을 존중하기 때문입니다. ETF 운용사 본부장들은 매일같이 시장과 싸우는 최전선의 야전사령관들입니다. 그들은 누구보다 잘 알고 있습니다. 단기적으로는 시장을 이길 수 있는 전략이 존재할지 몰라도 10년, 20년이라는 긴 세월 동안 꾸준히 시장을 이기는 것은 '천재들의 무덤'이라 불릴 만큼 어렵다는 사실을 말입니다.

이는 특정 펀드매니저의 역량이 부족해서가 아니라, 전 세계 최고 인재들의 모든 정보와 분석이 실시간으로 반영되는 '시장' 그 자체가 너무나 효율적이고 위대하기 때문입니다. 따라서 그들은 개인투자자가 장기 레이스에서 승리할 가장 확실한 방법은 시장과 싸우려 하기보다 시장의 편에 올라타는 것임을 인정하는 것입니다. S&P500, 나스닥100과 같은 지수 ETF를 코어로 삼으라는 조언은 바로 이 위대한 시장의 성장을 온전히 내 것으로 만들라는 전문가들의 겸손하고 현실적인 지혜입니다.

둘째, '투자자의 마음'을 이해하기 때문입니다. 투자의 가장 큰 적은 시장의 변동성이 아니라 그 변동성 앞에서 흔들리는 나 자신의 마음이라는 말이 있습니다. 시장이 폭락하는 공포의 순간을 상상해보십시오. 'AI 혁신 기술 액티브 ETF'에 집중 투자한 투자자는 'AI 버블이 끝난 건가? 이 기술은 실패한 건가?'라는 극심한 의심과 고통 속에서 투매의 유혹에 시달릴 가능성이 높습니다. 반면 S&P500 ETF를 코어로 가진 투자자는 '미국이라는 나라, 그리고 500개의 최고 기업이 망하지 않는 한 괜찮아'라는 훨씬 더 단단한 심리적 방어선을 구축할 수 있습니다.

전문가들은 이 심리적 안정감이 장기투자의 성패를 가르는 결정적 요인임을 알고 있습니다. 가장 단순하고 가장 명확하며 가장 믿을 수 있는 인덱스 ETF로 포트폴리오의 심장을 만들어두어야만 투자자는 시장의 어떤 폭풍우 속에서도 배를 버리지 않고 항해를 계속할 수 있습니다.

셋째, '복리의 누수'를 막기 위함입니다. 연금 투자는 수십 년에 걸쳐 눈덩이를 굴리는 과정입니다. 이때 가장 경계해야 할 것이 바로 눈덩이가 녹아내리게 만드는 '비용'이라는 마찰열입니다. 액티브 ETF는 펀드매니저의 적극적인 운용과 리서치에 대한 대가로 인덱스 ETF보다 높은 운용보수를 받습니다.

연 0.5%의 보수 차이는 1년만 보면 미미해 보이지만 이 차이가 20년, 30년 복리의 마법과 만나면 최종 연금 수령액에서 수천만 원의 차이를 만들어낼 수 있습니다. ETF 전문가들은 이 비용의 무서움을 누구보다 정확히 계산할 수 있습니다. 따라서 포트폴리오의 가장 큰 비중을 차지하는 코어는 단 0.01%의 비용이라도 아낄 수 있는 초저비용 인덱스 ETF로 구성하여 복리의 누수를 원천 차단하라고 조언하는 것입니다.

● 인덱스와 액티브의 최적의 조합: '코어-위성' 전략

코어(Core)는 70~80% 비율로 포트폴리오의 중심을 잡아주는 '핵심'입니다. S&P500, 나스닥100과 같은 '인덱스 ETF'들로 구성합니다. 이들은 저렴한 비용으로 시장 전체의 성과를 안정적으로 따라가며 여러분의 자산이 인플레이션을 이기고 꾸준히 성장하는 '자동 항

법 장치' 역할을 합니다.

위성(Satellite)은 20~30% 비율로 코어 주변을 돌며 추가 수익을 사냥하는 '위성'입니다. 바로 '액티브 ETF'가 이 역할을 맡습니다. AI, 헬스케어, 배당성장 등 특정 테마에 집중하거나 운용사의 특별한 전략을 통해 시장을 뛰어넘는 성과를 목표로 합니다.

이 조합은 마치 자동차 운전과 같습니다. 70%의 구간은 인덱스 ETF라는 잘 닦인 고속도로를 자율주행 모드로 편안하게 달리고, 나머지 30%의 특별한 구간에서 액티브 ETF라는 '수동운전'을 통해 더 빠른 길을 찾아 나서는 것이죠. 대부분의 장기 연금 투자자에게 코어-위성 전략 조합은 안정성과 성장성을 모두 잡는 가장 강력하고 균형 잡힌 선택지입니다.

● 그럼에도 액티브 ETF에 집중해야 하는 이유

포트폴리오의 70~80%가 인덱스 ETF라면, 인덱스에 더 집중해야 하는 것 아닌가요? 매우 합리적인 질문입니다. 하지만 여기서 '집중'의 의미는 '투자 비중'이 아닌 '여러분의 관심과 분석 에너지'를 의미합니다. 우리가 액티브 ETF에 더 많은 관심을 기울여야 하는 이유는 명확합니다.

첫째, 코어는 '정답', 위성은 '질문'이기 때문입니다. S&P500과 나스닥100은 지난 수십 년간 장기투자의 '정답'임을 증명해왔습니다. 이들에 대해서는 '언제 팔까'를 고민할 필요 없이, 그저 '언제 더 살까'만 고민하면 됩니다. 하지만 액티브 ETF는 우리에게 끊임없이 '질문'을 던집니다. "이 AI 트렌드는 계속 유효한가?" "이 커버드콜 전략은 지금 시장에 적합한가?" 이 질문에 답을 찾아가는 과정이야말로 당신을 단순한 적립식 투자자에서 시장을 읽는 '현명한 투자자'로 성장시키는 원동력입니다.

둘째, 포트폴리오의 결정적 차이는 액티브에서 만들어지기 때문입니다. 여러분의 코어 포트폴리오는 시장 평균만큼의 성과를 안겨줄 것입니다. 하지만 최종 수익률이 시장을 이기고 친구의 수익률을 앞서게 만드는 '결정적 한 방'은 바로 여러분이 고심해서 선택한 20~30%의 액티브 ETF에서 나올 가능성이 큽니다. 잘 고른 액티브 ETF 하나가 전체 포트폴리오의 수익률을 1~2%p 더 끌어올릴 수 있으며, 이 작은 차이가 복리를 만나면 20년 뒤 엄청난 격차로 나타납니다.

셋째, 세상이 더 이상 단순하지 않기 때문입니다. 과거처럼 모든 산업이 함께 성장하는 시대는 지났습니다. 이제는 기술혁신, 지정학적 변화, 인구구조의 변화 속에서 특정 분야만이 폭발적으로 성장하는 'K자형 성장'이 일반화되었습니다. 시장 전체를 사는 인덱스 투자만으로는 이러한 시대의 변화를 온전히 따라잡기 어렵습니다. 액티브 ETF는 바로 이러한 특정 성장 동력을 정밀하게 타격하기 위해 만들어진 '스마트 폭탄'과 같습니다. 변화하는 세상에 당신의 포트폴리오를 적응시키는 가장 강력한 도구가 되었습니다.

✳ 변동성 장세에서
계좌를 지키는 방어 전략

시장이 빠질 때도 내 연금자산을 지킬 수 있을까요? 주식시장에 영원한 상승은 없습니다. 우리는 투자를 하는 동안 반드시 크고 작은 하락장을 여러 번 마주하게 될 것입니다. 시장이 급락하는 공포의 순간, 여러분의 소중한 연금자산을 어떻게 지켜낼 수 있을까요?

'존버(존중하며 버티기)'는 시장 전체를 추종하는 인덱스 투자자에게는 훌륭한 전략일 수 있습니다. 하지만 우리가 선택한 액티브 투자자의 길은 다가오는 위기를 그저 수동적으로 견뎌내는 것이 아니라, 시장의 변화를 읽고 적극적으로 포트폴리오를 조정해 손실을 최소화하고 다음 기회를 준비하는 능동적인 대응의 길입니다.

예를 들어 2022년과 같이 금리 인상이 예고되며 기술주 중심의 하락이 예상된다고 가정해봅시다. 여기서 '존버'는 나스닥100 ETF를 그대로 들고 −20% 이상의 하락을 모두 견뎌내는 것입니다. 반면 '대응'은 포트폴리오의 일부를 잠시 안전한 곳으로 옮기거나 하락의 충격을 흡수할 수 있는 상품으로 교체해 손실률을 −5%나 −10% 수준으로 방어해내는 것을 의미합니다.

이러한 '대응'을 가능하게 해주는 무기가 바로 '방어형 액티브 ETF'입니다. 방어 전략에 적합한 액티브 ETF에는 무엇이 있을까요?

● 안전형 ETF

'일단 현금으로 갖고 있자.' 안정형 ETF는 이 생각에 가장 가까운 상품입니다. 예를 들어 코로나19 사태처럼 시장의 불확실성이 극에 달했을 때 투자자는 보유 주식의 일부를 매도하고 KODEX 단기채권과 같은 파킹 ETF(초단기 채권·MMF ETF)로 옮겨둘 수 있습니다. 이는 사실상 현금을 보유하는 것과 같아 시장이 얼마나 더 폭락하든 내 자산을 안전하게 지켜주며 다음 투자 기회를 기다릴 수 있게 합니다.

● 배당형 ETF

배당형 ETF는 변동성은 줄이면서도 시장에 계속 참여하고 싶을 때 적합합니다. 은퇴를 앞둔 50대 투자자가 시장 하락기에 성장주 비중을 줄이고 SOL 미국배당다우존스와 같은 고배당 ETF로 교체하는 사례를 들 수 있습니다. 주가가 하락하더라도 매달 들어오는 배당금은 심리적 안정감을 줍니다. 더 나아가 이 배당금으로 주가가 싸진 ETF를 추가 매수하며 '위기를 기회로' 바꾸는 현명한 투자를 이어갈 수 있습니다.

● 채권형 ETF

포트폴리오의 균형을 맞추는 가장 고전적인 방법입니다. 일반적으로 주식과 채권은 반대로 움직이는 경향이 있습니다. 지정학적 리스크나 경기 침체 우려로 주식시장이 공포에 휩싸일 때 안전자산인 미국 국채에 대한 수요가 몰리며 ACE 미국30년국채액티브(H)와 같은 ETF의 가격은 오히려 상승할 수 있습니다. 이는 주식 하락으로 인한 계좌 손실을 상당 부분 만회해주는 '포트폴리오의 보험' 역할을 합니다.

● 첨단 전략으로 하락에 대응하는 파생형 ETF

커버드콜 ETF

횡보장이나 완만한 하락장에서 강점을 보입니다. 향후 1년간 시장이 크게 오르기 어렵다고 판단한 투자자가 TIGER 미국테크TOP10 ETF 대신 TIGER 미국테크TOP10+10%프리미엄 ETF로 교체하는 경우를 생각해볼 수 있습니다. 시장이 20% 폭등하는 기회는 놓칠 수 있지만, 시장이 지지부진하거나 소폭 하락하더라도 연 10% 수준의 꾸준한 프리미엄 수익을 얻을 수 있습니다. 즉, '시간을 돈으로 바꾸는' 전략입니다.

버퍼형 ETF

손실의 '마지노선'을 설정하고 싶을 때 유용합니다. 큰 수익을 낸 후 시장 조정이 두려운 투자자가 '최대 손실은 −15%로 제한하고 싶다'고 생각할 때 '15% 버퍼형 ETF'를 활용할 수 있습니다. 이 ETF는 주가 상승 시 수익률이 일정 수준(예: 12%)으로 제한되는 대신, 시장이 −15%까지 하락하는 것은 ETF가 모두 흡수해 투자자의 원금을 보존해줍니다. 예측 가능한 위험관리를 원하는 투자자에게 적합합니다.

헤지형 ETF

하락의 충격을 일부 상쇄시키는 전략입니다. 주식을 보유하면서 동시에 하락에 베팅하는 숏(매도) 포지션을 섞는 방식입니다. 예를 들어 '50% 헤지형 ETF'는 시장이 10% 하락할 때, 주식에서 10% 손실이 나지만 숏 포지션에서 5%의 이익이 발생해 최종 손실을 −5%로 줄여줍니다. 시장에 대한 참여를 유지하면서 변동성을 절반 수준으로 낮추고 싶을 때 효과적입니다.

● 인버스 ETF, 연금계좌에서 불가능한 전략

시장이 하락할 때 수익을 내는 인버스 ETF는 매우 유혹적으로 보일 수 있습니다. 하지만 이는 단기적인 방향성을 예측하는 '투기'의 영역에 가깝습니다. 특히 시간이 지날수록 가치가 하락하는 구조적 문제(괴리율) 때문에 장기투자에는 치명적이며, 이러한 이유로 연금계좌에서는 인버스 ETF 투자가 제도적으로 금지되어 있습니다. 적어도 연금계좌 한에서는 인버스가 당신의 노후자산을 지키는 방어 도구가 될 수 없다는 점을 반드시 명심해야 합니다.

● <u>시장이 하락이 예상될 때 필요한 안전자산 투자 전략</u>

연금을 안전자산에만 투자해서는 길어진 노후를 고려할 때 은퇴 이전의 삶의 질을 유지하기는 매우 어렵다고 말씀드렸습니다만 이것도 균형이 필요합니다. 액티브 ETF 투자가 위험 감수를 하고 투자에 더 노력을 기울이면서 기대수익을 높이는 효과가 분명히 있지만, 금융위기나 코로나 위기 혹은 스태그플레이션처럼 예상치 못한 시장 전체의 위기로 대세 하락장이 되면 액티브 투자는 어려움을 겪을 수밖에 없습니다.

통계적으로 보면 시장의 상승 기간은 길고 하락 기간은 상대적으로 짧습니다. 대부분의 상승 기간에는 액티브 ETF 투자가 적합하겠지만, 하락 기간에는 주식시장에 노출되는 것보다 채권이나 안전자산 쪽에 비중을 높이면서 대응해야 합니다. 이번에는 안전자산에 비중을 높여야 할 시장의 변화를 포착하는 요령과 대표적인 안전자산 투자 전략을 정리해보도록 하겠습니다.

첫째, 시장의 경고 신호를 포착하세요. 시장의 꼭지와 바닥을 완벽하게 예측하는 것은 신의 영역, 즉 불가능합니다. 오히려 섣부른 예측은 상승장의 기회를 놓치게 만드는 주요 원인이 될 수 있습니다.

	역할	활용법
최후의 보루: **현금성 자산(파킹 ETF)**	가치 보존	금융위기나 팬데믹 초기처럼 시장의 모든 자산이 무너지는 극심한 공황 상태에서 내 자산을 완벽하게 지켜주는 최후의 보루이다. 하락장에서 확보한 현금은 시장이 반등할 때 우량자산을 헐값에 살 수 있는 가장 강력한 무기가 된다.
전통의 방어막: **미국 국채(채권형 ETF)**	주식과의 음(-)의 상관관계	경기 침체가 동반되는 전형적인 약세장에서 주식 자산의 손실을 효과적으로 상쇄해주는 포트폴리오의 보험 역할을 한다.
인플레이션의 천적: **금(골드 ETF)**	가치 저장 수단	성장은 멈추고 물가만 오르는 스태그플레이션 국면에서 최고의 방어 자산이다. 스태그플레이션 시기에는 주식과 채권이 동반 하락하는 최악의 상황이 발생할 수 있는데, 이때 금은 유일한 피난처가 될 수 있다.

하지만 우리는 시장이 보내는 명백한 경고 신호들을 무시해서는 안 됩니다. 하나의 경고등이 떴다고 해서 바로 모든 주식을 팔고 시장을 떠나라는 것이 아니라, 확률적 관점에서 경고등이 늘어날수록 시장의 변화에 미리 대비해야 하는 것이 올바른 투자 판단일 것입니다. 자동차 계기판에 여러 경고등이 동시에 커졌을 때 운전자가 속도를 줄이고 차를 점검하는 것과 같은 이치입니다.

둘째, 시장의 경고등을 확인했다면 이제 어떤 방어 수단을 꺼내 들지 선택해야 합니다. 안전자산에도 각각의 역할과 특성이 있습니다.

● 실전 포트폴리오 적용 전략: 리스크 다이얼 조절하기

안전자산으로 전환할 때 '주식 100% → 안전자산 100%'와 같이 극단적으로 움직일 필요는 없습니다. 당신의 포트폴리오에 '리스크 다이얼(Risk Dial)'이 있다고 상상해봅시다.

- 평상시(Risk Dial 8~9): 주식형 ETF 90%, 파킹 ETF(현금) 10%
- 경고등 1개 점등(Risk Dial 6~7): 주식형 ETF 70%, 채권형 ETF 20%, 현금 10%
- 경고등 2개 이상 점등(Risk Dial 3~4): 주식형 ETF 40%, 채권형 ETF 40%, 금 ETF 10%, 현금 10%

이처럼 시장의 신호에 따라 다이얼을 조절하듯 자산 비중을 점진적으로 변화시키는 것이 현명합니다. 하락에 대한 방어뿐만 아니라 시장이 다시 회복세로 돌아설 때를 대비해 공격 자산의 비중을 완전히 없애지 않는 것이 중요합니다. 시장의 하락은 위기이지만, 준비된 투자자에게는 오히려 포트폴리오를 더 단단하게 만들고 다음 상승을 준비할 최고의 기회가 될 수 있습니다.

✳ 연금 ETF 계좌의 운용 루틴: 주별, 월별, 분기별

지금까지 우리는 액티브 ETF를 활용한 다양한 연금 운용 전략을 살펴보았습니다. 아무리 좋은 운용 전략이라고 하더라도 정기적인 점검과 정비 없이는 예측 불가의 금융 환경에서 생존력을 높이기 어렵습니다. 즉, 연금 운용의 핵심은 한 번 사두고 잊어버리는 방치가 아니라, 꾸준히 가꾸고 돌보는 관리의 영역입니다.

그렇다고 매일 주가 창을 들여다보며 전전긍긍하라는 의미는 결코 아닙니다. 현명한 함장은 매일 파도의 작은 출렁임에 일희일비하지 않습니다. 대신 정해진 주기에 따라 항해일지를 쓰고 레이더를 점검하며 함대의 상태를 체계적으로 관리합니다. 마찬가지로 연금 운용에도 이러한 루틴이 필요합니다.

● 나의 연금을 위한 3단계 정기검진 루틴

1단계: 주별 – 가벼운 맥박 체크 (5분)

한 주간 내 연금계좌의 전체 수익률을 한번 쓱 훑어봅니다. 개별 종목의 등락이 아닌 내 포트폴리오 전체가 순항하고 있는지 큰 그림만 확인합니다. 이번 주 글로벌 증시에 어떤 핵심 뉴스가 있었는지 헤드라인만 가볍게 확인합니다(예: 미국 금리 발표, 주요 기술주 실적 발표 등).

투자의 감을 잃지 않기 위함입니다. 매일의 작은 파도에 반응하기 위해서가 아니라, 시장이라는 바다의 전반적인 조류와 분위기를 느끼는 것만으로 충분합니다.

2단계: 월별 – 정기 건강검진 (30분)

개별 ETF의 성과를 점검합니다. 내가 보유한 액티브 ETF가 벤치마크(비교지수) 대비 잘하고 있는지 확인합니다(예: 'TIGER 미국테크 TOP10'이 나스닥100 지수보다 더 올랐는가?).

분배금(배당) 입금 내역을 확인하고 이 분배금이 계획대로 재투자되고 있는지 체크합니다. 월급날 등 추가 납입금이 들어오면 계획했던 ETF를 매수합니다. 이것이 바로 적립식 투자의 실천입니다.

내 포트폴리오를 구성하는 개별 ETF들의 상태를 점검하는 단계입니다. 문제가 생긴 ETF는 없는지, 분배금은 잘 들어오고 있는지 확인하여 포트폴리오의 퀄리티를 최상으로 유지하기 위함입니다.

3단계: 분기별·반기별 – 종합 정밀 진단 (1~2시간)

포트폴리오 리밸런싱을 진지하게 검토합니다. 예를 들어 위성 전략으로 20% 비중을 둔 액티브 ETF가 너무 크게 성장해 전체의 40%를 차지하게 되었다면 일부 수익을 실현하여 다시 20%로 비중을 조절합니다. 이는 위험을 관리하고 수익을 확정하는 매우 중요한 과정입니다. 또한 보유 중인 액티브 ETF의 투자 아이디어를 재평가합니다. 내가 "6개월 전 이 ETF를 샀던 이유가 지금도 유효한가?"라는 질문에 답하는 시간입니다. 만약 그 이유가 훼손되었다면 다음에서 설명할 종목 교체를 고려해야 합니다.

시장에 새롭게 출시된 매력적인 ETF는 없는지 리서치합니다. 내가 보유한 ETF보다 내 투자 아이디어에 더욱 부합하는 ETF가 등장하면 면밀히 분석한 뒤 교체할 수도 있습니다. 그만큼 운용사에서 야심 차게 준비한 신규 ETF가 매주 등장하고 있습니다.

변화한 시장 상황에 맞춰 포트폴리오 전체의 진형을 재정비하고 트렌드가 지나간 종목을 최신 트렌드에 맞는 종목으로 교체하는 투자자의 의사결정 단계입니다. 이 과정을 통해 당신의 포트폴리오는 시장 변화에 뒤처지지 않는 살아 있는 유기체가 됩니다.

● 액티브 ETF, 언제 교체해야 할까? '매도의 기술'

액티브 ETF 투자의 핵심은 '사는 것'만큼이나 '파는 것'도 중요하다는 것입니다. 하지만 여기서 '판다'는 것은 단기 시세차익을 노리는 트레이딩이 아니라 명확한 원칙에 따른 '전략적 교체'를 의미합니다. 감정에 휘둘리지 않고 다음과 같은 명확한 신호가 나타났을 때만 과감히 교체를 실행해야 합니다.

신호 1: 투자 아이디어가 훼손되었을 때

내가 그 ETF를 샀던 근본적인 이유가 사라졌을 때입니다. 예를 들어 '글로벌 클린에너지 ETF'에 투자한 이유가 각국 정부의 강력한 보조금 정책 때문이었습니다. 그런데 정권이 바뀌면서 관련 보조금이 전액 삭감되었습니다. 이 ETF의 핵심 성장 동력이 사라졌으므로 미련 없이 매도하고 다른 기회를 찾는 것이 맞습니다.

신호 2: 더 매력적인 대안이 나타났을 때

내가 보유한 ETF보다 훨씬 더 성능 좋고 저렴한 '신형 ETF'가 등장했을 때입니다. 예를 들어 A운용사의 '미국 성장주 액티브 ETF'(보수 0.8%)를 보유 중인데 B운용사에서 거의 동일한 전략을 구사하면서 보수는 0.3%인 ETF를 출시했습니다. 장기적으로 비용을 절감하기 위해 교체를 고려할 수 있습니다.

이번에는 다른 예를 들어볼까요? 어느 날부턴가 막연히 '글로벌 AI ETF'를 보유하고 있었는데 'AI 시대의 최종 승자는 결국 반도체'라는 확신이 들었습니다. 이때 AI 반도체 기업에만 집중적으로 투자하는 '글로벌 AI 반도체 TOP5 액티브 ETF'가 새로 출시되었다면, 나의 투자 아이디어를 더 명확하게 실행하기 위해 교체할 수 있습니다.

신호 3: 포트폴리오 비중이 과도해졌을 때

가장 행복한 매도 신호입니다. 특정 액티브 ETF의 성과가 너무 좋아 포트폴리오의 균형을 깨뜨릴 정도가 되었을 때입니다. 예를 들어 위성 전략으로 10%만 담았던 '인도 성장주 ETF'가 1년 만에 두 배 오르면서 전체 포트폴리오의 20%를 차지하게 되었습니다. 이때는 오른 만큼의 절반을 매도해 수익을 실현하고 그 자금으로 비중이 낮아진 다른 자산을 매수해 다시 원래의 10% 비중으로 맞춰줍니다. 이는 '이익을 확정'하고 '위험을 관리'하는 가장 현명한 방법입니다.

연금 운용은 마라톤과 같습니다. 매 순간 전력 질주할 필요는 없습니다. 나만의 페이스(운용 루틴)를 유지하며 꾸준히 나아가는 것. 그것이 바로 은퇴라는 결승점에 가장 먼저, 그리고 가장 안전하게 도착하는 유일한 길입니다.

Part 3

초보 연금
투자자를 위한
실전 가이드

Chapter 6

미래가 기대되는
연금 투자 로드맵

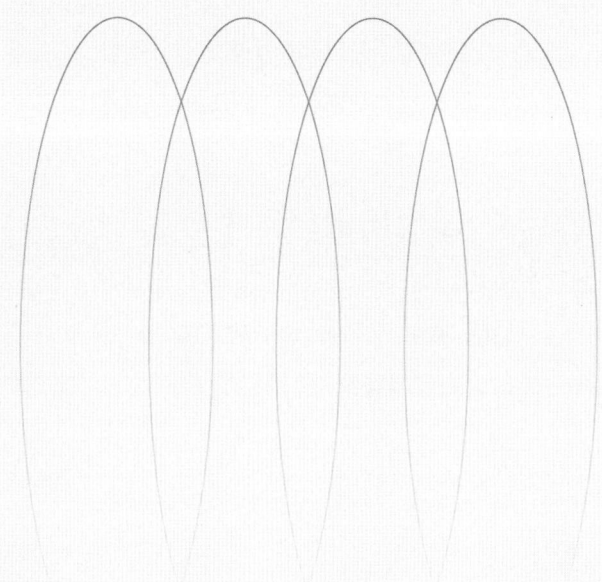

✳ 20년 완성형:
40세부터 연금 10억 만들기 프로젝트

40대부터 60대까지의 약 20년은 노후자금을 준비하기에 가장 중요한 시기입니다. 이 장에서는 평균적인 직장인이나 자영업자가 40세부터 60세까지 단계별로 어떻게 연금자산을 모을 수 있는지 구체적인 로드맵을 제시합니다. 상황에 따라 20년, 10년의 투자 기간별로 목표금액(예: 연금 10억 원, 5억 원)을 설정하고, 월 납입 여력에 맞춘 전략을 살펴보겠습니다. 또한 납입금액별 예시 시뮬레이션, 개인별 맞춤 포트폴리오, ISA와 연금계좌를 연계한 절세 전략, 세금 및 건강보험료 관리 방법, 리스크 통제 요령 등을 다룹니다. 끝으로 이러한 계획을 실천하면서 흔들리지 않도록 지켜야 할 원칙들도 함께 알아보겠습니다. 자신의 나이와 형편에 맞는 구간을 참고하여 노후 준비를 체계적으로 시작해봅시다.

40세 전후라면 아직 은퇴까지 20년 이상 남아 있습니다. 이 20년 완성형 플랜은 긴 시간을 활용해 상대적으로 큰 금액인 노후 연금자산 10억 원을 마련하는 것을 목표로 합니다. 핵심은 매월 꾸준히 자금을 납입하고, 공격적으로 복리 효과를 극대화하는 것입니다.

● 월 316만 원 납입 전략

40대 평균 소득자를 기준으로, 최대 범위 내에서 매월 316만 원 정도를 연금 마련에 투입한다고 가정합니다. 150만 원은 1년으로 치면 최대 연금 납입한도 1,800만 원으로, 현재 세액공제를 받을 수 있는 연금계좌(연금저축 또는 IRP)의 900만 원과 더불어 비과세, 과세이연, 복리 효과까지 누릴 수 있습니다.

따라서 연금저축펀드에 월 125만 원, IRP에 월 25만 원을 자동이체하면 연금저축펀드에 연 1,500만 원, IRP에 연 300만 원이 입금됩니다. 그리고 초과분 166만 원은 ISA에 넣어 1년간 납입한도인 2,000만 원에 맞춰 운용한 뒤 만기가 되는 3년 시점에 연금계좌로 전환하는 방식을 활용할 수 있습니다. 이렇게 된다면 1년마다 쌓이는 연금 1,800만 원에다 3년 차에는 쌓인 연금이 5,400만 원. 거기에다 ISA 만기 자금 6,000만 원이 들어온다면 3년을 주기로 1.14억 원의 원금이 쌓이게 됩니다. 물론 ISA 만기 자금 세액공제는 3,000만 원 한도 내에서 10% 300만 원만 가능하지만 추가로 비과세와 과세이연 효과를 누리기 위해 ISA 자금 모두 입금 가능합니다.

자산배분을 통해 연평균 수익률 7~10%대를 위와 같은 납입 계획을 갖고 꾸준히 유지한다면 충분히 연금자산으로만 20년 뒤 10억 원을 모으는 데 충분합니다. 20년 뒤 연 7% 수익률만 가정하더라도 약 15억 6,000만 원이 되고, 연 10% 수익률로 가정한다면 22억 3,000만 원이 됩니다.

● ISA-연금 황금 루프 전략

　추가로 투자하는 자금은 ISA를 통해 운용하면 좋습니다. ISA 계좌는 3년 이상 유지 시 200만 원(일반형)~400만 원(서민형) 비과세 혜택 및 발생 이익에 대해 9.9% 저율과세 혜택이 있고, 이후 만기 자금을 연금계좌로 이체할 때 전액 다 가능은 하지만 3,000만 원 한도 내에서 연금계좌로 옮기면 그해에 납입액의 10%(최대 300만 원)까지 추가 세액공제를 받을 수 있습니다. 예를 들어 3년간 ISA에 모은 금액이 6,000만 원일 경우, ISA 만기 후 이 돈을 IRP 계좌로 옮기면 3,000만 원의 10%인 300만 원에 대해 추가 세액공제를 받아 총 900만 원이 아닌 1,200만 원 세액공제 혜택을 받을 수 있습니다. 물론 6,000만 원 모두 옮길 경우 세액공제 대상은 3,000만 원을 제외한 나머지 금액은 비과세로 과세이연 효과를 받으며 운용할 수 있습니다.

　이러한 ISA→연금 전환은 연금계좌의 연간 납입한도(1,800만 원)를 초과하여 자금을 넣을 수 있는 유일한 방법이므로, 3년마다 ISA를 새로 가입해 만기 시 연금계좌로 넘기는 '황금 루프' 전략을 병행하면 추가 세액공제 혜택도 받으면서 20년간 연금자산을 크게 불릴 수 있습니다.

● 공격형 자산과 방어형 자산의 비율 최적화

　40세는 은퇴까지 시간이 많이 남은 만큼 초반에는 다소 공격적인 자산배분이 가능합니다. 목표 연 10억 원이라는 큰 금액을 달성하려면 자산 성장률을 높여야 하므로, 40대에는 주식형 자산 비중을 약 70~80%까지 높게 가져가고, 채권이나 현금성 자산 20~30%로 리스크를 보완하는 전략이 유효합니다. 예를 들어 글로벌 주식형 펀드나 ETF에 70%, 회사채나 국채 등에 20%, 그리고 나머지 10%는 부동산 리츠나 금과 같은 대체자산으로 구성해 공격성과 안정성을 균형 있게 가져갈 수 있습니다.

● 장기투자와 자산 재조정

20년이라는 투자 기간 동안 시장 상황은 여러 번 변동을 겪겠지만, 이 플랜의 성공 비결은 장기투자를 통한 복리 효과에 있습니다. 중간에 경기 침체나 일시적 손실이 와도 지나치게 겁먹고 자산을 빼지 않아야 합니다. 대신 사전에 짜둔 자산배분 비율을 1년에 한두 번 정도 점검하고, 크게 틀어졌다면 리밸런싱을 해줍니다. 예컨대 주식 비중이 많이 늘었다면 일부 이익 실현을 통해 채권이나 현금 비중을 보충합니다.

이렇게 하면 불필요한 매매를 줄이면서도 포트폴리오의 위험 수준을 일정하게 유지할 수 있습니다. 또한 투자 기간이 60세에 가까워질수록 서서히 안전자산 비중을 늘리는 것이 좋습니다. 50대 후반부터는 주식 비중을 점차 줄여 60세 시점에는 비교적 안정적인 포트폴리오(예: 주식 50%, 채권 및 안전자산 50%)로 전환합니다. 이는 은퇴 직전에 큰 시장 충격이 와도 지금까지 모은 자산을 지킬 수 있도록 해주는 안전장치입니다.

이 20년 완성형 프로젝트는 시간이라는 최고의 우군을 등에 업고 진행됩니다. 핵심은 초기부터 최대한의 저축과 투자를 실행하고, 세제 혜택을 빠짐없이 챙기며, 긴 투자 기간 동안 일관성을 유지하는 것입니다. 만약 계획대로 실천한다면 60세 무렵에는 보수적으로 연 7% 수익률로만 계산해도 약 15억 6,000만 원, 연 10% 수익률로만 계산해도 22억 3,000만 원의 연금자산이 형성됩니다.

그러면 굳이 무리하게 투자하지 않으면서도 월 500만 원씩 연금소득을 수령하면서도 남은 연금자산을 운용하면서 '마르지 않는 샘'을 평생 구축할 수 있습니다. 이제 40대라면 주저하지 말고 이 긴 레이스를 시작해보세요. 작은 출발이라도 꾸준히 달려가면 큰 결실로 돌아올 것입니다.

▌ 납입 연수에 따른 누적 자산 ▌

연도	연금 납입(1,800만 원)	ISA 만기 입금	누적 자산(7%)	누적 자산(10%)
1년 차	18,000,000원	–	19,260,000원	19,800,000원
2년 차	18,000,000원	–	39,868,200원	41,580,000원
3년 차	18,000,000원	60,000,000원	126,118,974원	131,538,000원
4년 차	18,000,000원	–	154,207,302원	164,491,800원
5년 차	18,000,000원	–	184,261,813원	200,740,980원
6년 차	18,000,000원	60,000,000원	280,620,140원	306,615,078원
7년 차	18,000,000원	–	319,523,550원	357,076,586원
8년 차	18,000,000원	–	361,150,199원	412,584,244원
9년 차	18,000,000원	60,000,000원	469,890,712원	539,642,669원
10년 차	18,000,000원	–	522,043,062원	613,406,936원
11년 차	18,000,000원	–	577,846,077원	694,547,629원
12년 차	18,000,000원	60,000,000원	701,755,302원	849,802,392원
13년 차	18,000,000원	–	770,138,173원	954,582,631원
14년 차	18,000,000원	–	843,307,845원	1,069,840,895원
15년 차	18,000,000원	60,000,000원	985,799,395원	1,262,624,984원
16년 차	18,000,000원	–	1,074,065,352원	1,408,687,482원
17년 차	18,000,000원	–	1,168,509,927원	1,569,356,231원
18년 차	18,000,000원	60,000,000원	1,333,765,622원	1,812,091,854원
19년 차	18,000,000원	–	1,446,389,215원	2,013,101,039원
20년 차	18,000,000원	–	**1,566,896,460원**	**2,234,211,143원**

✳ 10년 집중형: 50세부터 연금 5억 만들기 프로젝트

50세가 되었다면 은퇴까지 약 10년 남은 시점입니다. 10년 집중형 플랜은 짧아진 투자 기간 동안 현실적으로 달성 가능한 약 5억 원의 연금자산을 모으는 것을 목표로 합니다.

● 월 200만 원 투입

이 플랜에서는 각종 자녀 교육자금, 병원비, 간병비 등 고정 지출이 누적되는 구간이기에 매월 200만 원 정도를 노후자금으로 투입하는 것을 권장합니다. 200만 원은 연간 2,400만 원으로 세액공제 한도(1,800만 원)를 웃돌기 때문에, 우선 매월 150만 원은 연금계좌에 납입하고 나머지 50만 원은 ISA에 투자합니다.

● 변동성 완화와 성장 잠재력 확보

10년이라는 기간은 투자로 자산을 증식하기에 아직 충분하지만,

20년에 비해선 훨씬 짧습니다. 따라서 너무 공격적인 투자로 변동성을 키우기보다는 일정 수준의 안정성을 확보하는 것이 중요합니다. 그렇다고 예금 등 안전한 상품만으로는 5억 원 목표를 달성하기 어렵기 때문에 적절한 성장 잠재력을 가진 포트폴리오를 구성해야 합니다.

구체적으로는 주식형 자산 50~60%, 채권 및 안전자산 40~50% 비율의 균형형 포트폴리오를 추천합니다. 이는 주식 비중을 40대보다 낮춰 변동성을 줄이는 한편, 절반 정도는 여전히 주식이나 부동산 펀드 등에 투자해 자산 성장을 노립니다. 예컨대 국내·해외 주식형 펀드 50%, 회사채나 채권형 펀드 30%, 부동산 리츠나 인프라 펀드 10%, 현금 및 단기자금 10% 식으로 배분할 수 있습니다. 이러한 구성으로 연 평균 7~10%의 수익률을 기대할 수 있습니다.

● 세금과 건강보험료 최소화 전략

50대에는 은퇴 후를 내다보고 세금과 건보료 부담을 줄이는 설계도 염두에 두어야 합니다. 일단 납입 단계에서는 연금계좌를 통한 세액공제로 세금을 줄이고, ISA를 통해 운용 단계의 세금을 최소화합니다. 은퇴 후 연금을 수령할 때는 국민연금 개시 시점과 개인연금(IRP, 연금저축) 수령액을 조절함으로써 건강보험료 부담을 관리할 수 있습니다. 예를 들어 60세에 퇴직하더라도 국민연금 수령이 65세부터라면, 그사이 5년 동안은 IRP에서 조금씩 연금을 받아 생활비로 쓰고 국민연금은 연기해 나중에 더 많이 받는 전략을 쓸 수 있습니다.

이렇게 하면 60~65세까지는 연금소득을 낮게 유지해 지역가입자가 되었을 때의 건보료 부담을 줄이고, 65세 이후 국민연금을 받기 시작하면 그때는 IRP 수령액을 줄여 전체 연금소득을 관리하는 식입니다. 또한 퇴직 시 받은 퇴직금을 한꺼번에 인출하지 않고 IRP에 넣어두면 당장 소득으로 잡히지 않고 퇴직소득세도 일정 부분 절감되며 운용 기간 동안 과세이연이 됩니다. 이 퇴직금은 나중에 연금 형태로 받을 경우 건강보험료 산정 시 연금소득으로 간주되지 않는 장점도 있습니다. 이러한 요소들을 종합적으로 고려해 50대에는 세금 환급 극대화와 은퇴 후 세금·건보료 최소화라는 두 마리 토끼를 잡는 지혜가 필요합니다.

● 10년 플랜의 마무리

50세부터 시작한 집중 투자로 60세 무렵 5억 원 정도의 연금자산을 마련했다면, 이후 이 자산을 안전하게 유지하며 연금으로 전환하는 일이 남습니다. 60세경에는 포트폴리오를 다시 한번 점검해 너무 위험한 자산 비중은 없는지 확인합니다. 필요하다면 채권이나 현금 비중을 높여, 은퇴 직후 몇 년간 사용할 자금은 확실히 안전하게 확보해둡니다. 5억 원의 자산은 4% 규칙으로 볼 때 매년 약 2,000만 원을 인출해도 견딜 수 있는 규모입니다.

만약 국민연금 등 다른 연금소득이 추가로 있다면 이 금액과 합쳐 은퇴 생활비를 충당할 수 있을 것입니다. 10년 동안 집중적으로 모은 자산이니만큼, 은퇴 이후에도 지속적인 관리와 절제된 인출이 중요합니다. 성급하게 큰돈을 인출하거나 무리한 투자를 하지 않고, 계획한 대로 규칙적으로 인출하면서 부족하면 지출을 조절하는 지혜가 필요합니다. 이렇게 한다면 50대 후반의 비교적 늦은 시기에 시작했어도 노후 5억 원의 자산으로 안정적인 연금 생활을 이어나갈 수 있을 것입니다.

✳ 월 납입액별 결과 비교: 50만·100만·200만 플랜

노후자금 마련은 얼마를, 얼마 동안 투자하느냐에 따라 결과가 크게 달라집니다. 여기서는 월 납입액 규모별로 5년, 10년, 20년 후 얼마의 잔고를 기대할 수 있는지 살펴보겠습니다(연평균 5%, 7%, 10%의 수익률로 운용한다고 가정).

다음 시뮬레이션에서 볼 수 있듯, 투자 기간의 길이가 결과에 큰 영향을 줍니다. 예를 들어 연 수익률 7%로 가정하고 매달 50만 원씩 20년 투자한 약 2억 6,000만 원은 매달 100만 원씩 10년 투자한 약 1억 7,300만 원보다도 많은 금액입니다. 시간이 길수록 복리 효과가 커지기 때문이죠. 따라서 여유자금이 많지 않더라도 가능한 일찍 시작하는 게 중요합니다. 반대로 같은 기간이라면 납입액이 많을수록, 수익률은 높을수록 최종 잔고도 거의 비례해 커집니다.

20년 후 10억 원 이상을 위해서는 월 200만 원 수준의 투자가 요구되듯이, 목표 금액에 따라 월 적립액을 현실에 맞게 설정해야 합니다. 그리고 당연히 연평균 수익률 7%로 매우 보수적으로 잡았는데 10%가 된다면 시간에 비례해 잔고가 불어나는 속도는 기하급수적으

｜ 월 납입액, 투자 기간, 연평균 수익률에 따른 만기 금액 ｜

월 50만 원 납입			
연평균 수익률	5년	10년	20년
5%	34,003,041원	77,641,140원	205,516,834원
7%	35,796,451원	86,542,404원	260,463,330원
10%	38,718,536원	102,422,489원	379,684,418원
월 100만 원 납입			
연평균 수익률	5년	10년	20년
5%	68,006,083원	155,282,279원	411,033,669원
7%	71,592,902원	173,084,807원	520,926,660원
10%	77,437,072원	204,844,979원	759,368,836원
월 200만 원 납입			
연평균 수익률	5년	10년	20년
5%	136,012,166원	310,564,559원	822,067,337원
7%	143,185,803원	346,169,615원	1,041,853,320원
10%	154,874,144원	409,689,958원	1,518,737,672원

로 늘어나겠죠? 많은 투자의 현인들이 말했지만, 일찍 시작하고 돈을 잃지 않으면서 꾸준하게 수익을 내는 게 장기 성과에는 가장 유의미합니다.

수익률과 리스크의 균형

결국 월 납입액이 크든 작든, 그리고 투자 기간이 길든 짧든 적정한 수익률 목표와 감내 가능한 위험 수준의 균형을 맞추는 것이 중요합니다. 월 200만 원을 투자하는 분은 무리해서 높은 수익률을 좇을 필요 없이 안정적 운용으로 5~10%만 달성해도 충분히 목표를 이룰 수 있을 것입니다. 반대로 월 50만 원을 투자하는 분이 목표 금액을 높게 잡았다면 시장 평균 이상의 수익률을 노릴 수밖에 없는데, 그 경우에도 포트폴리오 전체를 고위험 자산으로 채우기보다는 핵심 자산은 안정적으로 가져가되 일부 금액으로만 공격 투자 비중을 높이는 식으로 분산투자를 해야 합니다. 결국 투자금액에 상관없이 기본 원칙은 동일합니다. 장기적 안목에서 분산투자하고, 꾸준히 납입하며, 위험과 수익의 균형을 지키는 것이 노후자금 마련의 성공 열쇠입니다.

✳ 투자 성향별
맞춤 포트폴리오 모델

　사람마다 위험을 감수할 수 있는 정도와 투자 성향이 다르기 때문에, 납입금액과 나이에 따라 맞춤형 포트폴리오를 짜는 것이 중요합니다. 여기서는 세 가지 모델 포트폴리오 예시를 소개합니다. 초보형 (안정형), 균형형, 공격형. 각 모델은 자산군별 권장 비중과 어떤 투자자에게 적합한지 설명합니다.

● 초보형(안정형) 포트폴리오

　투자 경험이 많지 않거나 위험 회피 성향이 강한 분들을 위한 보수적인 포트폴리오입니다. 또한 은퇴 시점이 매우 가까워 자산 보호가 최우선인 50대 후반에서 60대 초반에게도 적합합니다. 자산배분 예시로는 채권 60%, 주식 20%, 현금 및 기타 20%를 들 수 있습니다. 채권 60%는 국공채나 우량 회사채 펀드 등 상대적으로 안전한 상품으로 채우고, 주식 20%는 배당주나 대형 우량주 펀드처럼 변동성이 낮은 주식 위주로 편입합니다. 현금 및 기타 20%에는 예금, MMF 등의 유동성 자산으로 분산시킵니다. 이 포트폴리오는 예상 수익률은 높지 않지만 큰 손실 가능성을 낮춰, 투자에 아직 익숙하지 않은 분들이 마음 편하게 꾸준히 가져갈 수 있다는 장점이 있습니다.

● 균형형 포트폴리오

적절한 위험과 수익의 균형을 추구하는 중간 수준 포트폴리오입니다. 투자 경험이 어느 정도 있고, 은퇴까지 시간이 중간 정도(예: 40대 후반~50대 중반) 남은 분들이나, 너무 보수적이지 않으면서도 안정성을 바라는 분들에게 어울립니다.

자산배분 예시로 주식 50%, 채권 30%, 대체투자 및 현금 20%를 생각해볼 수 있습니다. 주식 50%는 국내 주식 20%, 해외 주식 30%처럼 지역을 나눠 분산투자하고, 채권 30%는 국내 채권과 해외 채권 펀드를 혼합하여 금리 변동에 대비합니다. 나머지 20%는 부동산 리츠, 인프라 펀드, 원자재 ETF 등 대체자산 10%와 현금 또는 단기채권 10%로 구성해 유동성과 인플레이션 헤지 기능을 추가합니다. 시장 상황에 따라 일부 손실이 날 수도 있지만, 장기적으로 꾸준히 가져가면 완만한 우상향의 자산 증가를 기대할 수 있는 구성입니다.

● 공격형 포트폴리오

수익률 극대화를 추구하면서도 그에 따른 변동성을 감내할 준비가 된 투자자를 위한 포트폴리오입니다. 보통 은퇴까지 시간이 충분히 남은 40대 초반이거나 고위험 투자에 거부감이 없는 경우에 선택할 수 있습니다. 또한 안정적인 소득이 있어 일시적 손실이 나도 생활에 큰 지장이 없다면 공격형으로 운용해볼 만합니다.

자산배분 예시는 주식 70%, 채권 20%, 대체투자 10%입니다. 주식 70%는 국내 주식 30%, 해외 주식 40% 등으로 폭넓게 투자해 성장 기회를 최대한 포착합니다. 채권 20%는 경기 하락 시 방어 역할을 할 최소한의 비중으로 가져가며, 회사채보다는 안전자산인 국채 비중을 높여 급락장에 대비합니다. 대체투자 10%는 부동산 펀드나 신흥국 채권, 원자재 등으로 구성해 주식시장과 상관관계를 낮춥니다. 이 포트폴리오는 평시에는 연 10% 이상의 높은 수익을 노릴 수 있으나, 주식시장 급락 시 포트폴리오 가치도 크게 출렁일 수 있다는 점을 염두에 두어야 합니다. 따라서 공격형으로 운용하더라도 정기적인 리스크 관리와 멘탈 관리가 필요합니다.

일반적으로 40대처럼 은퇴까지 기간이 길고 소득이 안정적인 경우 공격형이 유리하며, 50대 중반으로 들어서면서 서서히 균형형으로 옮겨가는 것을 고려할 수 있습니다. 60세 전후의 은퇴 직전 시기에는 초보형(안정형) 포트폴리오로 갈아타 자산을 지키는 것이 좋습니다. 다만 이는 개인 성향과 상황에 따라 달라질 수 있습니다. 투자 경험이 많고 시장을 잘 이해하는 50대라면 여전히 공격형 비중을 일부 유지할 수도 있고, 반대로 40대라도 투자에 대해 불안감이 크다면 균형형 정도로 시작하는 게 맞습니다. 중요한 것은 자신이 감당할 수 있는 수준의 위험을 선택하는 것입니다.

일단 포트폴리오를 구성했으면 꾸준히 유지하며 정기적으로 점검하는 것이 필요합니다. 분기별 혹은 최소 연 1회는 자산 구성 현황을 확인하고, 애초 설정한 비중에서 크게 벗어나 있으면 리밸런싱을 실시합니다. 예를 들어 균형형 포트폴리오에서 주식 비중이 목표 50%보다 많이 올라 60%가 되었다면 일부 주식을 매도하거나 향후 적립금을 채권·현금에 투자해 다시 50% 수준으로 맞춥니다. 너무 자주 리밸런싱할 필요는 없지만(과도한 매매는 오히려 역효과), 6개월~1년에 한 번 정도는 시장 상황과 포트폴리오를 리뷰하는 습관을 들이세요.

초보 투자자라 직접 포트폴리오를 운용하기 어렵다면, TDF 같은 자동 자산배분 펀드를 활용하는 것도 방법입니다. 앞서 언급했듯 TDF는 은퇴 목표 시점에 맞춰 주식과 채권 비중을 자동으로 조절해주는 펀드로, 젊을 때는 공격적으로 운용하다가 은퇴 시점이 가까워질수록 안전자산 비중을 높여줍니다. 은퇴 시점에 맞춰 주식 비중이 높은 2055부터 주식 비중이 낮은 2025까지 다양한 타깃 연도별로 구성되어 있습니다.

이러한 상품을 이용하면 펀드에 대한 비용은 연 0.5~1.0%로 납부하지만 자산배분을 손쉽게 관리할 수 있으므로, 현재 본업에 바쁜 분들에게 유용합니다. 포트폴리오를 꾸준히 유지하는 데 가장 중요한 것은 감정에 흔들리지 않는 것입니다. 시장 상황이 좋을 때나 나쁠 때나 처음 정한 자산배분 원칙을 크게 벗어나지 않도록 하고, 필요 이상으로 잦은 매매를 피하면 장기적으로 안정적인 성과를 얻을 수 있을 것입니다.

✳ ISA와 연금의 황금 루프, 3년마다 복리로 굴리는 전략

앞서 말했듯, ISA와 연금계좌를 연계하는 황금 루프 전략은 세제 혜택과 복리 효과를 극대화하는 스마트한 방법입니다. 핵심 개념은 ISA에서 3년마다 목돈을 만들어 연금계좌로 옮기는 것이며, 이를 꾸준히 반복하면 투자 자금이 눈덩이처럼 불어납니다. 이 전략의 구체적인 내용과 이점을 살펴보겠습니다.

● ISA−연금의 황금 루프 전략으로 세제 혜택 챙기기

ISA는 은행이나 증권사에서 가입할 수 있는 계좌로, 예금·펀드·주식, ETF 등을 한 계좌에서 운용할 수 있고 일정 조건하에 세제 혜택을 주는 만능통장입니다. ISA의 기본 의무가입기간은 3년으로, 계좌를 3년 이상 유지하면 이 계좌에서 발생한 수익 중 일정 금액까지 비과세 및 분리과세(9.9%) 혜택을 받습니다. 일반형 ISA의 경우 이자·배당소득의 200만 원까지 비과세(서민형의 경우 400만 원까지 비과세), 초과분은 9.9% 저율 분리과세되므로 동일한 투자를 일반 계좌에서 하는 것보다 세금 부담이 훨씬 낮습니다.

ISA의 진가가 발휘되는 순간은 만기 시점입니다. ISA를 3년 이상 운용한 후 계좌를 해지하면서 그 자금을 연금계좌(연금저축 또는 IRP)로 이체하면 특별한 세제 혜택이 주어집니다. 전환 금액의 10%(최대 300만 원)에 대해 추가 세액공제를 받을 수 있는 것입니다. 이는 연금 계좌 납입한도와는 별개로 주어지는 보너스 혜택입니다. 예를 들어 3년간 ISA에 꾸준히 불입하여 만기에 3,000만 원을 마련했다고 가정합니다. 이 ISA를 해지하면서 3,000만 원 전액을 IRP 계좌로 넘기면, 그해에 300만 원만큼의 추가 세액공제 대상 납입으로 인정되어 약 39만~49만 원(소득 구간에 따라 세액공제율 13.2~16.5%)의 세금을 환급받을 수 있습니다.

중요한 점은 이렇게 ISA 만기 자금을 연금계좌로 넣는 금액에는 연간 1,800만 원 납입한도 제한이 적용되지 않는다는 것입니다. 즉, 평소에 연금계좌에 넣을 수 있는 한도를 다 채운 사람도 ISA를 통해 추가로 목돈을 만들어 연금계좌에 더 넣을 수 있습니다. 또한 만기 시점에 ISA에 3,000만 원이 아니라 자금 여력이 있어 6,000만 원을 모았다고 하면 전액 연금으로 전환도 할 수 있습니다.

ISA-연금 전환 혜택은 1회성으로 끝나지 않습니다. ISA 계좌는 3년만 지나면 만기 여부와 상관없이 연금계좌 전환이 가능하므로, 이를 3년 주기로 반복할 수 있습니다. 예를 들어 40세에 ISA에 가입해 3년 뒤인 43세에 ISA를 해지하고 자금을 연금계좌로 옮긴 후, 바로 새로운 ISA를 개설하여 또 3년간 운용한다고 해봅시다. 46세, 49세,

52세… 이런 식으로 3년마다 ISA 만기 자금을 연금으로 이전하면, 15년 동안 5번의 주기에 걸쳐 총 1억 5,000만 원을 추가 세액공제 받으면서 연금자산으로 이전할 수 있습니다. 더욱 중요한 점은 이렇게 이전된 자금이 연금계좌 안에서 운용되는 동안 전면 비과세로 복리 성장한다는 것입니다. ISA 단계에서는 일부 수익에 과세가 붙지만, 연금계좌로 들어온 이후에는 배당이든 이자든 매매차익이든 전부 세금을 보류한 채 재투자되므로 시간이 지날수록 복리 효과가 극대화됩니다.

ISA-연금 루프의 또 다른 장점은 자금 운용의 탄력성입니다. 연금계좌에 한 번 넣은 돈은 만 55세 이전에 인출하면 기타소득세 등 패널티가 있지만, ISA 단계에서는 그렇지 않습니다. 즉, 3년의 비교적 짧은 사이클로 운용되기 때문에, 만약 급히 돈이 필요하거나 계획이 변경되면 해당 ISA를 중도해지하여 자금을 쓸 수도 있습니다. 다만 그 경우 세제 혜택은 포기해야 합니다. 그러나 연금계좌로 이전한 후에는 가급적 노후까지 유지하는 것이 좋습니다. 이전된 금액 중 세액공제를 받은 부분은 55세 이전에 빼면 세금을 추징당하므로, 이 루프 전략을 쓸 때에는 여유자금으로 운용해야 합니다.

그렇지만 이 방식은 기본적으로 3년씩 끊어 생각하기 때문에 심리적으로도 장기간 자금을 묶어두는 것보다 수월하게 느껴질 수 있습니다. "앞으로 20년 동안 돈을 못 건드린다"보다는 "3년간 굴리고 좋은 혜택을 받자"라는 식으로 목표를 설정하면 동기부여도 되고, 만기 때마다 성취감을 느끼며 다음 사이클을 이어나갈 수 있습니다.

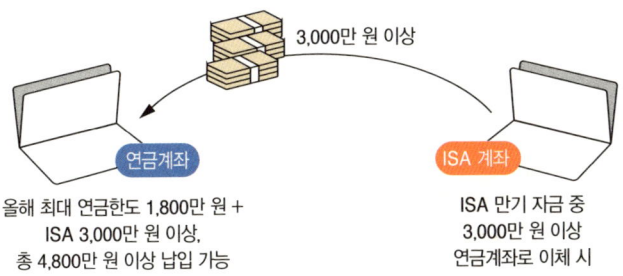

3,000만 원 이상

연금계좌

올해 최대 연금한도 1,800만 원 +
ISA 3,000만 원 이상,
총 4,800만 원 이상 납입 가능

ISA 계좌

ISA 만기 자금 중
3,000만 원 이상
연금계좌로 이체 시

정리하면, ISA와 연금계좌의 황금 루프 전략은 세제 혜택, 복리 효과, 납입한도 확대라는 세 마리 토끼를 잡는 방법입니다. 약간의 수고로움을 들이면 노후자금을 훨씬 효율적으로 불릴 수 있습니다. 현재 40~50대라면 ISA 가입 조건을 확인하고(직전 3개년도 금융소득종합과세 대상자는 가입 불가 등 제한 사항도 있으니 유의하세요), 이 전략을 적극 활용해보세요. 매 3년이 지나 연금계좌로 자금이 이체될 때마다 당신의 노후 준비 자산 곡선은 계단을 밟고 한 단계씩 점프하는 효과를 누리게 될 것입니다.

✳ 세금·건보료
충격적으로 줄이는 설계 비밀

　노후자금을 모으고 운용할 때는 세금 문제와 은퇴 후 건강보험료 같은 부수 비용도 고려해야 합니다. 잘못하면 모아둔 돈의 상당 부분을 세금이나 보험료로 내야 할 수도 있습니다. 여기서는 세금을 가능한 늦추고(과세이연), 은퇴 후 건강보험료 부담을 줄이는 몇 가지 설계 비법을 살펴보겠습니다.

● 과세이연 효과 극대화

　돈이 불어나는 동안 세금을 나중으로 미루는 것은 복리 효과를 높이는 핵심입니다. 이를 위해 연금저축이나 IRP 같은 세제 혜택 계좌를 최우선으로 활용해야 합니다. 납입 시 세액공제를 받는 효과도 있지만, 계좌 내 운용수익에 대해 은퇴 전까지 세금을 내지 않으므로 투자 원금에 세금으로 아낀 돈까지 더해 운용에 참여해 눈덩이식 성장이 가능합니다. 예를 들어 1,000만 원을 세제 혜택 없는 계좌에서 투자해 10% 수익이 나면 100만 원 중 15.4만 원을 즉시 세금으로 내야 하지만, 연금계좌에서는 100만 원 모두 재투자되어 추가 수익을 냅니다. 이런 차이가 장기간 누적되면 최종 자산 규모에 큰 영향을 줍니다. 또한 앞서 살펴본 ISA-연금 루프 전략처럼, 과세이연 계좌와 다른 계좌를 연계하여 한도를 넘는 자금도 세금 없이 굴릴 수 있는 방법을 적극 모색하세요.

요약하면, 가능한 한 세금을 나중에 내도록 설계하는 것이 노후자금을 더욱 효율적으로 키우는 비결입니다.

● 연금 수령 순서와 건강보험료

은퇴 후 소득이 없어지면 지역가입자로 전환되어 건강보험료가 책정됩니다. 이때 국민연금이나 사적연금소득이 많으면 건강보험료가 상당히 오를 수 있습니다. 이를 줄이기 위해서는 연금 수령 시기와 순서를 잘 조정해야 합니다. 한 가지 방법은 국민연금 수령 시점을 늦추는 것입니다. 국민연금은 1년 늦출 때마다 최대 5년까지 연금액이 연 7.2% 증액되는데, 이를 활용해 60세에 퇴직해도 국민연금을 5년 연기하고 그사이 부족한 생활비는 개인연금(IRP 등)에서 인출하거나 은행 예금으로 충당하는 방법이 있습니다. 이렇게 하면 60~64세 동안은 연금소득이 거의 없으므로 건강보험료를 최저 수준으로 유지할 수 있습니다. 65세부터 국민연금을 받기 시작하면 그때는 어차피 건강보험료가 오르지만, 이미 5년간 절약한 효과가 큽니다.

또 다른 방법은 세액공제 혜택을 받은 사적연금 인출액을 적절히 분산하는 것입니다. 연금저축과 IRP에서 매년 받는 사적연금액이 일정 한도를 넘으면 초과분에 대해 기타소득세(15% 분리과세)가 적용되고, 건강보험료 부과 기준에도 올라탑니다. 현재 기준으로 사적연금 수령액 연 1,500만 원까지는 저율과세되고 그 초과분은 종합과세되니, 미리 인출 계획을 세워 한 해에 너무 큰 금액을 타지 않도록 조절합니다. 예컨대 IRP에 1억 원이 있더라도 한꺼번에 찾지 말고 10년에 걸쳐 매년 1,000만 원씩 나눠 받으면 세금과 건보료 부담을 낮출 수 있습니다. 물론 세액공제를 받지 않은 연금은 인출 시에 사적연금 한도와는 별도로 비과세가 적용됩니다.

참고로 현재 공적연금(국민연금, 사학연금, 군인연금 등)에는 건강보험료가 부과되지만 사적연금(퇴직금, IRP 개인 납입금, 연금저축펀드 등 퇴직연금과 개인연금 모두 포함)에는 건강보험료가 부과되지 않습니다.

● 퇴직금 IRP와 개인 납입금 IRP의 분리 운용

퇴직 시 받는 퇴직금도 노후자산의 큰 축입니다. 퇴직금을 IRP로 직접 넣으면 당장 퇴직소득세를 납부하지 않아도 되고, 이후 연금 형태로 받을 때 세금을 깎아주는 혜택이 있습니다. 구체적으로 퇴직금을 IRP에 넣고 연금으로 수령하면 해당 연금소득에 대해 퇴직소득세의 30~40% 감면된 세율이 적용됩니다. 이는 한꺼번에 퇴직금을 인출해버릴 때보다 세금을 크게 아낄 수 있는 방법입니다. 또한 중요한 점은 이렇게 IRP를 통해 받는 퇴직연금소득은 다른 개인연금 수령액과 합산되지 않고 독자적인 퇴직소득세 체계를 따릅니다. 따라서 퇴직금은 웬만하면 IRP로 넘겨두고, 개인이 불입한 연금저축·IRP 자금과는 별개 트랙으로 운용하는 것이 유리합니다. 운용상으로도 퇴직금은 목돈이므로 보다 안정적으로 굴리고, 개인 납입금 부분은 좀 더 공격적으로 운용하는 등 성격을 달리해서 관리하면 좋습니다. 그리고 나중에 연금을 인출할 때에도 두 자금을 섞지 말고, 퇴직금 기반 연금은 사적연금 수령 한도(연 1,500만 원)와 상관없이 받되 개인 납입 연금은 한도 이내로 조절하는 등 분리 운용 전략을 이어가는 게 좋습니다.

참고로 퇴직금은 만 55세가 지나면 1만 원이라도 연금 수령을 신청해두는 게 좋습니다. 왜냐하면 10년 차까지는 퇴직소득세 30% 감면이지만, 11년 차부터는 40% 감면이기 때문입니다.

결론적으로, 세금과 건강보험료까지 고려한 노후자산 관리가 필요합니다. 젊어서 모을 때는 세제 혜택을 최대한 활용해 불릴 수 있을 만큼 불리고, 은퇴 후 쓸 때는 시기와 방법을 조절해 불필요한 비용 유출을 막아야 합니다. 이렇게 하면 같은 돈으로도 실질적으로 더 오래, 더 많이 쓸 수 있으니 반드시 기억해두세요.

✳ 불필요한 비용을 줄이는 리스크 컨트롤

투자수익을 높이는 것도 중요하지만, 리스크를 관리하고 불필요한 비용을 줄이는 것도 장기 성과에 결정적입니다. 특히 노후자금은 한 번 큰 손실을 보면 회복이 어렵기 때문에, 위험을 사전에 통제하는 전략이 필요합니다. 다음은 자산별 리스크 대응법과 비용 절감 요령, 그리고 자동화된 리밸런싱 도구의 활용법입니다.

● 자산별 변동성 대응 체크리스트

첫째, 주식시장은 때때로 20~30% 이상 급락할 수 있습니다. 이때 당황해서 모두 팔기보다 애초에 감내 가능한 비중만 투자하는 게 중요합니다. 하락장이 오면 오히려 정해둔 자산배분 비중에 따라 주식 비중이 너무 줄어들지 않도록 일부 저가매수하거나, 최소한 기존 보유는 유지하여 향후 반등을 기다립니다. 또한 개별 종목보다는 분산된 인덱스펀드에 투자하면 변동성을 줄일 수 있습니다.

둘째, 금리 상승기에는 채권 가격이 하락하여 일시적인 손실이 날

수 있습니다. 그러나 우량 채권을 만기까지 보유하면 원금과 이자가 예정대로 돌아오므로 일시적 평가손을 너무 걱정할 필요는 없습니다. 채권형 펀드의 경우에도 금리 상승 후에는 더 높은 이자수익을 얻게 되므로 시간이 지나면 수익률이 개선됩니다. 따라서 채권 투자 시에는 금리 변동에 일희일비하지 말고 꾸준히 보유하는 것이 좋습니다.

셋째, 부동산 시장이나 리츠 주가도 경기와 금리에 영향을 받아 등락을 거듭합니다. 임대수익이 꾸준한 우량 부동산 리츠의 경우 가격이 하락해도 보유 기간 동안 배당수익을 얻을 수 있으므로 너무 낮은 가격에 팔지 않도록 합니다. 또한 부동산은 유동성이 낮으므로 자산배분에서 적절한 비중만 유지하고, 필요할 때 바로 현금화할 수 있는 다른 자산(현금, 채권)도 함께 보유해 유동성 리스크를 관리합니다.

넷째, 예금·MMF 등 현금성 자산은 변동성이 거의 없지만 인플레이션에 가치가 잠식될 수 있습니다. 비상자금 등 꼭 필요한 한도 내에서만 보유하고, 나머지는 장기투자로 돌려야 장기 수익률을 높일 수 있습니다.

● 비용 최소화 vs 수익 극대화

투자에서는 수익만큼 비용 관리도 중요합니다. 펀드 보수, 운용 수수료, 매매 수수료 등이 누적되면 장기 성과에 큰 차이를 초래합니다. 따라서 가급적 비용을 고려해 인덱스펀드나 ETF를 활용하고, 상황에 따라 필요하다면 액티브 펀드나 ETF를 활용하는 것이 좋습니다. 또한 매일 시장을 쫓아다니며 사고파는 것보다는 장기 플랜에 따라 느긋하게 투자하는 편이 결과적으로 낫습니다. 수익을 극대화하려고 이것저것 갈아타는 행위는 오히려 평균 이하의 수익률을 가져오기 쉽고, 매매비용만 늘립니다. 오랫동안 성공한 투자자일수록 소수의 우량자산을 장기 보유하고 꾸준히 추가 매수하는 경향이 있습니다. 우리도 '잦은 매매 = 수익률의 적'임을 명심하고, 필요 최소한의 리밸런싱 외에는 거래를 자제합시다.

● 자동화된 리밸런싱 활용하는 법

인간은 감정 때문에 투자 원칙을 어기기 쉬우므로 자동화 도구를 활용하면 도움이 됩니다. 앞서 언급한 TDF처럼 펀드 자체가 자동으로 주식·채권 비중을 조절해주는 상품을 이용하면 손댈 일이 거의 없습니다. 혹은 증권사의 자동 투자 서비스를 활용해볼 수도 있습니다. 예를 들어 매월 일정 금액을 자산배분 ETF들에 투자하면서, 설정된 비중에서 벗어나면 자동으로 매수·매도를 해주는 로보어드바이저 서비스 등이 있습니다. 이러한 도구들은 투자자가 매번 시장을 들여다보지 않아도 포트폴리오를 관리해주므로, 감정 개입을 줄이고 규칙적인 투자를 이어가는 데 큰 도움이 됩니다. 만약 자동화된 서비스를 이용하지 않더라도, 최소한 리밸런싱 일정을 미리 정해두고 기계적으로 실천하는 습관을 들이세요. 예를 들어 "매년 1월과 7월에 포트폴리오 점검 및 리밸런싱"처럼 일정으로 지정해두면 시장 상황에 휘둘리지 않고 원칙을 지킬 수 있습니다.

리스크 관리와 비용 절감을 철저히 하면 불필요한 손실을 피하고, 수익은 고스란히 내 자산으로 남게 됩니다. 화려한 수익률에만 집중하지 말고, 보이지 않는 손실 요인들도 꼼꼼히 챙겨야 노후자금을 지키고 불릴 수 있다는 점을 잊지 말아야 합니다.

✻ 실패 없는 투자를 위해
10년간 지켜야 할 세 가지 원칙

긴 시간에 걸쳐 노후자금을 마련하려면 일관된 원칙과 실행력이 무엇보다 중요합니다. 다음 세 가지 원칙은 10년 이상 장기투자를 성공으로 이끄는 핵심 습관들입니다. 이 원칙들을 지키면 중도에 흔들리거나 실패할 가능성을 크게 낮출 수 있습니다.

● 납입 중단 상황에 대비하고 대안을 마련한다

인생을 살다 보면 실직, 질병, 예상치 못한 지출 등으로 인해 한동안 저축을 중단해야 할 상황이 올 수 있습니다. 이런 경우를 미리 가정하고 플랜 B를 세워두세요. 예를 들어 비상자금 6~12개월치 생활비를 마련해두면 수입이 끊겨도 연금계좌를 깨지 않고 버틸 수 있습니다. 만약 부득이하게 연금 납입을 중단하게 되면 우선 이미 모은 자산을 지키는 데 집중해야 합니다.

불필요한 위험자산 비중을 줄이고, 생활비는 비상금이나 실업급여 등으로 충당하며, 연금자산에는 손대지 않는 것이 좋습니다. 납입

중단 기간이 끝나 다시 소득이 생기면, 처음 계획보다 조금 더 늘어난 금액을 납입하거나 부족 기간을 메울 추가 투자를 고려해 원래 궤도로 복귀하도록 합니다. 중요한 것은 잠시 쉬더라도 완전히 포기하지 않는 것입니다. 누구나 어려운 시기는 있지만, 이후 만회를 통해 충분히 따라잡을 수 있다는 마음가짐으로 계획을 이어가세요.

● 위기 속에서도 투자 원칙을 지킨다

경제위기나 금융시장 폭락은 주기적으로 찾아옵니다. 이러한 위기 상황에서 흔들리지 않는 것이 장기 성공의 관건입니다. 시장이 폭락하면 누구나 겁이 나지만, 패닉 상태에서 자산을 헐값에 팔면 손실이 현실로 확정됩니다. 오히려 위기는 좋은 자산을 싼값에 살 기회이기도 합니다. 여유자금이 있다면 용기를 내어 추가 투자를 하고, 여력이 없다면 최소한 기존 투자 계획을 유지하세요. 한편 실직이나 소득 상실 같은 개인적 위기가 올 때도 투자 원칙을 완전히 놓아버리지 않아야 합니다. 앞서 말한 대로 비상자금을 활용해 버티면서, 포트폴리오는 가능한 한 유지합니다.

역사적으로 보면 경제위기는 결국 지나갔고, 꾸준히 투자한 사람은 회복기에 큰 보상을 받았습니다. 반면 공포에 팔았다가 나중에 다시 들어간 사람은 가장 중요한 시기에 시장에 없었기 때문에 손해를 봤죠. 따라서 '한 번 세운 자산배분과 투자 원칙은 웬만해선 바꾸지 않는다'는 각오로 위기에 임해야 합니다. 필요하다면 본인이 세운 원칙을 글로 써서 보이는 곳에 붙여두세요. '10년간 안 팔고 가져간다' 같은 다짐을 통해 자신을 다잡으면 남들이 흔들릴 때 차분하게 버틸 힘이 생깁니다.

● 성공한 투자자의 좋은 습관을 따른다

주위에서 꾸준히 투자에 성공한 사람들의 공통점을 살펴보면 배울 점이 많습니다. 우선 목표를 분명히 정하고, 구체적인 계획을 세워 실천합니다. 막연히 '노후자금 모아야지'가 아니라 '매월 100만 원씩 15년 투자해 3억 원 만들겠다'처럼 수치와 기간이 명확합니다. 그리고 그들은 자동이체 등 시스템을 활용해 자신을 강제로 저축하게 만들고, 군소리 없이 실행합니다. 또한 대개 한두 번의 유행이나 테마에 휩쓸리지 않고 자기만의 투자 원칙을 고수합니다. 예를 들어 "절대 원금을 해치는 투자는 하지 않는다"거나 "배당주에만 투자한다"처럼 자신만의 철학이 있습니다. 이런 원칙 덕분에 남들이 투기성 상품에 몰릴 때 흔들리지 않을 수 있습니다.

끝으로, 성공 투자자들은 끈기와 인내심이 남다릅니다. 10년, 20년을 견디며 복리의 힘을 믿고 기다린 결과 어느 순간 눈덩이가 커지듯 자산이 불어나는 경험을 합니다. 우리도 이들의 습관을 본받아 보겠습니다. 일단 한 번 세운 계획은 웬만하면 많이 수정하지 말고 장기적으로 밀고 가십시오. 중간에 유망한 투자처가 보이더라도 기존 포트폴리오를 완전히 갈아엎지 말고, 전체 자산의 일부로 시험해보는 식으로 항상 본류는 유지하세요. 이렇듯 큰 줄기를 지키면서 작은 개선을 더해가는 방식이 꾸준한 성공을 가져옵니다.

이 세 가지 원칙을 마음에 새기고 실천한다면, 10년 이상의 긴 투자 여정에서도 탈선하지 않고 끝까지 완주할 수 있을 것입니다. 흔들릴 때마다 기본으로 돌아와 원칙을 확인하고, 필요하면 계획을 미세 조정하되 결코 포기하지 마세요. 노후자금 마련은 마라톤과 같습니다. 초반에 속도를 내지 못했다고 중간에 그만두는 사람이 없듯, 꾸준히 한 걸음씩 나아가다 보면 어느새 목표 지점에 도달해 있을 것입니다.

Chapter 7

연금 투자자들이
실전에 가장
많이 하는 질문 10

✳ 연금계좌,
지금 시작해도 늦지 않을까요?

결론부터 말하면, 지금이라도 시작하는 게 좋습니다. 물론 일찍 시작할수록 복리 효과로 더 유리하지만, 늦게 시작했다고 해서 손해만 보는 것은 아닙니다. 예를 들어 30대부터 연금을 부은 사람에 비해 40대에 시작한 사람은 운용 기간이 짧아져 최종 적립액에서 차이가 나겠지만, 세액공제 혜택과 복리의 효과는 시작 시점에 상관없이 받게 됩니다.

시작 시점별 차이를 좀 더 살펴볼까요? 젊을수록 적은 부담으로 목표 자산을 마련할 수 있습니다. 예컨대 30세에 연금저축에 월 20만 원을 납입해 60세까지 운용하면(약 30년) 연평균 5% 수익률 가정 시 약 1억 6,000만 원 이상의 자산을 만들 수 있습니다. 반면 40세에 동일한 목표액을 마련하려면 20년 동안 매달 두 배 이상(약 35만~40만 원)을 납입해야 하지요. 이처럼 시작 시기가 늦어지면 같은 목표를 달성하기 위해 더 많은 금액을 부담해야 합니다.

하지만 너무 좌절할 필요는 없습니다. 세액공제 혜택 덕분에 늦게 시작해도 손익분기점을 앞당길 수 있기 때문입니다. 예를 들어

50대에 연금계좌를 시작해 매년 900만 원씩 납입한다고 가정해보죠. 총급여 5,500만 원 이하 근로자라면 납입금의 16.5%에 해당하는 세금을 환급받습니다. 900만 원을 납입했다면 이듬해 연말정산에서 최대 148만 5,000원을 돌려받는 셈입니다. 이렇게 돌려받은 세금을 다시 연금계좌에 재투자하면 늦게 시작했더라도 자산을 불리는 데 큰 도움이 되겠지요.

무엇보다 중요한 건 실행하는 것 자체입니다. 아무리 늦었다고 느껴져도 시작하지 않으면 아무런 이득도 없지만, 지금 시작하면 10년 후의 나는 '그때 시작하길 잘했다'고 생각할 것입니다. 연금저축과 IRP는 만 55세 이후에 비로소 수령이 가능하니, 지금 50세라면 최소 5년 이상은 운용할 시간이 있습니다. 길지 않은 기간 같아 보여도 세액공제 혜택과 운용수익을 합치면 상당한 노후자금을 마련할 수 있습니다. 그리고 연금 수령을 꼭 55세부터 할 필요는 없습니다. 120세 시대라고도 하는데 70~80세부터 한다고 가정하면 50세에 시작해도 여전히 20~30년의 납입과 운용의 시기가 남아 있습니다. 늦었다고 생각할 때가 가장 빠른 때입니다. 실행하세요.

✳ 개인연금 없이 국민연금만으로 충분하지 않을까요?

국민연금만으로 노후를 대비하기에는 부족한 경우가 많습니다. 국민연금은 국가가 운영하는 기본적인 노후소득 보장 장치이지만, 현재 수준으로는 은퇴 전 소득의 40% 안팎만 대체해주는 것으로 설계돼 있어요. 실제로 2025년 기준 국민연금 평균 수령액은 월 약 70만 원 정도라고 합니다. 상위 소득자로 40년 가까이 부은 분들 중에 간혹 월 150만~200만 원 받는 사례도 나오지만, 이는 극소수이고 대부분의 은퇴자에게 국민연금은 기본 생활비의 일부를 충당하는 수준입니다. 노후에 매달 70만 원으로는 생활이 빠듯하기 때문에 개인연금이나 다른 저축으로 보완하는 것이 필수적입니다.

또한 국민연금의 미래도 고려해야 합니다. 인구 고령화로 연금을 받아가는 분들은 늘어나는데 보험료를 내는 젊은 층은 줄어들고 있습니다. 정부가 연금 개혁을 논의하며 지속적인 보험료율 인상이나 지급 개시 연령 상향 등을 검토하고 있지요. 결국 미래 세대의 국민연금 수령액은 지금보다 줄어들거나 늦춰질 가능성이 있습니다. 현재도 국민연금의 정상 수령 개시 연령은 단계적으로 올라 2033년엔

만 65세가 되고, 조기 수령을 하면 감액된 금액을 받게 됩니다. 예를 들어 정해진 연령보다 5년 일찍 받으면 매월 받는 금액이 30% 정도 감액되고, 반대로 5년 늦게 받으면 36% 정도 증액되지만 그만큼 받는 기간이 줄어듭니다. 이처럼 국민연금은 절대적인 금액도 충분치 않고 정책 변화의 영향도 받기 때문에 여기에만 의존해선 안 됩니다.

보완 전략으로는 퇴직연금(회사에서의 퇴직금 및 개인 적립금)과 개인연금(연금저축, IRP 추가 납입)을 활용해 다층 연금을 갖추는 것이 좋습니다. 국민연금이 기본 바탕을 깔아준다면 퇴직연금은 두번째 층, 개인연금은 세 번째 층을 형성해 부족한 부분을 채워줍니다. 이렇게 여러 연금소득원을 만들어두면 한 가지 연금에서 부족한 부분을 다른 연금이 메워주면서 노후소득의 안정성이 높아집니다. 특히 개인연금은 본인이 운용 전략을 세워 추가 수익을 낼 수도 있고, 세액공제 같은 세제 혜택도 받을 수 있어 일석이조입니다.

국민연금의 한계를 보완하기 위해서는 지금부터라도 사적연금에 가입하거나 저축을 늘리는 것을 추천드립니다. 월 소득의 일정 비율을 연금계좌에 자동이체하는 식으로 강제 저축하면 좋습니다. 또한 국민연금 예상 수령액을 국민연금공단 홈페이지 등에서 조회해보고, 그 금액과 은퇴 후 필요 생활비를 비교해 부족한 만큼을 채울 방법을 설계해두세요. 결론적으로 국민연금은 기본 안전망일 뿐, 노후의 전부를 책임져주지 않습니다. 여유가 된다면 개인 납입용 IRP에 꼬박꼬박 적립하고, 개인연금도 꾸준히 부어 다각도로 대비하시길 바랍니다.

✳ 연간 한도 1,800만 원, 꼭 채워야 하나요?

연간 1,800만 원은 최대 납입한도일 뿐, 꼭 그만큼 넣어야 하는 것은 아닙니다. 형편에 맞게 부분납입을 해도 전혀 문제가 없습니다. 중요한 것은 '미래의 자신'을 위해 꾸준히 납입하는 거예요. 우선 1,800만 원이라는 한도의 의미를 정확히 짚고 넘어가 볼게요.

연금저축과 IRP를 합쳐 매년 1,800만 원까지 납입할 수 있는데, 이 중 세액공제 혜택을 받을 수 있는 한도는 900만 원입니다. 다시 말해 연 900만 원까지는 세금 혜택(납입액의 13.2~16.5% 환급)을 받고, 그 금액을 초과해 최대 1,800만 원까지 넣을 수는 있지만 추가 세액공제는 없습니다. 물론 한도를 넘어 1,800만 원을 꽉 채워 넣으면 초과분(900만 원 초과분)에 대해서는 나중에 연금을 받을 때 비과세되며 운용할 때에는 과세이연 효과와 수령 시 연금소득세로 저율과세 혜택을 부여받게 됩니다. 예를 들어 연 1,200만 원씩 10년을 납입했다고 할 때, 매년 900만 원 부분은 세액공제를 받고 300만 원 부분은 공제 없이 넣은 것이 됩니다. 그렇지만 이 300만 원 부분도 계좌 안에서 굴려지는 동안 발생한 운용수익에 대해선 즉시 과세되지 않고, 나중에 연금 수령 시에만 과세되니 세금이연 효과는 있습니다. 또한 해당 원금 자체는 세액공제를 받지 않았으므로 연금 수령 시 비과세로 돌려받을 수 있지요.

따라서 여유가 된다면 세액공제 한도(900만 원)를 초과해 납입하여 노후자금을 불려갈 수 있습니다. 특히 젊을 때 목돈을 모아두면 훗날 복리 효과가 크니, 1,800만 원 풀로 채울 수 있다면 든든한 노후 대비가 되겠지요. 하지만 현실적으로 연 1,800만 원, 즉 월 150만 원을 개인연금에 붓는 분들은 많지 않습니다. 생활비, 주택자금, 자녀 교육자금 등 다른 재무 목표도 있으니까요. 그래서 대부분은 부분납입 전략을 씁니다.

부분납입 전략이란 쉽게 말해 가능한 범위 내에서 넣되, 세제 혜택은 최대한 누리는 방향입니다. 예를 들어 세액공제 한도인 900만 원을 다 못 채우더라도 가능한 한 많이 넣어 공제받는 게 좋습니다. 연 900만 원은 월로 따지면 75만 원인데, 이 금액이 부담된다면 월 30만 원(연 360만 원)이라도 시작하세요. 360만 원을 넣으면 총급여 5,500만 원 이하 근로자의 경우 약 60만 원을 돌려받게 됩니다. 60만 원이면 한 달치 불입액에 육박하니, 꽤 쏠쏠한 혜택이지요. 만약 여유가 생기면 그때 불입액을 늘려가면 됩니다. 연말쯤 가서 여유자금이 생기면 추가 납입을 해서 한도를 조금이라도 더 채우는 식으로 탄력적으로 운용해도 되고요.

또한 풀 납입의 함정도 있습니다. 세액공제 한도를 훨씬 초과해 매년 1,800만 원씩 넣는 경우, 돈은 많이 모이겠지만 그만큼 자금이 오랫동안 묶이게 됩니다. 연금계좌에 넣은 돈은 원칙적으로 55세 이후에나 꺼낼 수 있고, 중도에 빼면 그동안 받은 세금 혜택을 반납해야 한다는 페널티가 크죠. 따라서 만약 향후 5~10년 내 집을 사거나 자녀 교육자금이 필요하다면, 굳이 연금계좌에 모든 여윳돈을 몰아넣을 필요는 없습니다. 연금계좌 납입은 노후자금 확보라는 본래 목적에 충실할 때 가장 빛납니다. 노후 이전에 큰돈이 필요할 예정이라면 그 용도의 자금은 연금계좌 바깥에서 준비하고, 연금계좌에는 진짜 노후까지 묵혀둘 수 있는 여유자금을 넣는 게 맞습니다.

정리하면, 1,800만 원을 꼭 채워야 하는 건 아닙니다. '풀 납입'은 여력이 될 때 고려하면 되고, 일반적으로는 세액공제 한도까지만이라도 채우는 것을 1차 목표로 삼으세요. 그 이하라도 괜찮으니 일단 시작해서 꾸준히 적립하는 게 중요합니다. 나중에 소득이 늘거나 목돈 여유가 생기면 한도를 늘려가면 됩니다. 연금저축은 유연하게 납입금액을 조정할 수 있으니 상황에 따라 증액·감액하면 되고, IRP도 추가 납입이 자유롭습니다. 무엇보다 '부분적으로라도 내 노후자금을 착실히 쌓고 있다'는 안도감이 중요하니까요. 여력이 안 된다고 포기하지 말고 소액이라도 착수해보세요. 그리고 가능하다면 연말정산 혜택을 극대화할 수 있는 수준(한도)에 도전해보시면 좋겠습니다.

✳ 사적연금 수령 한도 연 1,500만 원 넘으면 세금 폭탄을 맞나요?

국세청이 1,500만 원이라는 기준선을 그어놓고 주시하는 돈은 딱 두 가지입니다. 바로 과거에 '세금 혜택을 받은 재원'입니다. 세상에 공짜는 없으니까요.

첫째, 세액공제 받은 원금입니다. 여러분이 연말정산 때 13월의 월급이라며 환급받았던 바로 그 돈입니다. 연금저축이나 IRP에 납입하며 세금을 돌려받았으니, 나중에 연금으로 인출할 때 세금을 내는 것은 당연한 이치입니다.

둘째, 연금계좌 운용수익입니다. 계좌 안에서 ETF나 펀드에 투자해 얻은 모든 수익(매매차익, 배당금, 이자 등)이 해당합니다. 우리는 이 수익에 대해 세금을 한 푼도 내지 않고 재투자하며 복리의 마법을 누렸습니다. '과세이연'이라는 엄청난 혜택을 받았으니, 이제는 세금을 정산할 차례입니다.

이 두 가지를 합한 연금 수령액이 연 1,500만 원을 넘지 않으면 3.3~5.5%의 낮은 연금소득세만 내면 됩니다. 하지만 초과하면 16.5% 분리과세를 선택하거나 다른 소득과 합산해 종합과세(최대 49.5%) 대상이 됩니다.

1,500만 원 한도에서 제외되는 비밀 병기

이제부터가 진짜 중요합니다. 우리가 은퇴 후 현금흐름을 유연하게 설계할 수 있는 이유는 이 한도에 포함되지 않는 강력한 '비밀 병기'들이 있기 때문입니다.

첫째, 세액공제를 받지 않은 원금입니다. 세액공제 한도를 초과해 추가로 납입한 돈입니다. 예를 들어 연 900만 원 한도를 넘어 1,800만 원을 넣었다면, 그 초과분 900만 원은 이미 세금을 다 낸 '내 생돈'입니다. 따라서 나중에 연금으로 인출할 때 세금이 단 1원도 붙지 않는 완전 비과세 금액입니다. 1,500만 원 한도 계산에 아예 포함되지 않으니, 필요할 때 가장 먼저 꺼내 쓸 수 있는 최고의 비상금 역할을 합니다.

둘째, 퇴직금입니다. IRP 계좌에 들어 있는 당신의 퇴직금은 사적연금과 완전히 다른 트랙을 달립니다. 이는 '퇴직소득'이라는 고유의 이름으로 분류되어 별도의 퇴직소득세로 과세됩니다. 즉, 올해 퇴직금에서 2,000만 원을 연금으로 수령해도 사적연금 한도 1,500만 원계산에는 전혀 영향을 주지 않습니다. 오히려 퇴직금을 연금으로 받으면 원래 내야 할 퇴직소득세의 30~40%를 깎아주니, 최고의 절세전략 중 하나입니다.

셋째, 공적연금입니다. 국민연금, 공무원연금 등 국가가 보장하는 공적연금 역시 사적연금과 전혀 무관합니다. 이는 '공적연금소득'

으로 분류되어 매년 연말정산을 통해 세금을 따로 정산합니다. 국민연금을 매달 200만 원씩 받아도, 내가 관리하는 사적연금 1,500만 원 한도는 그대로 살아 있다는 의미입니다.

정리하자면, 사적연금 연 1,500만 원이라는 기준은 '세액공제를 받은 연금 납입액'과 '운용수익'에 한정된 내용이며, 기타 '세액공제를 받지 않은 연금 납입액', '퇴직금', '국민연금 등 공적연금'은 아무런 관계가 없다는 걸 꼭 기억하세요.

그리고 연 900만 원 세액공제 금액을 납입했다고 하더라도 해당 연도에 의료비 지출이나 월세 세액공제 등으로 이미 세금 혜택을 모두 받은 경우 연금에서 세액공제 처리가 안 되는 경우가 있어요. 이런 부분은 나중에 연금 개시 시 증권회사에 가서 '국세청 연금보험료 등 소득·세액 공제 확인서'를 발급받아 제출하면 모두 계산해서 비과세인 부분과 연말정산 혜택을 받은 부분을 정확히 분류할 수 있으니 지금 당장 걱정할 필요는 없습니다.

▌재원별 세금 종류와 핵심 전략 ▌

재원 구분	1,500만 원 한도 포함 여부	세금 종류	핵심 전략
세액공제 받은 원금	포함	연금소득세 (1,500만 원 초과 시 종합과세 또는 16.5% 분리과세 중 선택)	한도 내에서 인출하여 세금 최소화
운용수익	포함		
세액공제 안 받은 원금	미포함	비과세	가장 먼저, 자유롭게 인출
퇴직금	미포함	퇴직소득세(별도)	한도와 무관하게 필요 자금 인출
국민연금	미포함	공적연금소득(별도)	노후 생활의 기본 현금흐름으로 활용

✱ ISA 만기 자금, 연금으로 옮기는 게 진짜 유리한가요?

ISA 만기 자금을 연금계좌로 이전하면 여러모로 세제 혜택 면에서 유리한 점이 많습니다. 구체적으로 어떤 장점이 있는지 하나씩 살펴보겠습니다.

① 추가 세액공제 혜택

ISA에서 뺀 돈을 연금계좌(연금저축이나 IRP)로 넣으면, 연 900만 원 기본 한도 외에 추가로 300만 원까지 세액공제를 받을 수 있는 혜택이 생깁니다. 법에서 ISA 연금 전환에 대한 인센티브를 주고 있어, 연금계좌로 이전된 금액 3,000만 원의 10%(최대 300만 원 한도)를 세액공제해주도록 되어 있습니다. 예를 들어 만기 ISA에서 3,000만 원을 인출해 IRP로 입금하면, 그해에 추가 납입한 300만 원까지 세액공제 대상에 포함됩니다. 기존 한도 900만 원 + 추가 300만 원 = 총 1,200만 원까지 공제받는 셈이죠.

이렇게 되면 총급여 5,500만 원 이하 직장인은 최대 49만 5,000원(300만 원×16.5%)을 추가 환급받을 수 있고, 5,500만 원 초과자는 최대 39만 6,000원(300만 원×13.2%)을 추가로 돌려받습니다. 평소 연금 계좌 한도를 다 채우던 분들도 ISA 덕분에 보너스 공제를 더 받을 수 있는 거예요. 물론 ISA 만기 자금이 1억 원인데 나중에 찬란한 노후를 위해 이걸 모두 연금으로 넣고 싶다고 하면 그것도 가능합니다. 세액공제를 받지 않은 부분은 비과세로 처리됩니다.

② 연금소득 저율과세

ISA 자체도 세제 혜택 상품이라 수익의 일부(일반형 ISA는 200만 원, 서민형 ISA는 400만 원까지)는 비과세이며, 초과분은 9.9% 분리과세로 비교적 저렴하게 세금이 매겨집니다. 그런데 ISA 자금을 연금계좌로 옮기면 어떻게 될까요? ISA에서 발생한 수익에 대해 세금 정산을 하고 돈을 찾게 되는데, 이후 연금에 넣게 되면 수령 시 연금소득세 3.3~5.5%만 내면 됩니다. 예를 들어 ISA 만기 자금 3,000만 원을 바로 일시금으로 찾아 일반 국내 상장 해외 ETF를 매수한다고 가정했을 때 15.4%를 바로 납부해야 하지만, 연금계좌 안에서 운용하게 된다면 과세이연 효과와 더불어 나중에 저율로 세금만 내면 되는 거죠.

③ 연금계좌 납입한도 초과 혜택

일반적으로 연금계좌에는 1년에 1,800만 원까지밖에 넣을 수 없지만, ISA에서 이전하는 금액은 이 1,800만 원 한도와 상관없이 넣을 수 있습니다. 연금저축과 IRP 합산 1,800만 원 규제를 초과하여 입금해도 허용된다는 뜻입니다. 예컨대 올해 이미 IRP·연금저축으로

1,800만 원을 다 납입한 사람이 있다고 해보죠. 이 사람이 만기 ISA 3,000만 원을 추가로 IRP에 넣고 싶어도, 원래라면 그해에는 더 못 넣는데 ISA 전환금액에 한해서는 예외적으로 초과 입금이 가능합니다.

그리고 그 초과 입금한 부분에 대해 아까 말한 추가 세액공제(최대 300만 원)까지 주니 상당히 혜택이 큽니다. 물론 ISA 만기 자금이 그 이상이라고 해도 세액공제 혜택은 못 받는 대신 연금으로 이전은 당연히 가능합니다. 즉, ISA를 활용하면 연금계좌 납입한도를 사실상 늘려주는 효과가 있습니다. 노후자금을 더 불리고 싶은데 연금계좌 한도 때문에 답답했던 분들에게는 ISA 전환이 숨통을 틔워주는 셈이지요.

전환 타이밍과 방법도 중요한데요. ISA는 보통 최소 가입 후 3년이 지나면 만기가 아니더라도 해지 및 전환이 가능합니다. 3년 의무가입 기간만 채우면 만기 전에라도 연금계좌로 옮길 수 있다는 얘기죠. 다만 많은 분들이 5년 만기 시점에 맞춰 연금계좌 이전을 고민하곤 합니다. 언제 옮기든 위 혜택들은 동일하지만, 가급적 연말 전에 옮기는 것이 좋습니다. 연금계좌 세액공제는 납입한 연도 기준으로 혜택을 주기 때문에, 예를 들어 12월 말에라도 입금하면 그해 추가 공제를 받을 수 있습니다. 만기가 임박했다면 너무 미루지 말고 같은 연도 내에 연금계좌로 이체하세요. 다만 ISA 계좌에서 가지고 있던 주식이나 펀드 등 자산은 모두 현금화(매도)해야 한다는 점은 기억하세요.

다만 ISA 자금을 연금으로 옮기면 해당 돈은 동일하게 만 55세까지 묶이게 됩니다. 중간에 찾으면 패널티가 부과되는 건 기존 연금계좌 납입금과 동일해요. 따라서 이 돈을 단기적으로 쓸 계획이 없다면 연금계좌로 옮기는 게 유리하지만, 만약 몇 년 내 써야 할 자금이면 굳이 옮겼다가 묶어둘 필요는 없습니다. 세금 혜택이 좋아도 유동성이 제약되는 점은 감안하세요. 또한 ISA 계좌를 해지한 후 여유가 된다면 다시 새로운 ISA에 가입해두는 것도 팁입니다. ISA는 3년만 채우면 또 연금 전환에 활용할 수 있으니, 일종의 릴레이 전략으로 3년마다 ISA 돈을 모아 연금으로 계속 옮기는 방법도 가능합니다. 그렇게 하면 3년마다 최대 300만 원씩 추가 세액공제를 반복적으로 받을 수도 있겠지요.

여기서 꿀팁 하나를 드리자면, ISA 계좌를 개설할 때의 만기는 9999년 12월 31일로 설정해두라는 것입니다. 혹시 3년이 되는 시점에 주식시장이 급락해 계좌가 물린 경우에도 별도 만기에 따른 현금화 매도 없이 길게 가져갈 수 있다는 것이 투자자 심리 및 수익률 측면에서 좋기 때문입니다. 그리고 혹시라도 만기가 되는 시점에 직전 3개년도 중 단 한 번이라도 '금융소득종합과세자(연간 이자배당소득 2,000만 원 이상)'로 지정된다면 만기 연장이 불가능하여 전액 매도를 해야 하는 불상사가 생길 수 있기 때문입니다.

결론적으로, ISA 만기 자금을 연금으로 옮기는 것은 세제 측면에서 매우 유리합니다. 지금 당장 목돈 활용 계획이 없다면 이 방법을 통해 세금도 아끼고 연금자산도 불려보세요. 다만 옮긴 자금은 노후까지 장기투자할 각오로 두셔야 한다는 것, 잊지 마시기 바랍니다.

✳ 국내 상장 해외 ETF에 투자할 때
세금은 두 번 내야 하나요?

연금저축펀드, IRP, ISA 계좌에서 국내 상장 해외 ETF에 투자하는 사람들이 많습니다. 예를 들어 미국 배당 ETF, 월배당 커버드콜 ETF 등을 매수하면 분배금이 매달 혹은 분기마다 들어옵니다. 그런데 이때 항상 문제가 되는 것이 바로 세금입니다.

기존에는 해외 ETF에서 배당이 발생할 때 해당 국가에서 원천징수세가 먼저 적용됩니다. 예컨대 미국의 경우 15% 정도가 배당소득세로 떼이고 나머지가 계좌로 들어오는 구조였죠. 그런데 투자자가 사용하는 절세계좌(연금, ISA 등)에서는 국세청이 이 원천징수세를 전액 보전해주는 환급 구조가 있었습니다. 즉, 실제로는 해외에서 떼인 세금을 국내에서 채워주어 투자자 입장에서는 '배당금 전체가 계좌에 들어온 것처럼' 작동했습니다. 이 방식 덕분에 절세계좌의 가장 큰 장점 중 하나가 과세이연과 복리 효과 극대화였어요. 세금을 내지 않고 그 금액으로 다시 투자할 수 있으니까요.

그런데 2025년부터 제도가 바뀌었습니다. 이제는 해외에서 떼인 세금을 국세청이 전액 환급하지 않습니다. 대신 '외국납부세액 크레딧 제도'를 도입해 세금을 일부 보전하는 방식으로 바꿨습니다. 구체적으로 해외에서 낸 세금 중 국내 배당소득세율(최대 14%)까지만 공제됩니다.

또한 중요한 변화는 공제 시점입니다. 과거에는 배당 발생 즉시 국세청이 세금을 돌려줬지만, 이제는 즉시 환급이 되지 않습니다. IRP나 연금저축펀드에서 배당이 들어올 때 해외 원천징수세 15%는 그대로 떼이고, 국세청이 공제해주는 세금은 연금 인출 시점에 세액에서 차감하는 방식으로 바뀐 것입니다. 예를 들어 IRP 계좌에서 연금을 개시해 매달 100만 원씩 받는다면, 그동안 쌓인 크레딧을 해당 연도 세액에서 빼주는 구조입니다. 다만 중요한 점은 이 크레딧 제도는 2026년 7월 이후 인출하는 분부터 적용된다는 점입니다. ISA 계좌도 원칙은 동일합니다. ISA에서 발생한 해외 ETF 배당 역시 원천징수는 그대로 진행되고, 만기 시점에 정산하면서 크레딧 형태로 세액을 보전해줍니다.

쉽게 정리하면, 핵심은 두 가지입니다. 첫째, 과거처럼 해외 원천징수세를 전액 환급받을 수 있는 구조가 아니라 일부만 공제된다는 점입니다. 둘째, 세액공제 시점이 배당 지급 시점이 아니라 연금 개시 시점으로 늦춰졌다는 점입니다.

투자자 입장에서 '세금을 두 번 내는 것 아닌가?'라는 걱정이 나올 수 있지만, 연금계좌에서 운용한다면 여전히 절세 효과는 충분합니다. 다만 제도가 바뀐 만큼 국내 상장 해외 배당 위주의 ETF를 담고 가는 전략을 생각한다면, 과세이연 및 절세 효과가 예전보다는 감소했음을 인지하셔야 합니다.

✳ 연금 개시 후에도
계속 투자할 수 있나요?

많은 분들이 연금을 '개시'한다는 것을 어떤 시점에서 계좌를 다 돈으로 바꿔 받는 것으로 오해하시는데, 연금계좌는 개시 후에도 계속 운용할 수 있습니다.

IRP나 연금저축은 4% 룰을 지키며 연금 수령을 하면서 남은 금액으로 잘 운용한다면 '마르지 않는 샘'을 충분히 만들 수 있어요. 예를 들어 내가 IRP에 1억 원이 있는데, 연 5% 수익을 기대하며 매년 1,200만 원씩 빼 쓰겠다, 이런 식으로 계획을 세울 수 있죠. 그러면 계좌에서는 매월 100만 원이 빠져나가고 남은 돈은 계속 투자 운용됩니다. 물론 매년 잔액은 줄지만, 운용을 잘하면 일정 수익을 내어 인출로 인한 감소분을 상쇄하거나 늦출 수도 있습니다.

그러므로 연금 개시 후에도 투자 결정과 운용은 계속됩니다. 사실 어떤 면에서는 더 중요해집니다. 왜냐하면 이제는 현금흐름으로 돈을 빼 쓰면서 남은 돈을 굴려야 하는데, 흔히 말하는 '시퀀스 리스크(초기 인출 시점의 시장 위험)'가 생기기 때문이에요. 예를 들어 65세에 연금을 개시했는데, 마침 그해 증시가 폭락하면 계좌 잔액이 크게 줄어듭니다. 거기에 연금으로 생활비까지 빼가면 이중으로 타격이죠. 한 번 감소한 자산은 다시 복구하기 어려운데 계속 인출까지 하면 고갈 위험이 커집니다. 이것이 은퇴 후 자산운용의 가장 큰 리스크입니다. 그래서 운용 전략과 리스크 관리가 필수적입니다. 몇 가지 핵심 포인트를 짚어볼게요.

은퇴 후 자산운용 전략 ①: 포트폴리오의 보수성 강화하기

연금 개시 시점 전후로는 투자 포트폴리오를 안정 지향적으로 재구성하는 것이 일반적입니다. 은퇴 직전에는 주식:채권 비중을 많이 줄이고 현금성 자산 비중을 늘리죠. 예를 들면 은퇴 전에 70% 주식이었다면, 개시 시점에는 30~40%로 줄이고 나머지는 채권과 현금으로 채웁니다. 이렇게 하면 초기에 큰 폭의 자산 손실 가능성을 줄일 수 있습니다. 왜냐하면 이제부터는 시간보다는 자산 보존이 더 중요해지니까요. 공격적으로 굴려 크게 불릴 시기는 지나간 겁니다(물론 어떤 분들은 은퇴 후에도 공격 투자하시지만 일반론으로는 그렇습니다). 따라서 연금 개시 후에도 일정 부분은 성장자산(주식 등)에 투자하되, 비율을 낮춰 인출 기간 동안 큰 낙폭이 오지 않도록 합니다.

은퇴 후 자산운용 전략 ②: 지속 가능한 인출률 설정하기

연금 개시 후에도 투자하는 이유는 자산을 완전히 다 쓰지 않고 오래 지속시키기 위함입니다. 이를 위해 안전한 인출률을 정해야 합니다. 흔히 미국의 '4% 룰'이 얘기됩니다. 예컨대 연금계좌 자산이

1억이라면 첫해 400만 원을 인출하고 이후 물가만큼 증액하며 인출하면 30년 버티더라, 이런 연구 결과가 4% 룰이죠. 하지만 연도별 시장 변동에 따라 다를 수 있으니, 참고용으로만 알고 계시면 좋습니다. 다만 처음부터 너무 높은 인출률은 위험합니다. 처음부터 과도하게 자산의 10%를 매년 빼면 투자로 보충하기 어려워 조기 고갈될 수 있기 때문이죠. 그래서 연금 개시 초기에 보수적인 가정을 세워 인출액을 정하고 필요시 조정해야 합니다. 예를 들어 초반 5년은 연 3%만 빼다가, 자산이 잘 유지되면 이후 4%로 올리는 식이죠. 또는 반대로 시장이 안 좋으면 인출액을 좀 줄여서 버틴다든지 유연성이 필요합니다.

은퇴 후 자산운용 전략 ③: 지속적인 투자와 리스크 관리

연금 수령 중에도 투자는 계속되지만, 투자 실패에 대한 여유도가 적다는 점을 명심해야 합니다. 젊을 땐 실패해도 다시 벌 시간이 있지만, 은퇴 후엔 복구가 어렵습니다. 따라서 남은 자산은 최대한 지키면서 적정 수익을 노리는 쪽으로 운용해야 합니다. 구체적으로는 다각화를 유지하고, 한두 종목에 올인하는 식의 투기는 피해야 합니다. 또한 연금계좌의 세제 혜택은 여전히 있으니 매매할 때 세금 신경을 덜 써도 되는 장점은 계속 활용하세요. 필요하다면 포트폴리오 안에서 조심스러운 리밸런싱을 이어가야 합니다.

은퇴 후 자산운용 전략 ④: 정기 점검과 계획 수정

연금 개시 후에도 매년 혹은 2년에 한 번씩 재무 상태를 점검해야 합니다. "현재 인출 속도로 가면 자산이 몇 년치 남았는가?", "투자 수익률은 계획 대비 어떤가?", "지출은 예상보다 많거나 적은가?" 등을 살펴봐야 해요. 만약 자산 소진 예상 시점이 빨라지고 있다면 인출액을 줄이거나 투자를 재조정해야 하고, 반대로 자산이 생각보다 잘 불어났다면 인출을 늘릴 수도 있습니다. 즉, 은퇴 후에도 재무 계획은 살아 있는 문서처럼 계속 업데이트가 필요합니다. 75세쯤 되어 자산이 충분히 남았고 더 이상 투자 위험을 질 필요가 없다면 그때는 완전 현금화하여 안전하게 가져가도 되고요. 반대로 60대 중반에 인플레이션이 많이 올라 생활비가 모자랄 것 같으면 투자수익을 좀 더 내기 위해 약간 공격적으로 조정할 수도 있죠.

결론적으로, 연금 개시 후에도 투자는 끝나지 않습니다. 다만 연금 개시된 계좌에는 '추가 납입'은 불가능합니다. '은퇴는 투자 종료가 아니라 투자 전략의 전환'이라고 볼 수 있습니다. 축적기(accumulation phase)에서 인출기(decumulation phase)로 바뀌는 것이죠. 이 시기엔 자산 보전과 현금흐름 확보가 1순위 목표이고, 수익 극대화는 부차적 목표로 내려옵니다. 따라서 보다 안정적이고 계획적인 운용이 중요합니다. 연금계좌 안에서 지속적으로 운용하면서도, 필요하면 외부 다른 투자자산(예: 일반 증권 계좌 자산)과 조율해 전체 포트폴리오를 관리해야 합니다.

✳ 중도인출은 어떤 경우에 가능하고 세금은 어떻게 되나요?

연금저축이나 IRP는 노후 대비 목적으로 세제 혜택을 주는 계좌라, 원칙적으로 만 55세 이전에는 인출이 제한됩니다. 중도에 빼면 그동안 받았던 세금 혜택을 돌려줘야 하고 추가 페널티도 있어요. 다만 예외적으로 불가피한 사유가 있을 때는 중도인출을 허용하거나 세금상 불이익을 줄여주는 규정이 있습니다. 하나씩 살펴볼게요.

연금저축 계좌의 중도인출

연금저축펀드는 법적으로 중도인출 자체는 가능합니다. 언제든 해지하거나 일부 인출할 수 있어요. 하지만 대가가 따릅니다. 세액공제를 받은 원금과 그에 따른 운용수익에 대해 기타소득세가 부과됩니다. 기타소득세율은 16.5%(지방세 포함)입니다. 이 숫자가 나온 배경은 세액공제를 받을 때 최대 16.5% 혜택을 받았던 걸 그대로 토해내게 하는 셈이기 때문입니다.

예외 사유

세법에서는 연금저축의 중도인출 시 부득이한 사유인 경우에는 조금 다른 세율을 적용합니다. 구체적 사유로는 천재지변, 가입자 사망이나 해외 이주, 가입자의 심각한 부상·질병(본인, 부양가족의 3개월 이상 요양 필요), 무주택자의 주택 구입, 사회적 재난 등이 있습니다. 이런 사유로 중도해지하면 기타소득세 16.5% 대신 연금소득세를 매겨줍니다. 연금소득세는 나이에 따라 3.3~5.5%의 낮은 세율이죠. 즉, 어쩔 수 없이 깨는 상황이면 페널티를 면제해주고 원래 연금으로 받았다면 냈을 세금만 내라는 취지입니다. 예를 들어 50세 가장이 크게 아파서 연금저축을 해지한다면, 5.5%의 연금소득세만 떼고 주겠다는 거죠. 이는 세액공제 받은 원금과 수익에 모두 적용됩니다.

IRP 계좌의 중도인출

IRP는 연금저축보다 규제가 더 엄격합니다. 원칙적으로 법에서 정한 사유 외에는 인출 불가입니다. 그냥 필요하다고 뺄 수 없어요. 그럼 어떤 경우에 허용될까요? IRP 중도인출 허용 사유는 퇴직연금 관련법에 있는데, 연금저축의 부득이한 사유와 거의 비슷합니다. 대표적으로 천재지변, 사회적 재난, 개인회생 및 파산신고, 무주택자의 주택 구입(1주택 마련) 또는 전세자금 마련, 본인이나 부양가족의 6개월 이상 요양을 요하는 질병·부상 등이 있습니다. 추가로 IRP는 최초 가입 후 1년 경과한 경우 퇴직 시 인출 인정 등도 있습니다. 그리고 요즘은 임금피크제 적용으로 임금이 줄어든 경우 등도 넣어달라는 논의가 있었는데, 실제 법 개정 여부는 확인이 필요하지만 일부 포함된 것으로 압니다. 이러한 정해진 사유에 해당하면 IRP에서도 중도인출이 가능합니다.

정리하자면, 연금계좌 중도인출은 원칙적으로 금지되어 있고, 특별한 사유 시에만 세제 페널티 경감을 해줍니다. 일반적인 경우 그냥 빼면 그동안 세제 혜택을 다 반납하게 되니, 웬만하면 급전이 필요할 때는 연금저축펀드 담보대출이나 다른 방법을 찾는 것이 좋습니다. 정말 급하지 않을 돈을 연금계좌에 납입하고 운용하며, 만 55세 이전까지는 깨지 않는다고 아예 기억하시길 바라겠습니다.

✳ 연금, 언제 개시하는 게 가장 좋을까요?

연금 개시 시점은 매우 중요한 결정입니다. 빨리 받으면 적게 오래 받고, 늦게 받으면 많이 짧게 받는 구조죠. 정답은 개인 상황에 따라 다르지만, 국민연금과 개인연금을 나누어 살펴보면서 장단점을 비교해볼게요.

국민연금의 조기노령연금 vs 연기연금

국민연금은 공식 지급 개시 연령(출생년도에 따라 현재 62~65세)보다 최대 5년 빨리 또는 5년 늦게 받을 수 있습니다. 이를 각각 조기노령연금과 연기연금 제도라고 해요.

조기노령연금은 정해진 나이보다 최대 5년 일찍 받을 수 있는데, 1년당 6%씩 감액됩니다. 5년 일찍 받으면 연금액이 30% 감소하죠. 예를 들어 정규 연금이 월 100만 원인데 5년 당겨 60세부터 받으면 70만 원 정도만 받게 되는 식입니다. 감액은 평생 지속됩니다. 대신 5년 더 받는 것이니 총액 면에서는 어느 연령까지 사느냐에 따라 달라집니다. 국민연금의 손익분기점은 대략 78~82세 사이로 알려져 있어요. 즉, 대략 80세 전후를 기점으로 그 이전에 사망하면 조기연금이 유리하고, 그 이후까지 오래 살면 연기연금이 유리합니다. 조기연금의 장점은 일찍부터 현금흐름이 생겨 경제활동 공백기나 은퇴 초기 자금 부족을 메울 수 있다는 점입니다. 건강이 안 좋거나 수명에 자신이 없을 때도 '일찍 받는 게 이득'이 될 수 있죠. 단점은 종신 동안 매월 적은 금액을 받으니, 오래 살수록 손해가 커진다는 겁니다. 또한 조기연금을 받으면 근로소득과의 연계감액 규정이 있습니다. 2022년까지는 일정 소득 이상이면 조기연금을 일부 깎았는데, 2023년부터 완전히 폐지되어 조기연금 수령 중 일해도 감액이 없게 되었어요. 이건 조기연금 선택에 긍정적 요인입니다.

반면 연금은 늦출수록 1년에 7.2%씩 증액됩니다. 5년 늦추면 36% 증가하죠. 예를 들어 정규 65세 개시 시 월 100만 원이었다면, 70세부터 받으면 약 136만 원이 됩니다. 증액된 금액은 평생 적용됩니다. 연기연금의 가장 큰 장점은 매월 받는 금액이 크게 늘어나 장수할 경우 총액이 훨씬 많아진다는 것입니다. 앞서 언급한 분기점인 80세 즈음을 넘겨 오래 살면, 받을수록 이득이 커지죠. 또한 건강보험료 측면 등에서도 (국민연금액이 높아지면 피부양자 기준에 걸릴 수도 있지만) 대부분은 수령액 증가가 유리하다고 봅니다. 한편 단점은 그사이 5년간 한 푼도 못 받는다는 것과, 혹시라도 연기 중에 사망하면 한 푼도 받지 못할 위험이 있다는 것입니다. 연기연금 신청 후 연기 기간 중 사망하면 유족연금으로 전환될 텐데, 이미 연금을 받다가 사망했다면 일부나마 받은 게 있겠지만 연금 수령을 늦춰서 미처 못 받고 사망하면 연금보험료를 부은 게 아깝게 느껴질 수도 있죠. 연기연금은 경제적으로 여유가 있고 건강에 자신이 있는 사람들이 선택하는 경향이 있습니다. 다른 소득원이 있어 5년 동안 받지 않아도 버틸 수 있어야 하니까요.

따라서 국민연금 개시 시점은 본인의 건강 상태, 소득 공백 기간, 가족력(수명) 등을 고려해 결정합니다. 일반적으로는 '가능하면 연기하는 게 유리'라는 의견이 많습니다. 왜냐하면 평균수명이 길어지고 있으니까요. 현재 60대 초반 남성의 기대수명은 85세 전후, 여성은 90세 가까이 됩니다. 80세 넘게 살 가능성이 높다는 거죠. 그러면 늦게 받아서 많이 받는 게 총액에선 이득입니다. 또한 국민연금은 물가연동되어 실질가치가 유지되니 늦게 받더라도 가치가 깎이는 것도 아닙니다. 반대로 '난 70도 못 살 것 같다' 싶으면 일찍 타는 게 맞겠지요.

개인연금(연금저축·IRP 등)의 개시 시점

개인연금은 법적으로 55세 이후이면 개시 가능하나, 꼭 55세에 시작해야 하는 건 아닙니다. 본인이 원하는 시점까지 계좌를 유지하며 운용하다가 개시를 선언하면 됩니다. 세법상 연금 수령이라 함은 55세 이후 5년 이상 분할인출을 말해요. 언제 시작할지는 자율입니다. 그렇다면 언제가 좋을까요?

일찍 개시하면 그만큼 세금이 낮은 연금소득으로 돈을 꺼내 쓸 수 있습니다. 예컨대 55세에 퇴직했고 생활비가 필요하다면 개인연금을 바로 개시해서 쓰면 좋아요. 이때 연간 1,500만 원 한도로 연금소득세 5%만 떼면서 꺼낼 수 있으니, 다른 과세소득보다 유리한 현금흐름입니다. 또한 개인연금계좌도 만 55세부터 10년 넘게 받으면 연금소득 한도 초과분에 대해 분리과세를 선택할 수 있는 혜택(새로 생긴 제도)이 있으니, 너무 늦게 시작하면 10년 요건을 못 채울 수도 있죠. 그래서 60세 전후부터는 시작해 10년 이상 가져가는 것이 기본 가이드입니다. 일찍 시작해야 하는 또 하나의 이유는 운용 리스크 감소입니다. 시장 상황이 안 좋을 때 차라리 인출을 해서 안전자산으로 가져오는 전략일 수도 있습니다.

개인연금은 연기할수록 추가 가산은 없지만, 계좌 내 운용을 계속할 수 있죠. 특히 투자수익을 더 낼 자신이 있거나 다른 소득원이 있어 당장 찾아 쓰지 않아도 될 경우, 계속 굴리다가 나중에 필요한 때 쓰는 게 좋습니다. 또한 연령대 상승에 따른 연금소득세율 감소를 노릴 수 있습니다. 70세를 넘어가면 연금소득세가 4.4%로 낮아지니, 굳이 55세부터 안 받고 투자를 지속하다 70세쯤 시작하면 매년 세금이 더 적습니다.

정리하자면, 국민연금은 일반적으로 건강하고 여유가 있다면 연기(늦추기)가, 특별한 사정이 있으면 조기수령이 유리합니다. 개인연금은 본인의 은퇴 시기와 자금 수요에 맞춰 유연하게 결정하면 됩니다.

✳ 연금계좌 내 자동으로 이자가 붙나요?

당신의 연금계좌를 지금 바로 열어보세요. 만약 시장의 변동성이 커 보여 ETF나 펀드를 잠시 팔고 현금(예수금)으로 보유하고 있다면, 흥미로운 사실 하나를 발견하게 됩니다. IRP나 DC형 퇴직연금 계좌의 현금에는 아주 작게나마 기준금리와 연동된 CMA 금리 정도에 맞춰 이자가 꼬박꼬박 붙고 있지만, 연금저축펀드 계좌의 현금은 1년 내내 그대로인 것을….

증권사의 실수일까요? 아닙니다. 이는 당신의 소중한 노후자산을 관리하는 두 개의 다른 '법'이 서로 다른 방식으로 작동하고 있기 때문입니다. 이 차이를 아는 것은 단순히 지적 호기심을 채우는 것을 넘어, 언제 어디서 현금을 보유해야 할지에 대한 현명한 투자 전략으로 이어져요.

'근로자퇴직급여 보장법'의 철통 요새, 퇴직연금

IRP와 DC형 퇴직연금은 '개인의 자발적 저축' 이전에 '근로자의 퇴직금'이라는 매우 중요한 성격을 갖습니다. 국가 입장에서는 회사가 어려워지더라도 근로자의 마지막 보루인 퇴직금만큼은 단 한 푼도 잃지 않도록 지켜야 할 의무가 있습니다. 그래서 이 계좌들은 '근로자 퇴직급여 보장법'이라는 강력한 법의 통제를 받습니다.

이 법의 핵심은 '안전'입니다. 법은 당신이 투자하지 않고 계좌에 남겨둔 현금(예수금)이 증권사 금고에서 잠자는 것을 허락하지 않습니다. 대신 이 돈을 의무적으로 '한국증권금융(AAA등급)'이라는 독립적이고 극도로 안전한 기관으로 보내도록 강제합니다. 쉽게 말해 당신의 돈을 증권사로부터 분리해 국가가 지정한 '특수 안전금고'에 보관하는 셈이죠.

한국증권금융은 이 예치된 자금을 국채 매입 등 안정적인 곳에 운용하여 수익을 냅니다. 그리고 그 수익의 일부를 '예수금 이자'라는 이름으로 우리에게 돌려줍니다. 이것이 바로 IRP와 DC 계좌 예수금에 이자가 붙는 이유이기도 하죠. 이는 당신이 투자를 쉬는 동안에도, 당신의 퇴직금이 법의 보호 아래 최소한의 수익이라도 내도록 설계된 국가의 강력한 보호 장치인 겁니다.

'소득세법'의 자유로운 놀이터, 연금저축펀드

반면 연금저축펀드는 퇴직금 보전보다는 개인의 자발적인 노후 준비를 장려하는 데 목적이 있습니다. 따라서 이 계좌를 규율하는 법은 '소득세법'입니다. 이 법의 핵심은 '세제 혜택을 통한 유인'과 '투자의 자율성'입니다.

소득세법은 퇴직급여법처럼 투자되지 않은 현금을 어떻게 관리해야 하는지에 대한 강제 규정을 두고 있지 않습니다. 따라서 연금저축 펀드 계좌에 있는 예수금은 한국증권금융으로 갈 의무가 없으므로 별도의 이자가 붙지 않습니다. 그저 투자자의 다음 지시를 기다리는 '단순 대기 자금'으로 취급될 뿐이죠.

정리하자면, IRP 계좌에서는 예수금으로 놔둬도 이자가 붙고, 연금저축펀드는 안 붙는다고 할 수 있습니다.

지금 주목해야 할
액티브 ETF 12선

✻ 액티브 ETF,
연금 투자의 새로운 패러다임

연금계좌(IRP, 연금저축, ISA) 관리 방법으로는 오랫동안 시장지수를 추종하는 패시브 투자가 지배해왔습니다. '시장을 이길 수 없다면 시장을 따라가라'는 효율적 시장 가설에 기반한 이 전략은 지난 수십 년간 유효했습니다. 그러나 2020년대 들어 금융시장은 구조적인 변곡점을 맞이했습니다. 인공지능이라는 거대한 기술적 파도가 산업 전반을 재편했고 금리와 환율 등 매크로 변동성은 심화되었습니다. 또한 미·중의 패권 전쟁으로 인해 공급망이 재편되면서 특정 섹터의 급등과 급락을 유발하고 있습니다. 이러한 고변동성, 초양극화 장세에서 단순히 지수만을 추종하는 전략은 시장 평균 수익률은 보장할 수 있을지 몰라도 '경제적 자유'를 위한 초과 수익(알파)을 달성하는 데에는 한계가 있습니다.

이번 스페셜 파트는 이러한 환경 변화 속에서 연금자산을 효율적으로 증식하고 절세 혜택을 극대화하고자 하는 투자자들을 위해 작성되었습니다. 특히 펀드매니저의 재량과 운용 철학으로 시장 대비 초과 성과를 추구하는 '액티브 ETF'에 주목하여 이를 활용한 전략적 자산배분법을 심도 있게 다룹니다. 현직 PB로서 수많은 고액 자산가들의 포트폴리오를 관리하면서 축적한 경험과 데이터를 바탕으로 현시점에서 상승 잠재력과 포트폴리오 방어력을 동시에 갖춘 액티브 ETF 12선을 엄선했습니다.

단순히 종목을 나열하는 수준을 넘어 지금 이 시점에 액티브 전략이 필요한 이유, 그리고 연금 세제 혜택을 활용하여 최적의 포트폴리오를 구성할 수 있도록 구체적인 가이드를 제공하려고 합니다. 1,000개가 넘는 ETF의 홍수 속에서 길을 잃지 않고 '보석 같은' 상품을 선별하는 안목을 기르는 데 이 책이 정확한 나침반이 되기를 바랍니다.

✳ 초보자도 쉽게 따라 하는
알짜배기 ETF 고르는 요령

현재 국내 시장에 상장된 ETF의 수는 1,000개를 훌쩍 넘어섰습니다. 이는 투자자들에게 다양한 선택권을 제공한다는 측면에서는 긍정적이지만, 반대로 의사결정을 방해하는 요인이 되기도 합니다. 이름만 조금 다를 뿐 콘셉트가 유사해 보이는 수많은 상품 중에서 내 계좌를 불려줄 진정한 옥석을 가려내는 일은 전문가에게도 쉽지 않은 과제입니다. 지금부터 초보자도 실전에서 활용할 수 있고 실패 확률을 획기적으로 낮추는 ETF 선별 요령을 공유합니다.

● 1단계: 시장의 관심과 유동성을 확인하라

ETF는 주식처럼 실시간으로 거래되는 상품입니다. 따라서 거래량과 운용자산의 규모(AUM)는 단순한 인기도를 넘어 해당 상품의 안정성과 효율성을 드러내는 핵심 지표입니다.

최근 거래량이 급증하는 ETF는 당연히 그럴 만한 이유가 있을 것입니다. 투자자들의 필요성이 증가하고 시장 트렌드에 부합하기 때문에 시장의 주목을 받는 것이죠. 이러한 종목들을 먼저 살펴보는 게 효율적입니다.

거래량이 부족한 ETF는 스프레드(Spread, 매수와 매도 호가 사이의 차이)가 벌어지는 경향이 있습니다. 이는 투자자가 매수할 때는 더 비싸게, 매도할 때는 더 싸게 팔아야 하는 '보이지 않는 비용'을 발생시킵니다. 장기투자를 전제로 하는 연금계좌에서 이러한 비용 누수는 복리 효과를 저해하는 치명적인 요인이 됩니다.

주의할 점을 알았다면 이제 실전에 들어가 볼까요?

우선, NAVER 증권 탭이나 증권사 HTS/MTS를 통해 거래량 기준으로 내림차순 정렬하여 상위권에 위치한 상품들을 우선적으로 검토해야 합니다.

국내증시

증권홈 > 국내증시 > KRX 주요시세 > ETF

ETF

ETF(상장지수펀드)는 기초지수의 성과를 추적하는 것이 목표인 인덱스펀드로, 거래소에 상장되어 있어서 개별주식과 마찬가지로 기존의 주식계좌를 통해 거래를 할 수 있습니다. 그 구성종목과 수량 등 자산구성내역(PDF)이 투명하게 공개되고 있고, 장중에는 실시간으로 순자산가치(NAV)가 제공되어 거래에 참고하실 수 있습니다. ETF는 1좌를 거래할 수 있는 최소한의 금액만으로 분산투자 효과를 누릴 수 있어 효율적인 투자수단이며, 펀드보다 운용보수가 낮고 주식에 적용되는 거래세도 붙지 않습니다.

종목명	현재가	전일비	등락률	NAV	3개월수익률	거래량	거래대금(백만)	시가총액(억)
TIGER 미국S&P500	25,015	▼ 265	-1.05%	24,961	+11.54%	5,377,010	134,842	122,686
KODEX 200	57,655	▼ 1,340	-2.27%	57,664	+27.50%	6,824,310	394,271	108,449
KODEX CD금리액티브(합성)	1,074,615	▲ 80	+0.01%	1,074,631	+0.65%	231,087	250,478	90,402
KODEX 머니마켓액티브	102,945	▲ 15	+0.01%	102,952	+0.67%	486,191	50,049	83,928
TIGER 미국나스닥100	164,805	▼ 3,010	-1.79%	164,517	+13.62%	500,576	82,653	72,102

자료: NAVER 증권

또한, 'K-ETF.com'과 같은 ETF 비교 분석 포털을 활용하여 동일 테마 내에서도 AUM이 꾸준히 증가하는 상품을 찾아야 합니다. AUM이 크다는 것은 기관투자자들의 자금이 유입되고 있다는 신호일 수 있으며, 운용사가 해당 상품을 주력으로 관리하고 있다는 뜻이기도 합니다.

자료: K-ETF.com

● 2단계: 상품의 DNA를 해부하라

이름만 보고 투자를 결정하는 것은 가장 위험한 습관입니다. 특히 액티브 ETF는 지수를 그대로 추종하는 패시브 ETF와 달리 운용사의 철학에 따라 구성종목과 비중이 시시각각 변합니다. 따라서 운용사 홈페이지를 방문하여 상품의 기본정보는 반드시 확인해야 합니다. 지금부터 투자를 결정하기 전 반드시 확인해야 하는 여섯 가지 정보를 알려드리려고 합니다.

첫째, ETF의 현재가입니다. ETF는 보통 상장할 때는 주가가 1만 원으로 시작되기 때문에 현재가만 보더라도 상장 이후 얼마나 올랐는지 대략 감을 잡을 수 있습니다. 현재가가 5,000원이냐, 3만 원이냐는 해당 ETF를 판단하는 데 있어서 차이점이 크다고 볼 수 있습니다.

둘째, 순자산(AUM)도 살펴야 합니다. 해당 ETF의 시가총액이라고 할 수 있는 AUM은 가장 핵심 지표라고 볼 수 있습니다. 조금 과장하면 시장의 관심과 신뢰를 의미하기도 합니다.

셋째, 총보수가 얼마나 되는지도 확인해야 합니다. 액티브 ETF는 일반적으로 패시브 ETF보다 보수가 높습니다. 그러나 단순히 보수가 낮다고 좋은 것은 아닙니다. 0.8%의 보수를 내더라도 벤치마크 대비 3% 이상의 초과 수익을 낸다면 그것이 훨씬 효율적인 투자입니다. 따라서 보수 자체보다는 '보수 차감 후 수익률'에 집중해야 합니다.

넷째, 상장일도 중요한 정보입니다. 해당 ETF가 얼마나 긴 히스토리를 가지고 있는지 확인하는 것도 중요합니다. 유사한 ETF들끼리 비교할 때 AUM과 함께 종합적으로 판단하는 요인이 됩니다.

다섯째, 분배금은 배당에 관심이 많거나 배당이 중요한 ETF에 투자할 때 매우 중요한 정보입니다.

여섯째, 구성종목을 눈여겨보세요. 특히 ETF 운용사 홈페이지에서 가장 중점적으로 확인해야 할 부분이 바로 구성종목입니다. 단순히 이름만 가지고는 해당 ETF를 정확히 알기 어렵습니다. 구성종목을 확인하여 투자자가 원하는 콘셉트와 전략대로 투자 종목을 보유하고 있는지 판단해야 합니다. 특히 유사한 ETF 중에서 내가 원하는

ETF를 고를 때도 구성종목을 구체적으로 확인하고 신중히 선택해야
합니다.

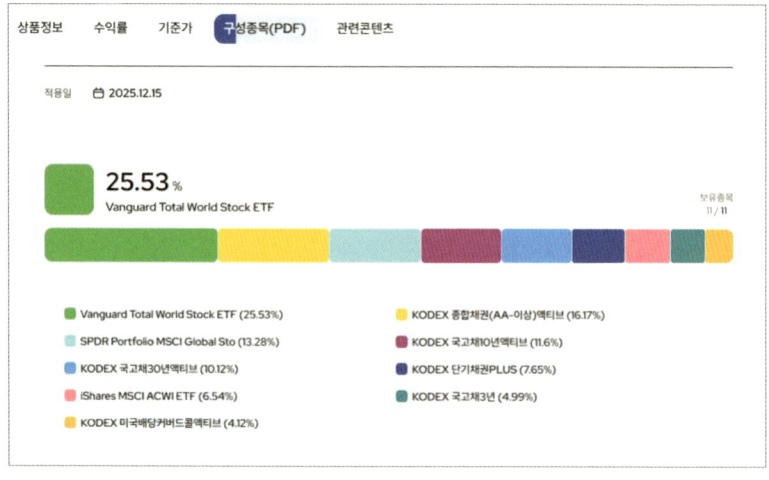

자료: K-ETF.com

● 3단계: 정보의 비대칭성을 활용하라

우리가 쉽게 접하는 투자 커뮤니티나 뉴스 기사 속 정보는 이미
시장에 반영되었거나 왜곡된 쏠림 현상일 가능성이 높습니다. 현직에
있다 보면 고객분들이 자극적인 썸네일의 유튜브 영상을 보고 최근
유행하는 ETF에 대해 문의하는 경우가 매우 많습니다. 그러나 관심
도가 높다고 해서 좋은 ETF란 보장은 없습니다. 오히려 나에게는 전

혀 맞지 않은 ETF일 가능성이 높습니다. 남들보다 한발 앞선 투자를 위해서는 정보의 질 자체를 높여야 합니다.

증권사 애널리스트가 직접 운영하는 텔레그램 채널(종목 추천 아님)이나 자산운용사의 본부장(CIO)급 인사들이 출연하여 상품의 기획 의도와 운용 전략을 설명하는 전문 유튜브 채널을 참고하는 것이 좋습니다. 이러한 채널에서는 단순한 상품 홍보를 넘어 해당 산업의 공급망 변화, 기술 트렌드의 이면, 경쟁사 동향 등 깊이 있는 인사이트를 제공합니다. 이러한 고밀도 정보를 통해 해당 ETF가 유행에 편승한 상품인지, 아니면 구조적인 성장을 담아낼 그릇인지를 판단해야 합니다.

※ 최적의 절세계좌 포트폴리오를 구성하기 위한 ETF TOP 12

몇 가지 ETF를 추천하기 전에, 먼저 이들을 담을 그릇인 절세계좌의 구조적 특성을 이해하고 이에 맞는 자산배분 전략을 수립해야 합니다. 절세계좌 포트폴리오는 IRP를 중심으로 연금저축, ISA까지 유기적으로 연결됩니다.

IRP의 '안전자산 30%' 규칙

IRP 계좌는 법적으로 전체 자산의 30% 이상을 안전자산으로 보유해야 합니다. 많은 투자자가 이를 투자의 걸림돌로 여기고 예금이나 단순 채권에 방치하곤 합니다. 그러나 현명한 투자자는 이 30%의 영역을 '방어력을 갖춘 공격수'로 채웁니다.

지금부터 소개할 '채권혼합형 액티브 ETF'들은 주식 비중을 40% 미만으로 유지하는 상품으로, 법적으로는 안전자산으로 분류되지만 실제로는 엔비디아와 같은 초우량 성장주나 미국 장기채와 같은 고변동성 자산을 편입하여 상당한 초과 수익을 추구합니다. 이를 통해

IRP 내 실질적인 주식 투자 비중을 70% 이상으로 끌어올리며 '합성 포트폴리오' 효과를 냅니다.

본문에서도 설명했지만 절세계좌 포트폴리오는 IRP부터 연금저축, ISA까지 연결되고 확장됩니다. 안전자산(채권형) 30%의 제약이 있는 IRP 포트폴리오를 구성하면 이를 토대로 연금저축과 ISA 포트폴리오까지 일관적으로 구성할 수 있게 됩니다.

다음의 TOP 12 ETF들은 글로벌 자산배분 차원에서 채권형, 국내주식형, 미국주식형, 중국주식형으로 분류했으며, 시장 상황에 맞게 투자 비중을 조절할 수 있습니다. 또한 제가 실제 IRP 포트폴리오에 담고 있는 ETF를 중심으로 정리한 내용입니다.

채권형 ETF 2선:
흔들리지 않는 편안함과 성장의 조화

ACE 엔비디아채권혼합 (448540)

기본정보	한국투자자산운용(ACE ETF)의 채권혼합 대표 ETF
상장일	2022년 11월 29일
AUM	약 2,629억 원
총보수	0.07%

이 상품은 IRP 안전자산 30% 규칙을 가장 영리하게 활용할 수 있는 솔루션 중 하나입니다. 전 세계 시가총액 1위이자 AI 산업의 심장인 '엔비디아'에 약 30%를 투자하고 나머지 70%는 안정적인 국내 국

공채에 투자하는 상품입니다.

투자 포인트

높은 성장성과 낮은 변동성

엔비디아는 높은 성장성을 보이지만 변동성 또한 극심합니다. 이 ETF는 채권 70%가 완충재 역할을 하여 엔비디아 개별 주식 대비 현저히 낮은 변동성을 보입니다. 동시에 엔비디아의 주가 상승분을 30%만큼 향유할 수 있어 예금 금리를 훨씬 상회하는 기대수익률을 제공합니다.

자동 리밸런싱 효과

엔비디아 비중을 30%로 맞추는 과정에서 자연스럽게 리밸런싱이 발생합니다. 엔비디아가 급등하면 일부를 팔아 채권을 사고(이익 실현) 급락하면 채권을 팔아 엔비디아를 삽니다(저가 매수). 이러한 메커니즘은 장기적으로 투자자의 감정을 배제하고 고점 매수, 저점 매도의 실수를 방지해줍니다.

상위 구성종목 TOP 10		
순위	종목	비중
1	NVIDIA CORP	32.15%
2	원화현금	26.49%
3	국고채권03125-2606(23-4)	9.00%
4	국고채권01250-2603(21-1)	6.10%
5	국고채권03250-2603(24-3)	5.27%
6	국고채권01750-2609(21-7)	3.99%
7	국고채권04250-2512(22-13)	3.72%
8	국고채권01875-2606(16-3)	2.20%
9	국고채권02875-2609(24-9)	2.13%
10	국고채권02125-2706(17-3)	1.98%

2025년 12월 기준

최근 2년간 주가 추이

ACE 미국30년국채액티브 (476760)

기본정보	한국투자자산운용(ACE ETF)의 또 다른 채권혼합 대표 ETF
상장일	2024년 3월 12일
AUM	약 3,432억 원
연보수	0.05%

미국 장기채는 거시경제 환경 변화, 특히 금리 인하 사이클에서 가장 강력하게 자본차익을 기대할 수 있는 자산입니다.

투자 포인트

듀레이션 효과

채권 가격은 금리와 반대로 움직이며, 만기가 길수록(듀레이션이 클수록) 가격 변동 폭이 큽니다. 미국 30년 국채는 금리가 1% 하락할 때 약 15~20%의 가격 상승을 기대할 수 있어 주식 못지않은 기대수익률을 가집니다.

월배당 현금흐름

연 4.5~4.8% 수준(YTM 기준)의 분배금을 지급합니다. 이는 은퇴 생활자에게 소중한 현금흐름이 되며 적립식 투자자에게는 하락장에서 주식형 ETF를 추가 매수할 수 있는 재원이 됩니다.

환노출형(UH) 전략의 우위

보통 환헤지형(H) 상품이 인기가 많지만 PB 관점에서는 환노출형을 추천합니다. 글로벌 경제위기 시 달러 가치는 상승하는 경향이 있어 채권 가격 하락을 환차익으로 방어하거나 채권 가격 상승과 환율 상승을 노릴 수 있는 훌륭한 헤지 수단이 되기 때문입니다. 또한 환헤지 비용을 절감하여 장기 수익률을 보존할 수 있습니다.

상위 구성종목 TOP 10		
순위	종목	비중
1	VANGUARD EXTENDED DUR TREAS	25.12%
2	PIMCO 25+ YR ZERO CPN US TIF	18.47%
3	T 4 3/4 05/15/55	17.06%
4	T 4 5/8 02/15/55	6.83%
5	T 4 1/2 11/15/54	5.83%
6	ISHARES 20+ YEAR TREASURY BD	4.08%
7	SP 0 02/15/55	3.86%
8	T 4 1/4 08/15/54	3.73%
9	SP 0 05/15/55	3.41%
10	SP 0 08/15/55	3.37%

2025년 12월 기준

▎ 최근 2년간 주가 추이 ▎

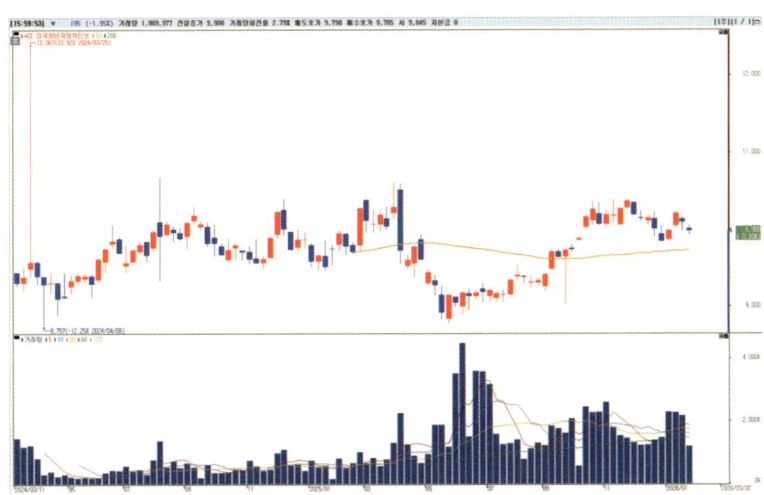

국내주식형 ETF 3선:
코리아 디스카운트를 넘어서는 액티브 전략

KoAct 코리아밸류업액티브 (945230)

기본정보	삼성액티브자산운용(KoAct ETF)의 국내주식형 액티브 ETF
상장일	2024년 11월 4일
AUM	약 571억 원
총보수	0.5%

정부 주도의 '기업 밸류업 프로그램'은 한국 증시의 고질적인 저평가 해소를 목표로 합니다.

> **투자 포인트**
>
> **진정성 있는 밸류업 기업 선별**
> 단순한 저PBR(주가순자산비율) 주식이 아닌, 주주 환원 의지가 확실하고 현금흐름이 우수한 기업을 선별합니다. 기존의 고배당 ETF들이 금융, 지주사에 편중된 것과 달리 이 ETF는 삼성전자, SK하이닉스와 같은 기술주도 포함합니다. 이는 해당 기업들이 잉여현금흐름을 바탕으로 자사주 소각이나 배당 확대에 나설 가능성을 높게 평가하기 때문입니다.
>
> **숫자의 함정을 넘어서는 펀더멘털 분석**
> 밸류업 지수를 기계적으로 추종하면 사양산업에 속한 기업까지 편입하게 됩니다. 액티브 운용은 펀더멘털 분석을 통해 이러한 함정을 피하고 정책 변화에 따른 수혜 강도가 가장 높은 기업으로 포트폴리오를 압축합니다. 실제로 밸류업 테마로 주목을 받았던 대표적인 배당주 ETF인 TIGER 코리아배당다운존스와 달리 해당 ETF에서는 삼성전자와 SK하이닉스를 보유함으로써 상대적으로 높은 수익률을 보여주었습니다.

상위 구성종목 TOP 10		
순위	종목	비중
1	SK하이닉스	25.35%
2	삼성전자	19.08%
3	KB금융	4.36%
4	현대차	4.21%
5	한화에어로스페이스	3.90%
6	신한지주	3.56%
7	HD현대일렉트릭	3.02%
8	기아	2.68%
9	현대로템	2.64%
10	하나금융지주	2.26%

2025년 12월 기준

▮ 최근 2년간 주가 추이 ▮

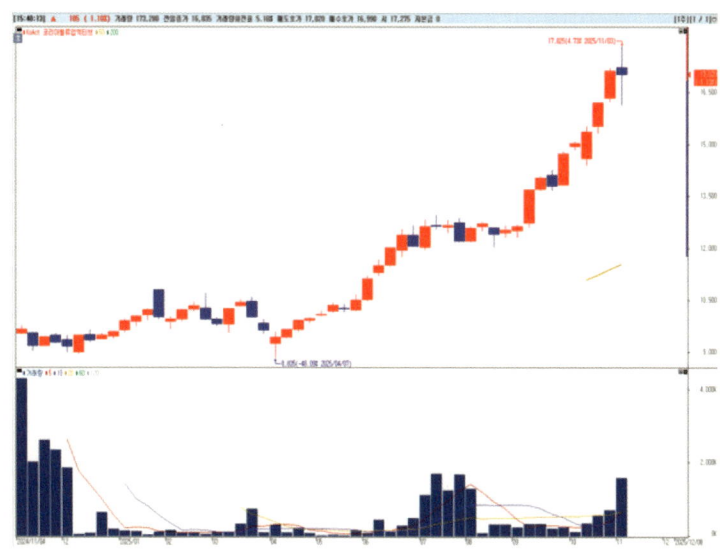

KoAct 반도체&2차전지핵심소재액티브 (482030)

기본정보	삼성액티브자산운용(KoAct ETF)의 국내주식형 액티브 ETF
상장일	2024년 5월 14일
AUM	약 46억 원
총보수	0.5%

대한민국 수출의 양대 산맥인 반도체와 2차전지 소재 기업에 집중 투자합니다. (구 '테크핵심소재공급망액티브'에서 명칭 변경)

투자 포인트

섹터 로테이션 대응

반도체와 2차전지는 시황에 따라 주도권이 빠르게 교체됩니다. 개인투자자가 이 타이밍을 맞추기는 어렵습니다. 전문 매니저가 업황 사이클에 따라 반도체와 배터리 소재 비중을 조절하여 수익률을 극대화합니다.

소재 기업의 높은 베타

대형주(삼성전자, LG엔솔)보다 주가 탄력성이 높은 '소부장(소재·부품·장비)' 기업 위주로 구성되어 있어 상승장에서 폭발적인 수익률을 기대할 수 있습니다. 특히 2차전지 소재 기업의 비중이 비교적 높은 편으로 최근 ESS 호재로 높은 상승률을 보여주었으며, 소재 기업 특성상 대형주와 다르게 변동성이 높은 점은 주의해야 합니다.

상위 구성종목 TOP 10		
순위	종목	비중
1	엘앤에프	8.69%
2	에코프로	8.67%
3	고려아연	7.44%
4	에코프로비엠	6.57%
5	포스코퓨처엠	6.56%
6	LG화학	5.57%
7	한솔케미칼	5.18%
8	솔브레인	4.68%
9	포스코인터내셔널	4.42%
10	동진쎄미켐	4.34%

2025년 12월 기준

최근 2년간 주가 추이

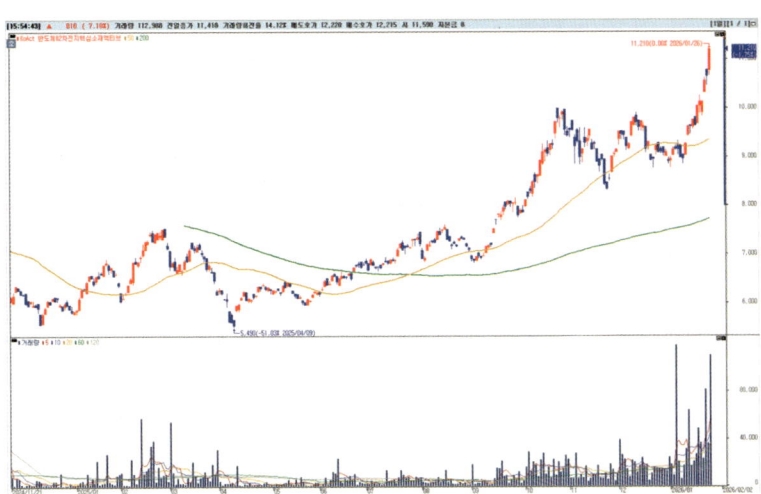

RISE AI전략인프라 (0101N0) / RISE 글로벌원자력 (442320)

	RISE AI전략인프라	RISE 글로벌원자력
기본정보	KB자산운용(RISE ETF)의 국내주식형 ETF	KB자산운용(RISE ETF)에서 운용하는 국내·글로벌 원전 대표기업 ETF
상장일	2025년 9월 23일	2022년 10월 13일
AUM	약 682억 원	약 2,622억 원, 반기배당이 특징
총보수	0.2%	0.4%

먼저, RISE AI전략인프라입니다. AI 데이터센터가 급증하면서 전력 수요가 증가하고 있습니다. 전기 없이는 AI도 없다는 명제하에 전력 인프라 기업들이 슈퍼사이클에 진입했습니다.

투자 포인트

K-변압기의 글로벌 경쟁력
미국의 노후 전력망 교체 수요와 AI 데이터센터 신규 수요로 인해 HD현대일렉트릭, LS일렉트릭 등 한국의 전력 기기 업체들이 역대급 수주 잔고를 기록하고 있습니다.

신속한 자금 유입
상장 직후 높은 수익률을 기록하며 AUM이 빠르게 증가하고 있습니다. 이는 시장의 관심이 반도체(칩)에서 인프라(전력)로 확산되고 있음을 보여줍니다. 낮은 보수(0.2%) 또한 장기투자에 매력적인 요인입니다.

상위 구성종목 TOP 10		
순위	종목	비중
1	LS ELECTRIC	8.93%
2	효성중공업	8.78%
3	대한전선	8.60%
4	일진전기	8.53%
5	HD현대일렉트릭	8.39%
6	두산에너빌리티	8.22%
7	가온전선	7.14%
8	산일전기	6.73%
9	지엔씨에너지	6.47%
10	LG에너지솔루션	6.18%

2025년 12월 기준

▌ 최근 2년간 주가 추이 ▌

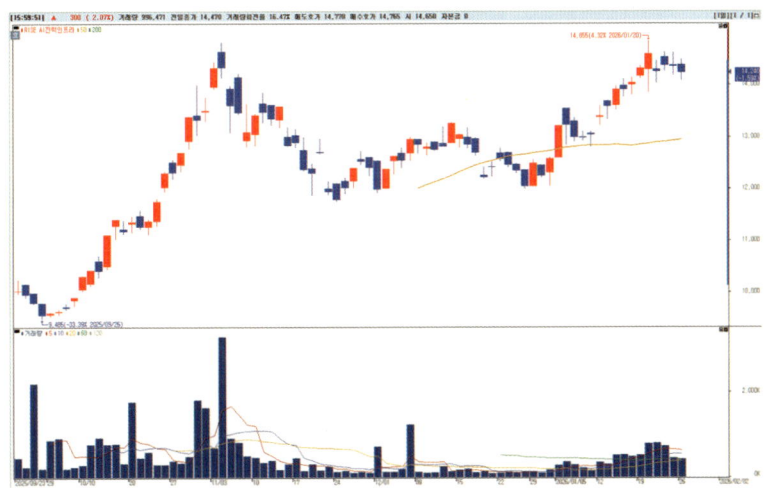

다음으로, RISE 글로벌원자력입니다. K-원전 기업을 포함한 글로벌 원자력 발전 기업 등 약 30개 종목으로 구성되어 있습니다. 원자력은 현재 미국에서 AI와 가장 밀접한 에너지원으로 주목받고 있으며, 미국 원전 레거시인 컨센트레이션에너지(CEG)와 K-원전 대표주인 두산에너빌리티를 하나의 ETF에서 투자할 수 있다는 점이 가장 큰 특징입니다.

상위 구성종목 TOP 10		
순위	종목	비중
1	Constellation Energy Corp	23.18%
2	Cameco Corp	20.22%
3	두산에너빌리티	12.39%
4	BWX Technologies Inc	8.13%
5	HD현대일렉트릭	6.62%
6	Oklo Inc	3.52%
7	효성중공업	3.37%
8	LS ELECTRIC	2.69%
9	Uranium Energy Corp	2.63%
10	NexGen Energy Ltd	2.35%

2025년 12월 기준

최근 2년간 주가 추이

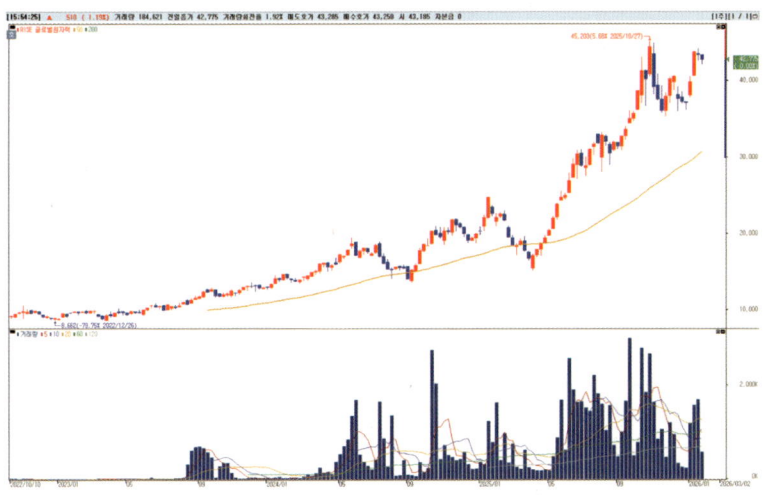

미국주식형 3선:

글로벌 기술 패권을 향한 집중 투자

ACE 테슬라밸류체인액티브 (457480)

기본정보	한국투자자산운용(ACE ETF)의 글로벌 ETF
상장일	2023년 5월 16일
AUM	약 1조 2,411억 원의 초대형 ETF
총보수	0.29%

단일 종목 테슬라에 대한 노출도를 극대화하면서 관련 생태계까지 아우르는 초대형 액티브 ETF입니다.

투자 포인트

테슬라 생태계의 확장성
단순히 전기차(EV) 제조사를 넘어 자율주행(FSD), 휴머노이드 로봇(Optimus), 우주항공(SpaceX 간접 효과), AI(xAI) 등 일론 머스크의 모든 혁신 사업에 간접투자하는 효과를 누릴 수 있습니다.

구조적 안정 장치
테슬라 비중을 최대로 가져가면서도 테슬라에 반도체를 공급하는 엔비디아, 삼성전자 등을 함께 편입하여 단일 종목 리스크를 일부 상쇄합니다. 테슬라의 장기 비전을 신뢰하는 투자자에게 가장 적합한 상품입니다.

상위 구성종목 TOP 10		
순위	종목	비중
1	DIREXION DAILY TSLA BULL 2X	23.95%
2	TESLA INC	16.75%
3	CONTEMPORARY AMPEREX TECHN-A	4.06%
4	삼성전자	3.88%
5	NVIDIA CORP	3.80%
6	ADVANCED MICRO DEVICES	3.77%
7	T-REX 2X LNG TESLA DLY TRGT	3.22%
8	LG에너지솔루션	3.14%
9	TAIWAN SEMICONDUCTOR-SP ADR	2.67%
10	PALANTIR TECHNOLOGIES INC-A	2.61%

2025년 12월 기준

▌ 최근 2년간 주가 추이 ▌

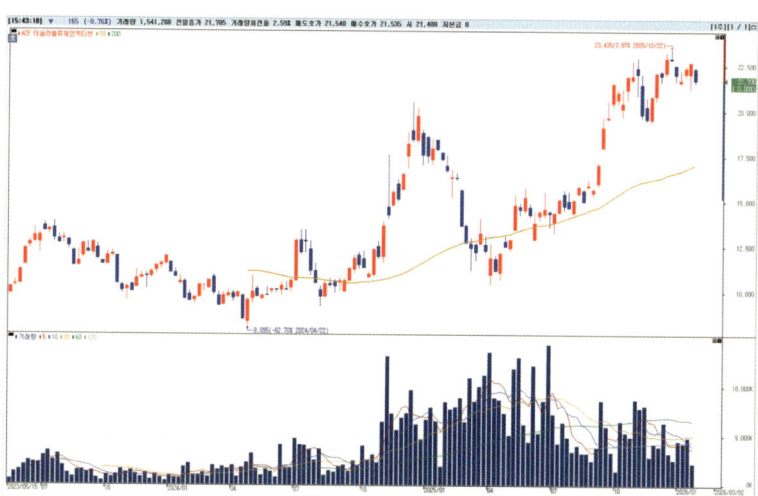

TIMEFOLIO 글로벌AI인공지능액티브 (456600)

기본정보	TIMEFOLIO자산운용(TIMEFOLIO ETF)의 글로벌 액티브 ETF
상장일	2023년 5월 16일, ACE 테슬라 밸류체인과 같은 날 상장
AUM	약 1조 577억 원
총보수	0.8%

타임폴리오는 헤지펀드 운용 스타일을 공모 ETF에 접목한 액티브 운용의 명가입니다.

투자 포인트

신속한 섹터 로테이션

AI 산업은 하드웨어(칩) → 인프라(전력·냉각) → 소프트웨어(SaaS) → 피지컬 AI로 트렌드가 급변하고 있습니다. 이 ETF는 매니저가 이러한 흐름을 포착하여 포트폴리오를 수시로 교체합니다. 높은 보수(0.8%)에도 불구하고 1조 원이 넘는 자금이 몰린 이유는 이러한 민첩한 대응 능력이 탁월한 성과로 증명되었기 때문입니다.

상위 구성종목 TOP 10		
순위	종목	비중
1	NVIDIA Corp	5.97%
2	Alphabet Inc	5.31%
3	Tesla Inc	4.51%
4	GE Vernova Inc	3.53%
5	Alibaba Group Holding Ltd	3.34%
6	Western Digital Corp	3.24%
7	SK하이닉스	3.19%
8	Intel Corp	3.15%
9	Advanced Micro Devices Inc	2.97%
10	Palantir Technologies Inc	2.83%

2025년 12월 기준

▮ 최근 2년간 주가 추이 ▮

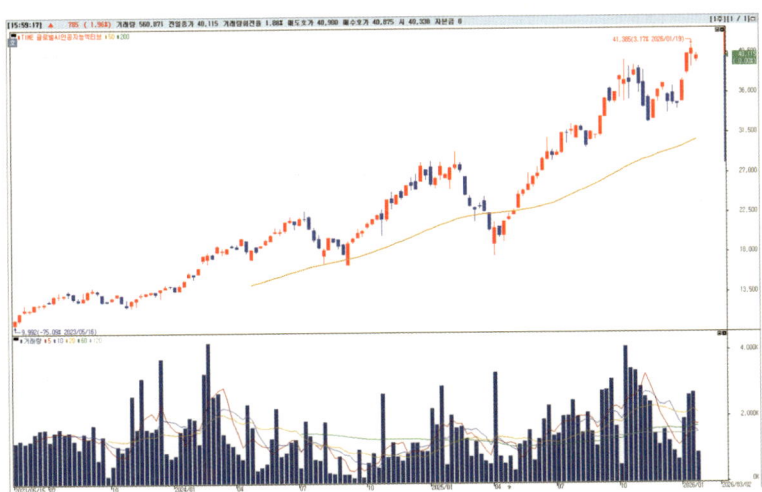

TIMEFOLIO 미국나스닥100액티브 (426030)

기본정보	TIMEFOLIO자산운용(TIMEFOLIO ETF)의 글로벌 액티브 ETF
상장일	2022년 5월 11일
AUM	약 9,506억 원. 현재 주가가 3만 6,116원이라는 것은 상장일 1만 원 기준 3.6배 올랐다는 의미
총보수	0.8%

이 상품은 'QQQ(나스닥100 추종 ETF)'를 이기기 위해 설계된 상품입니다.

투자 포인트

비교 지수 대비 초과 성과

액티브 ETF 규정상 비교 지수와 상관계수 0.7을 유지하면서 나머지 30% 재량 범위 내에서 철저하게 주도주 비중을 확대합니다. 이러한 30%의 운용 재량만 가지고 해당 ETF는 아래 QQQ와의 주가 추이를 비교할 때 상당히 큰 성과 차이를 만들어내었습니다. 두 ETF 간 보수 차이는 1%가 안 되지만 나스닥100 지수 대비 성과 차이는 이를 압도하고 있습니다. 이는 액티브 ETF의 특성을 뚜렷하게 보여주는 비교 사례라고 볼 수 있습니다.

상위 구성종목 TOP 10		
순위	종목	비중
1	NVIDIA Corp	5.98%
2	Alphabet Inc	5.90%
3	Tesla Inc	5.44%
4	Advanced Micro Devices Inc	4.67%
5	Intel Corp	4.15%
6	NASDAQ 100 E-MINI INDEX DEC 2025	4.11%
7	Sandisk Cop/DE	3.59%
8	Apple Inc	3.31%
9	Amazon.com Inc	3.25%
10	Broadcom Inc	3.25%

2025년 12월 기준

▌ 최근 2년간 주가 추이 ▌

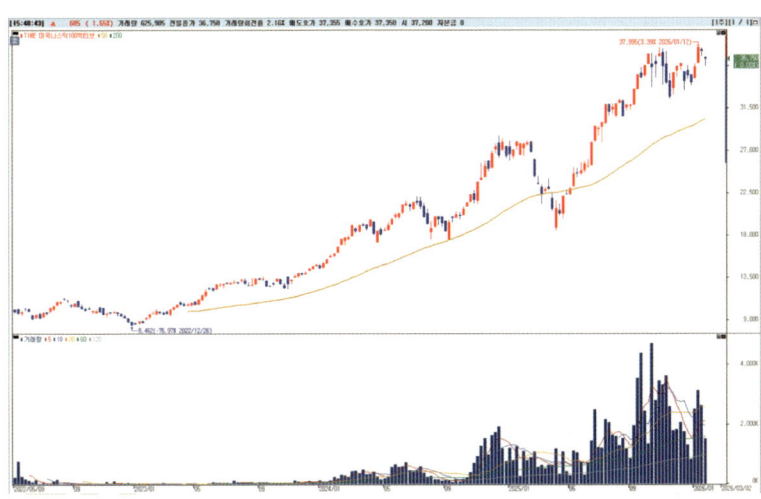

중국주식형 2선:
위기 속에 피어나는 기회

TIGER 차이나반도체FACTSET (396520)

기본정보	미래에셋자산운용(TIGER ETF)에서 운용하는 글로벌 ETF
상장일	2021년 8월 10일
AUM	약 1,245억 원
총보수	0.49%

미국의 제재는 오히려 중국의 반도체 국산화를 가속화했습니다. 중국은 딥시크와 같은 중국형 AI 모델이 등장하면서 AI 인프라 구축을 위해 반도체 산업을 집중적으로 양성하고 있습니다. 해당 ETF는 외국인이 직접 투자하기 어려운 과창판(STAR Market) 종목(예를 들어 캠브리콘)을 구성종목에 다수 포함하여 중국 정부의 전폭적인 지원을 받는 팹리스 및 장비 기업에 투자할 수 있습니다.

상위 구성종목 TOP 10		
순위	종목	비중
1	NAURA Technology Group Co Ltd	8.03%
2	GigaDevice Semiconductor Inc	7.34%
3	Semiconductor Manufacturing International Corp	7.16%
4	BOE Technology Group Co Ltd	6.60%
5	Advanced Micro-Fabrication Equipment Inc China	6.57%
6	Montage Technology Co Ltd	6.55%
7	Cambricon Technologies Corp Ltd	6.03%
8	OmniVision Integrated Circuits Group Inc	5.71%
9	TCL Technology Group Corp	4.98%
10	Unigroup Guoxin Microelectronics Co Ltd	4.11%

2025년 12월 기준

▌ 최근 2년간 주가 추이 ▌

TIGER 차이나휴머노이드로봇 (0053L0)

기본정보	미래에셋자산운용(TIGER ETF)에서 운용하는 글로벌 ETF
상장일	2025년 5월 27일
AUM	약 4,370억 원
총보수	0.49%

　중국 ETF는 대부분 지수형 혹은 집중투자형(TOP 시리즈)이라 테마형(섹터형) ETF는 희소한 편입니다. 이 상품은 몇 안 되는 중국 테마형 ETF입니다. AI의 두뇌는 미국이 앞서고 있지만, 이를 구현할 신체(하드웨어)는 중국이 제조 강국으로서 강점을 가집니다. 이 상품은 휴머노이드 기업과 로봇에 필수적인 정밀 부품, 액추에이터 공급망을 장악하고 있는 중국 기업들에 투자합니다. 최근 반도체보다 더 큰 자금이 몰리며 새로운 주도 테마로 부상하고 있는 것이 바로 휴머노이드입니다. 단, 아직 비상장사가 많고 상용화까지는 시간이 필요하다는 점을 주의해야 합니다.

상위 구성종목 TOP 10		
순위	종목	비중
1	Jiangsu Hengli Hydraulic Co Ltd	10.08%
2	UBTech Robotics Corp Ltd	9.97%
3	Zhejiang Sanhua Intelligent Controls Co Ltd	9.26%
4	Iflytek Co Ltd	7.62%
5	OmniVision Integrated Circuits Group Inc	7.34%
6	Shenzhen Inovance Technology Co Ltd	7.32%
7	Shenzhen Dobot Corp Ltd	6.40%
8	Shenzhen Everwin Precision Technology Co Ltd	5.83%
9	Ningbo Tuopu Group Co Ltd	5.09%
10	Sunny Optical Technology Group Co Ltd	4.88%

2025년 12월 기준

최근 2년간 주가 추이

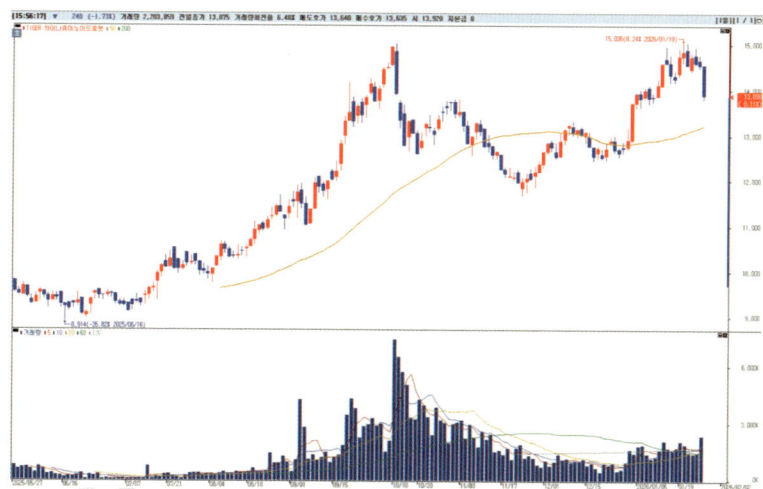

파킹형 ETF: 쉬는 것도 투자다

ACE 머니마켓액티브 (487340)

기본정보	한국투자자산운용(ACE ETF)의 파킹형 ETF
상장일	2024년 7월 9일
AUM	약 5,536억 원. YTM(연 환산)은 3.15% 수준(CD 91일 금리 2.83%)
총보수	0.05%

머니마켓액티브는 CD와 초단기채권에 함께 투자하여 일반적으로 파킹형 ETF로 부릅니다. 증권 CMA 통장과 같은 기능이며 IRP의 경우 매매 수수료가 무료이기 때문에 활용성이 극대화될 수 있습니다. 파킹형 ETF의 경우 운용사 간 차이가 거의 없기 때문에 본인이 선호하는 운용사를 편하게 선택하면 됩니다.

시장 조정기에 액티브 ETF 성과는 인덱스 ETF에 비해 현저히 감소합니다. 시장의 방향성이 불확실하거나 폭락장이 예상될 때 주식형 ETF를 매도하고 이 상품으로 자금을 대피시킵니다. IRP 계좌 내에서 매매 수수료 없이 자유롭게 현금화하고 재진입할 수 있는 최고의 피난처입니다.

상위 구성종목 TOP 10		
순위	종목	비중
1	에스디비제오차 20251201−88−1(단)	6.00%
2	국민은행(CD)	5.40%
3	LG화학56−2	3.63%
4	교보증권 20250926−91−2(단)	3.60%
5	BNK캐피탈301−1	1.83%
6	케이비캐피탈504−2	1.82%
7	현대커머셜459−4	1.82%
8	현대커머셜458−2	1.82%
9	JB 우리캐피탈463	1.82%
10	우리금융캐피탈494−3	1.82%

2025년 12월 기준

최근 2년간 주가 추이

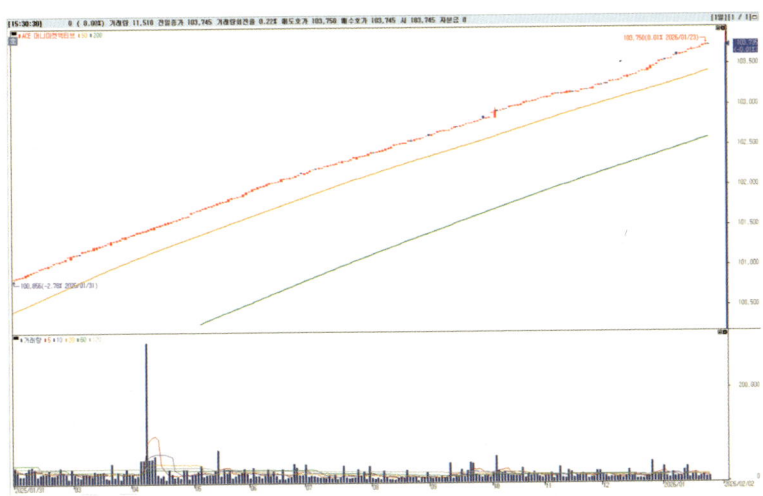

코스닥 지수형·테마형 ETF:
지금 당장 주목해야 할 두 곳

ACE 코스닥150 (354500) / KoAct 바이오헬스케어액티브 (462900)

	ACE 코스닥150	KoAct 바이오헬스케어액티브
기본정보	한국투자자산운용(ACE ETF)의 코스닥 150 추종 ETF	삼성액티브자산운용(KoAct ETF)의 국내 최초 바이오 헬스케어 ETF
상장일	2020년 5월 7일	2023년 8월 3일
AUM	약 415억 원	약 4,230억 원
총보수	0.02%	0.5%

먼저, 'ACE 코스닥150'입니다. 이 상품은 코스닥 시장의 체질 개선을 위한 정책(연기금 투자 비중 확대, 150조 원 규모의 국민성장펀드 등)에 수혜를 볼 것으로 기대됩니다. 특히 10대 첨단 전략산업인 AI, 반도체, 바이오, 2차전지, 로봇 관련 섹터가 크게 성장할 것으로 예상됩니다. 코스닥 시장의 특성상 종목 선택의 난도가 높고 변동성에 대응하기 어렵기 때문에 인덱스형 ETF이지만 현시점에는 코스닥 150 ETF만 한 선택지도 없는 상황입니다.

다음으로, 'KoAct 바이오헬스케어액티브'입니다. 최근 특정 바이오 기업을 중심으로 국내 바이오 테크 기업의 급등세가 연출되고 있습니다. 반도체, 국내 대형주 위주의 시장에서 바이오, 코스닥으로 순환매 성격의 수급 이동이 확인되고 있지만 바이오 섹터는 변동성이 크고 개별 종목으로 집중 투자하기에는 난도가 높습니다. 바이오 액티브 ETF의 경우, 주요 바이오 기업을 동시에 담고 있고 시장 변화에 따라 내부적으로 적절한 종목 교체가 가능하다는 점에서 이러한 고민을 해소해줄 수 있는 선택지입니다.

마흔부터는 연금 공부

1판 1쇄 인쇄 | 2025년 1월 30일
1판 1쇄 발행 | 2025년 2월 9일

지은이 김호균, 도현수
펴낸이 김기옥

경제경영사업본부장 모민원
경제경영팀 박지선, 양영선
마케팅 박진모
경영지원 고광현
제작 김형식

표지 디자인 김윤남
본문 디자인 푸른나무디자인
인쇄 · 제본 민언프린텍

펴낸곳 한스미디어(한즈미디어(주))
주소 04037 서울특별시 마포구 양화로 11길 13(서교동, 강원빌딩 5층)
전화 02-707-0337 | 팩스 02-707-0198 | 홈페이지 www.hansmedia.com
출판신고번호 제 313-2003-227호 | 신고일자 2003년 6월 25일

ISBN 979-11-94777-97-7 (03320)